中国旅游文化概论

（修订版）

主　编　石云霞　祁超萍

副主编　张文政　李玉新　任大欣

南开大学出版社

天　津

图书在版编目(CIP)数据

中国旅游文化概论 / 石云霞，祁超萍主编；张文政，
李玉新，任大欣副主编. — 2 版（修订本）.—天津：
南开大学出版社，2022.2(2024.7 重印)
　ISBN 978-7-310-06252-2

　Ⅰ.①中… Ⅱ.①石… ②祁… ③张… ④李… ⑤任
… Ⅲ.①旅游文化－中国－教材 Ⅳ.①F592

中国版本图书馆 CIP 数据核字(2021)第 269799 号

中国旅游文化概论(修订版)
ZHONGGUO LÜYOU WENHUA GAILUN (XIUDING BAN)

南开大学出版社出版发行
出版人：刘文华
地址：天津市南开区卫津路 94 号　　邮政编码：300071
营销部电话：(022)23508339　营销部传真：(022)23508542
https://nkup.nankai.edu.cn

河北文曲印刷有限公司印刷　全国各地新华书店经销
2022 年 2 月第 2 版　2024 年 7 月第 2 次印刷
260×185 毫米　16 开本　12.25 印张　281 千字
定价：38.00 元

如遇图书印装质量问题,请与本社营销部联系调换,电话：(022)23508339

前　言

　　旅游文化学课程是旅游类院校学生必修的一门专业基础课，该课程是一门涉及历史、宗教、民俗、文学、艺术等广阔领域的综合学科，它兼具历史性、时代性、社会性，旅游文化学教材的编写工作时刻面临着时代的挑战。

　　其中对旅游文化结构的认识一直是该类教材面临的主要困惑之一。在传统的旅游文化学教材中，对旅游文化结构有以下三种分类：

　　一是按照地域结构分为齐鲁旅游文化、三晋旅游文化、巴蜀旅游文化和岭南旅游文化等。二是按照要素结构进行分类，分为旅游主体文化、旅游客体文化和旅游介体文化。旅游主体文化，包括旅游者自身的文化素质、兴趣爱好、性格心理、行为方式及旅游者的政治主张、思想和信仰，以及旅游者的职业、生活背景等。旅游客体文化，包括旅游历史文化、旅游地理文化、旅游饮食文化、旅游服饰文化、旅游园林文化、旅游建筑文化、旅游宗教文化、旅游民俗文化、旅游娱乐文化、旅游文学艺术，以及自然景观文化等。旅游介体文化，包括旅游餐饮文化、旅游商品文化、旅游服务文化、旅游管理文化、旅游政策法规及其他旅游中介文化。三是按照内容结构可以分为旅游饮食文化、旅游服饰文化、旅游园林建筑文化、旅游娱乐文化、旅游宗教文化等。

　　由于旅游文化是一门新兴学科，所以对它的研究难免出现分歧。上述三种结构体系，都有其可取之处，也都存在着明显的不足。有的内容过宽，把根本不属于旅游文化范畴的文化类型也包含了进去；有的内容过窄，漏掉了本属于旅游文化的内容；也有的在所分各类中出现交叉重复的现象。本教材中，我们在前述分类的基础上，提出把旅游文化分成旅游主体文化、旅游客体文化和旅游审美文化。理由如下：

　　旅游文化是旅游主体文化和旅游客体文化相互作用的一种社会文化综合现象。从文化的角度看，旅游主体是旅游文化的负载者和传播者。旅游主体负载着原有文化内涵，前往相异的文化空间旅行和游览，体验旅游客体文化。旅游主体在将原有文化传播到异地的同时，也把旅游客体的文化传播回原有的文化环境之中。旅游主体并非只是搬运工，他在文化传播的同时，在两种或多种文化的比较和熏陶中，创造出新的文化和审美成果，如游记等。同时，不同的旅游主体会对相同的旅游客体文化产生不同的评价，而这一切都依赖于旅游审美文化的中介作用。

　　旅游主体文化、旅游客体文化和旅游审美文化作为旅游文化结构的三个方面，显得清晰明确。旅游审美文化，一端连着旅游主体，一端连着旅游客体，从而使旅游文化成为一个有机的统一体。而且，从旅游的文化属性分析，文化是旅游主体的出发点和归结点，是旅游客体吸引力的源泉。因此，从旅游的文化属性出发，把旅游文化划分为旅游主体文化、旅游客体文化和旅游审美文化是本教材的一大亮点。

同时，本教材将旅游文化理论学习和旅游文化知识面拓展学习并重，分为理论和资源两部分。在内容安排上，力求突出内容排列上的系统性、逻辑性及各部分的层次关系。基本理论尽可能简明通俗、准确精练、详略得当，重点和难点突出。同时本教材的内容紧跟时代步伐，及时反映旅游文化的最新发展成果，将旅游休闲文化、世界遗产文化等旅游文化的热点问题纳入教材体系。

全体参编人员为本书的编写与修订付出了艰辛的劳动，分工如下：山东工商学院工商管理学院石云霞教授负责第二、三、四章；祁超萍老师负责第一、九章；张文政老师负责第五、八章；李玉新副教授负责第六、十章；任大欣老师负责第七章。研究生马春浩和张茹梦参与了部分资料的收集与整理工作。全书由石云霞和祁超萍负责框架与大纲设计，以及书稿的统筹工作。

在本书的编写过程中，借鉴了大量的相关文献。在此，表示真诚的谢意！由于编写时间仓促，本书还存在不足，期盼读者和同行提出宝贵意见。

石云霞　祁超萍

2022 年 1 月于烟台

目　录

第一章　旅游文化概论 1

　　第一节 文化概述 1

　　第二节 文化的结构与层次 4

　　第三节 旅游文化 6

　　第四节 中国旅游文化发展史 11

第二章　旅游主体文化 21

　　第一节 旅游主体文化的界定和地位 21

　　第二节 旅游主体文化特征 25

　　第三节 旅游主体文化的影响要素 29

　　第四节 旅游主体的文化动机 32

　　第五节 当代旅游主体的文化走向 34

第三章　旅游审美文化 37

　　第一节 旅游审美构成与旅游审美活动的基本特征 38

　　第二节 旅游审美文化的类型特征 42

　　第三节 审美感受层次与中国传统的旅游审美思想 47

　　第四节 旅游审美活动发展趋势 49

第四章　旅游客体文化 52

　　第一节 旅游客体的定义和历史范畴 52

　　第二节 旅游客体的类别及其结构 56

　　第三节 旅游客体的结构 59

　　第四节 旅游客体的特征 62

　　第五节 旅游客体的文化功能 65

第五章　中国旅游建筑文化 71

　　第一节 中国建筑文化概述 71

　　第二节 中国宫殿建筑文化 79

　　第三节 中国民间建筑文化 84

第六章　中国旅游园林文化 92

　　第一节　园林的起源与发展 92
　　第二节　中国园林与中国文化 98
　　第三节　中国著名园林 103

第七章　中国旅游饮食文化 114
　　第一节　中国饮食文化概述 114
　　第二节　丰富多彩的食文化 119
　　第三节　源远流长的茶文化 125
　　第四节　博大精深的酒文化 135

第八章　中国旅游民俗文化 144
　　第一节　旅游民俗文化概述 144
　　第二节　民俗文化的基本特征及其旅游价值 145
　　第三节　民俗文化的主要内容 147

第九章　中国旅游休闲文化 152
　　第一节　休闲 152
　　第二节　休闲文化 155
　　第三节　中国传统的休闲文化 158
　　第四节　休闲旅游 161
　　第五节　旅游休闲文化的引导和培育 165

第十章　中国遗产旅游文化 168
　　第一节　世界遗产概述 168
　　第二节　世界文化遗产的申报及管理 175
　　第三节　中国遗产文化 181

第一章　旅游文化概论

学习目标

1. 理解文化的内涵、层次、结构
2. 掌握旅游文化的内涵
3. 了解中国旅游文化发展历史

重点与难点

1. 文化、旅游文化的内涵
2. 旅游文化与文化旅游的关系

旅游活动少不了文化的参与，文化可以说是绝大部分旅游活动的核心或灵魂。因为，文化，从广义上讲包括人类所创造的物质财富和精神财富的总和。

第一节　文化概述

从古至今，从中国到世界，无论是哲学家、历史学家，还是社会学家、人类学家、语言学家等，一直试图对文化予以某种角度的定义。到今天为止，至少有 200 多种有关文化的定义。让我们追溯源头，看看文化的来源及发展。

一、中国典籍关于文化的论述

据专家考证，"文化"是中国古已有之的词汇。"文"的本义，指的是各色交错的纹理。《易·系辞下》上面记载："物相杂，故曰文。"《说文解字》里讲："文，错画也，象交叉。"《礼记·乐记》里讲："五色成文而不乱。"这些指的都是"文"字的本义。在这个基础上，"文"字又有许多的引申含义。第一是指包括语言文字在内的各种象征符号，进而具体指代文物典籍和礼乐制度。《尚书·序》中记载伏羲画八卦，造书契，"由是文籍生焉"；《论语·子罕》中记载孔子曰"文王既没，文不在兹乎"，都是指的这个意思。第二是指由伦理之说引出彩画、装饰、人为修养的含义，与"质"和"实"相对。因此

《尚书·舜典》中说"经纬天地曰文"，《论语·雍也》里称"质胜文则野，文胜质则史，文质彬彬，然后君子"。第三是在前两种含义之上，引申出美、善、德行的含义，这就是《礼记·乐记》中所说的"礼减而进，以进为文"，郑玄注"文犹美也，善也"，《尚书·大禹谟》中所说"文命敷于四海，祗承于帝"。

"化"字的本义是指改易、生成、造化。例如，《庄子·逍遥游》中记载"化而为鸟，其名曰鹏"，《易·系辞下》中记载"男女构精，万物化生"，《黄帝内经·素问》中记载"化不可代，时不可违"，《礼记·中庸》中记载"可以赞天地之化育"等。归纳上面的几种说法，"化"是指事物形态或性质的改变，同时"化"字又可以引申为教行迁善的意思。

"文"和"化"一起使用，比较早的记载可以从战国末年儒生编辑的《易·贲卦·象传》中看到："（刚柔交错）天文也。文明以止，人文也。观乎天文，以察时变；观乎人文，以化成天下。"这段话里的"文"字，就是从纹理之义演化而来的。日月往来交错文饰于天，就是所谓的"天文"，也称为天道自然规律。同样，"人文"也指人伦社会的规律，也就是社会生活中人与人之间纵横交织的关系网络，如君臣、父子、夫妇、兄弟、朋友等构成的复杂的社会人际网络，具有纹理的表象。这段话就是说，治国之人必须善于观察天文，以明了时序的变化，同时也必须善于观察人文，使天下之人都能遵从文明礼仪，行为止其所当止。在这种情况下，"人文"与"化成天下"紧密相连，"以文教化"的思想已十分明确。

西汉以后，"文"和"化"才合成为一个整词，如《说苑·指武》里记载："圣人之治天下也，先文德而后武力。凡武之兴，为不服也。文化不改，然后加诛。"《文选·补之诗》里记载了"文化内辑，武功外悠"。这些典籍中提到的"文化"，或是与天造地设的"自然"相对，或是与无教化的"质朴""野蛮"相对。因此，在汉语中，"文化"的本义就是"以文教化"，它指的是对人性情的陶冶、品德的教养，是属于精神领域的范畴。随着时间的变化和空间的差异，现在的"文化"一词已经成为一个内涵丰富、外延宽广的多维度的概念，成为众多学科探究的对象。

二、西方社会对文化的阐释

美国著名的文化学专家克罗伯与克鲁克洪所著的《文化：一个概念定义的考评》一书，总计收集了166条有关文化的定义（162条为英文定义），这些定义分别由世界上著名的人类学家、社会学家、心理分析学家、哲学家、化学家、生物学家、经济学家、地理学家和政治学家所界定。

在该书中，两位学者把所收集的有关文化的定义分成7组，并在每一组定义后做出了综合的评判，这对理解每一组定义起到了导向作用。这七组定义按时间顺序分别为：描述性定义、心理性定义、历史性定义、不完整性定义、行为规范性定义、结构性定义和遗传性定义，具体见表1-1。

表 1-1　文化的定义

定义类别	代表人物	时间（年）	主要观点
描述性	泰勒	1871	文化或文明是一个复杂的整体，它包括知识、信仰、艺术、法律、伦理道德、风俗和作为社会成员的人通过学习而获得的任何其他能力和习惯
心理性	斯莫尔	1905	文化是指某一特定时期的人们为试图达到他们的目的而使用的技术、机械、智力和精神才能的总和，"文化"包括人类为达到个人或社会目的所采用的方法手段
历史性	帕克 伯吉斯	1921	一个群体的文化是指这一群体所生活的社会遗传结构的总和，而这些社会遗传结构又因这一群体特定的历史生活和种族特点而获得其社会意义
不完整性	萨皮尔	1921	文化可以定义为一个社会所做、所思的事情
行为规范性	威斯勒	1929	某个社会或部落所遵循的生活方式被称作文化，它包括所有标准化的社会传统行为，部落文化是该部落的人所遵循的共同信仰和传统行为的总和
结构性	威利	1929	文化是一个反映行为的相互关联和相互依赖的习惯模式系统
遗传性	亨廷顿	1945	我们所说的文化是指人类生产或创造的，而后传给其他人，特别是传给下一代人的每一件物品、习惯、观念、制度、思维模式和行为模式

资料来源：根据相关资料整理。

三、不同学科对文化的阐释

从哲学角度讲，人们认为文化从本质上说是哲学思想的一种表现形式，因为哲学的时代和地域性决定了文化的不同风格。一般说来，哲学思想的变革会引起社会制度的变化，同时也会伴随对旧文化的镇压和新文化的兴起。

从存在主义的角度来看，人们认为文化是对一个人或一群人的存在方式的一种描述。人们存在于自然当中，同时也存在于历史和时代当中；时间是一个人或一群人存在于自然中的一个重要维度；民族（家族）、国家和社会是一个人或一群人存在于历史和时代当中的另一个重要维度；文化主要是指人们在这种存在过程中的一种言说或表述方式、交往或行为方式，以及意识或认知方式。文化不仅可以描述一群人的外在行为，还反映了作为个体的人的一种自我的心灵意识和感知方式。这是一个人在回到自己内心世界时，自我的一种对话和观察的方式。

第二节　文化的结构与层次

一、文化的结构性分类

因为文化具有的多样性和复杂性，很难列出一个准确、清晰的分类标准。因此，这些对文化的划分，只是从某一个角度进行的一种尝试。

（一）二分法

一般是将文化分为物质文化和精神文化两种。物质文化包括人的衣、食、住、行、用所需的多种物品及制造这些物品的物品，如食物、服装、日用器物、交通工具、建筑物、道路、桥梁、通信设备、劳动工具等。精神文化指人们创造的精神财富，包括宗教信仰、风俗习惯、道德情操、学术思想、文学艺术、科学技术、各种制度等，主要是排除了人类在社会历史生活中关于物质创造活动及其结果的部分，更加专注于精神创造活动及其结果，最主要的是心态文化，又称小文化。

（二）三分法

哈默利（Hammerly，1982）把文化分为信息文化、行为文化和成就文化。其中，信息文化是指受教育的本族语者所掌握的关于社会、历史、地理等方面的知识；行为文化是指人的生活方式、实际行为、态度和价值等，它是成功交际最重要的因素；成就文化一般是指艺术和文学成就，它是传统的文化概念。

有些人类学家把文化划分为三个层次：高级文化（High Culture），主要包括哲学、文学、艺术、宗教等；大众文化（Popular Culture），是指习俗、仪式及衣食住行和人际关系等方面的生活方式；深层文化（Deep Culture），主要是指价值观的美丑定义，包括时间取向、生活节奏、解决问题的方式，以及和性别、职业、阶层、亲属关系相关联的个人角色。高级文化和大众文化都植根于深层文化，而深层文化是以一种习俗或生活方式反映在大众文化之中，又是以一种艺术形式或文学主题反映在高级文化之中。

（三）四分法

四分法将文化划分为物态文化、制度文化、行为文化和心态文化。第一层次是物态文化，指人的物质生产活动和产品的总和，是能够感知的、具有物质实体的文化事物；第二层次是制度文化，由人类在社会实践中建立的各种社会规范构成，包括婚姻制度、家族制度、社会经济制度、政治法律制度、家族、民族、宗教社团、国家、教育、科技和艺术组织等；第三层次是行为文化，指人际交往中约定俗成的并通过民俗、风俗、礼俗等形态表现出来的行为模式，主要体现在日常起居活动之中，具有鲜明的民族、地域特色；第四层次是心态文化，由价值观念、审美情趣、思维方式等主观因素构成，这些因素是人类在社会实践和意识活动中经过长期的孕育而形成的。心态文化相当于我们通常所说的精神文化、社会意识等概念，是文化的核心部分。心态文化又可以分为社会心理和社会意识形态两个层次。

还有将文化分为六大系统说，包括物质、精神、艺术、语言符号、社会关系和风俗习惯等方面。每个类别还可以进一步划分，如物质文化又可按产业、行业、职业等进一步划分为多类多级，如工业文化、农业文化、商业文化、建筑文化、旅游文化、饮食文化、茶文化、体育文化、汽车文化等。

二、其他标准的文化分类

（一）按显示程度划分

按照显示程度可以分为显形文化和隐形文化。这种区分方法的代表是美国人类学家克莱德·克鲁克洪。他说："对文化所做的分析必然既要包括显露方面的分析也要包括隐含方面的分析。显形文化一般存在于文字和事实所构成的规律之中，它可以经过耳濡目染的证实直接总结出来。人们一般只需要通过自己的观察来看到或揭示其连贯一致的东西，而人类学家不会去解释任意的行为。但是，隐形文化却是一种二级抽象。在这里，人类学家所推断出来的特征是最不一般、最少共性的——而它们确实是构成文化内容多重性的重要基础。一般只有在文化的最为精深微妙的自我意识之处，人类学家们才会在文化的承载者那里关注隐形文化。隐形文化是由纯粹的形式构成的，而显形文化的构成是既有内容又有结构的。"

（二）按主体大小划分

按照主体大小可以分为主文化和亚文化。主文化（Dominant Culture），也称主流文化，是群体内大多数成员所具有的一种文化；亚文化（Subculture）是群体内小部分人具有的文化。当社会的某一群体形成一种文化，而这种文化既包括主文化的某些特征，又包括一些其他的群体所不具备的文化要素的生活方式时，这种群体文化会被称为亚文化。亚文化可以是围绕职业、产业的种类发展而成的，如工业文化、农业文化、医学文化、军事文化、科技文化、旅游文化等；它也可以是基于民族或种族的差异而形成的，如中国的藏族文化、蒙古族文化等民族文化；它也可以是源于地区差异的，如中国文化中的齐鲁文化、巴蜀文化、岭南文化等地域文化；它还可以是基于原来的国籍而形成的，如美籍中国人和美籍意大利人亚文化等。每一个复杂的社会都包含着多种亚文化，社会成员常常是在一个以上的亚文化中发挥作用。同时，他们在一生当中也会经历许多种不同的亚文化。除此之外，在各个学科领域内也有相对应的文化概念，如政治文化、经济文化、科技文化、管理文化、企业文化、法律文化等，这些概念也可以视为某一主文化的亚文化。

（三）按时间划分

可以根据时间的长短对文化进行多种多层次划分，如传统文化和时尚文化，以及古代文化、近代文化、现代文化和当代文化等。当然这只是大概的分类，还可以分得更细，例如对古代文化按照不同的历史时期进行研究，如秦文化、汉文化、唐文化等，现代文化、当代文化亦然。有些文化名称虽然没有时间性的词语，但也属于时间文化一类，如石器文化、青铜文化、封建文化等。

（四）按地域划分

根据文化在地球上所处的位置来划分。例如，东方文化和西方文化，海洋文化和大陆文化，亚洲文化、欧洲文化、美洲文化、大洋洲文化和非洲文化，东亚文化、南亚文化、中亚文化、西亚文化和东南亚文化，齐鲁文化、巴蜀文化、岭南文化、吴越文化、中原文化等。

（五）按文化主体划分

按照人群的民族、种族、宗教信仰、社会地位、社会团体、国家等标准划分，如阿拉伯文化、佛教文化、贵族文化、日本文化等。

在所有这些归纳当中，我们可以发现，文化的核心规定性总与历史的传承性、群体的共享性、地域的分异性密切相关。这是理解文化属性最根本的切入点，恐怕也是最有效率的路径。

第三节　旅游文化

旅游虽然是一种社会经济现象，但却具有强烈的文化属性。

一、旅游文化概念

（一）旅游定义

旅游，语言学的定义是"旅行游览"。但是，在经济学和文化学等学科领域里，旅游的定义却众说纷纭。根据定义的侧重点，可归纳为交往定义、目的定义、时间定义、离开定义、消遣定义、生活方式定义、总和定义和文化定义等。这些旅游定义分别强调了旅游行为的不同因素和属性。其实，"旅行游览"的语言学定义，已经界定了旅游概念的内涵和外延。从不同学科对旅游概念的定义，我们注意到了它的经济属性和文化属性。简言之，旅游是旅行游览活动，具有经济和文化属性。

（二）旅游文化概念

旅游文化是旅游学的基本概念之一，是旅游学科研究的重要内容。由于旅游和文化这两个概念自身无论是在内涵上还是在外延上都存在着开放性和模糊性，因此，作为它们的分支系统——旅游文化目前也没有被大家普遍认同的定义。沈祖祥所著的《旅游文化概论》将国内旅游文化概念的定义概括为四种：

一是旅游加文化说，认为旅游文化就是旅游与文化的简单叠加。陈辽在 1987 年 11 月 10 日《中国旅游报》上发表文章《漫谈旅游文化》，他认为："旅游文化是人类在过去和现在所创造的与旅游有关的物质财富和精神财富的总和。"他还把旅游文化划分为广义与狭义两种，广义的是指"旅游路线、旅游途中、旅游景点上一切有助于增长旅游者文化知识的物质财富和精神财富"；狭义的是指"一切能使旅游者在旅游途中舒适、愉快并能提高旅游者文化素质的物质财富和精神财富"。这种阐述是旅游加文化说的典型代表，被当时许多研究者接受。

二是旅游客体说，这种概念是学者周谦在其《泰山旅游文化发掘初议》这篇文章中提出的，"旅游文化是指与自然风光、古迹遗址有关的历史掌故、民俗文化、文学艺术、传说故事及百科知识等"，他强调的是旅游客体在旅游文化中的作用。

三是旅游主体说，这种概念主要是冯乃康等学者提出的，认为旅游文化应是"旅游者或旅游服务者在旅游观赏或旅游服务过程中所反映出来的观念形态及其外在表现"。

四是主体、客体加媒体说，也称"碰撞说"。这种概念在首届中国旅游文化学术研讨会上被论述为"旅游文化是旅游主体、旅游客体和旅游媒体之间相互作用而产生的物质和精神成果"。学者肖洪根在比较了国内外多位学者关于旅游文化的定义后，提出"旅游文化是以广义的旅游主体为中心，以跨文化交际为媒介，在丰富多样的旅游活动中迸发出来的，形式复杂广泛的各种文化行为表征的总和"。学者喻学才和马波主张"旅游文化指的是旅游主体和旅游客体之间各种关系的总和"。学者沈祖祥认为"旅游文化是一种文明所形成的生活方式系统，它是旅游者这一旅游主体借助旅游媒介等外部条件，通过对旅游客体的能动活动、碰撞所产生的各种旅游文化现象的总和"。"碰撞说"受西方人本主义影响较大，《旅游学——要素·实践·基本原理》一书中提倡此说，"从旅游主体、旅游客体和旅游媒体的关系出发，围绕旅游文化的动态特征，重点研究旅游过程中主体和客体通过媒介'碰撞'而产生的各种文化现象"。

文化是总体的人类社会遗产，是一种渊源于历史的生活结构体系，包括语言、传统、习惯、制度、思想、信仰，以及它们在行为和产品上的体现。旅游文化也应该以人类的全部旅游活动为对象。旅游活动是三元结构，包括旅游主体——旅游者；旅游客体——旅游资源或旅游产品；旅游媒体——帮助旅游主体实现旅游活动的中介，即旅游业者。旅游活动又包含物质和意识双重属性。旅游者的动机和行为、旅游客体的蕴涵知识、相关规范制度及无形的旅游资源等使旅游活动具有意识属性。客体和媒体如游览场所、住宿设施及交通工具等主要以物质形态存在，从而使旅游活动具有物质属性。因此，把握旅游活动的主体、客体和媒体三元结构及物质与精神双重属性特征，是我们界定旅游文化概念的重要依据。从这个意义上，我们赞成"碰撞说"，认为广义的旅游文化是指整个旅游现象，包括旅游主体、旅游客体和旅游媒体。这样一来，旅游文化实质上就等同于旅游了。如果对照文化概念内涵和外延的广泛性，这样界定广义的旅游文化概念就毫不奇怪了。在大量的场合，我们可以用旅游文化概念指代旅游现象。

但是，到目前为止，还没有一个人能够在一部书里按照这样的定义囊括进完整的旅游现象。如果做得到的话，那么，所有的旅游专业学习者，仅仅研读这一部书就绰绰有余了。显然，有时候需要对旅游文化概念做更狭义的界定，尤其是在编写旅游学教材的时候。目前旅游学科专业课程体系里，一般都有旅游学概论、旅游心理学、旅游经济学、旅游管理学、旅游文化学、旅游市场营销、旅游地理学、旅游法规、旅行社管理、饭店管理、前厅与客房管理、导游业务、旅游客源国、旅游资源规划等课程。这些课程在旅游三元结构中各有自己的位置，互相独立、互不重复、互相补充。旅游文化学课程在学科理论上取代不了旅游学概论，在文化知识上取代不了旅游地理学和旅游客源国。按照文化结构，物质结构上有旅游地理学、旅行社管理、饭店管理、前厅与客房管理课程，意识结构上有旅游心理学、旅游管理学、旅游市场营销、旅游法学课程。旅游文化学课程的价值何在？为什么开这门课？主要是因为大量的人文旅游资源知识属于历史学、文化学、建筑学、考古学、宗教学、文物学、民族学、人类学、文学、艺术学、工艺美术学、烹饪学等专门领域，需要一门囊括上述诸学科的基础文化课，同时旅游专业的学习者、未来的旅游从业者还需要具备一定的旅游史和旅游文学修养。所以，从旅游专业学科课程体系的角度，本书采用旅游主体文化、旅游审美文化、旅游客体文化这样的分类视角进行论述。同时，将本书的内容分为两部分：旅游文化理论和旅游文化资源。旅游文化理论部分着重介绍旅游文化、旅游主体文化、旅游审美文化和旅游客体文化；旅游文化资源部分，即客体文化，着重介绍中国旅游建筑文化、中国旅游园林文化、中国旅游饮食文化、中国旅游民俗文化、中国旅游休闲文化、中国遗产旅游文化等内容。

二、旅游文化的结构、特征、功能

（一）中国旅游文化结构众说

旅游文化的概念、结构和内容三者互相联系。前文讨论旅游文化的概念时，已经不可避免地涉及了旅游文化的结构和内容。许多理论上的探讨，都偏向于扩大旅游文化的概念、结构和内容的范围。沈祖祥的《旅游文化概论》将国内众多关于旅游文化结构的意见归纳为文化结构、地域结构、要素结构、内容结构和主体结构五个模式，并倾向赞同要素结构。五种结构模式如下：

1. 文化结构

直接采用文化的结构模式，把旅游文化划分为物质文化、制度文化和精神文化。旅游物质文化指景观和吃、住、行、游设施，旅游制度文化指国家管理部门的法规及旅游企业管理规则等，旅游精神文化指旅游活动中反映出的价值观念和思维方式等观念形态。

2. 地域结构

这是根据地区的差异性而进行的划分，如齐鲁旅游文化、三晋旅游文化、中原旅游文化、吴越旅游文化、荆楚旅游文化、巴蜀旅游文化和岭南旅游文化等。

3. 要素结构

从旅游的要素结构出发，可以将旅游文化分为旅游主体文化、旅游客体文化和旅游介体文化。旅游主体文化，指旅游者自身的国籍、籍贯、民族、年龄、性别、职业、收入、文化素质、心理性格、宗教信仰、政治主张、兴趣爱好、行为方式等。旅游客体文化，指和旅游存在关系的历史文化、地理文化、饮食文化、服饰文化、园林文化、建筑文化、宗教文化、民俗文化、娱乐文化、文学艺术等。旅游介体文化，指旅游餐饮文化、旅游商品文化、旅游服务文化、旅游经营文化、旅游教育文化、旅游政策法规等。

4. 内容结构

按照旅游活动食、住、行、游、购、娱等内容，旅游文化可以分为旅游饮食文化、旅游建筑文化、旅游园林文化、旅游休闲文化、旅游遗产文化等。

5. 主体结构

把旅游文化分为旅游消费文化和旅游经营文化两大块。事实上，沈祖祥的《旅游文化概论》就是倡导要素结构的理论力作。

由于旅游文化是一门新兴学科，所以对它的研究难免出现分歧。上述几种结构体系，都有其可取之处，也都存在着明显的不足。有的内容过宽，把根本不属于旅游文化范畴的文化类型也包含了进去；有的内容过窄，漏掉了本属于旅游文化的内容；也有的在分类中出现交叉重复的现象。本教材中，我们在前述分类的基础上，提出把旅游文化分成旅游主体文化、旅游审美文化和旅游客体文化。具体理由如下：

旅游文化是旅游主体文化和旅游客体文化相互作用的一种社会文化综合现象。从文化的角度看，旅游主体是旅游文化的承载者和传播者。旅游主体承载着原有的文化内涵，前往相异的文化空间中旅行和游览，体验旅游客体文化。旅游主体在将原有文化传播到异地的同时，也把旅游客体的文化带回原有的文化环境之中。旅游主体并非简单的搬运工，在传播文化的同时，在两种或多种文化的比较和熏陶中，创造出新的文化和审美成果，如游记等。同时，不同的旅游主体会对相同的旅游客体文化产生不同的评价，而这一切都依赖于旅游审美文化的中介作用。

旅游主体文化、旅游客体文化和旅游审美文化作为旅游文化结构的三个方面，显得清晰明确。旅游审美文化，一端连着旅游主体，一端连着旅游客体，从而使旅游文化成为一个有机的统一体。而且，从旅游的文化属性分析，文化是旅游主体的出发点和归结点，是旅游客体吸引力的源泉。因此，本教材从旅游的文化属性出发，把旅游文化划分为旅游主体文化、旅游审美文化和旅游客体文化。

（二）旅游文化的特征

旅游文化的特征，以一般文化的特征为基础，具有一般文化的共性，也具有其自身的特性，主要表现为综合性、地域性、传承性、民族性和异质性。

1. 综合性

旅游文化的综合性是由旅游文化所包含内容的多样性和复杂性所决定的，既包括物质的，如民居建筑、古典园林、手工艺品等，也包括精神的、无形的，如价值观念、思维习惯、行为方式、民族性格等，这些特征通过潜移默化的内化过程沉淀于潜意识底层。

2. 地域性

地域性就是指地域差异性，是从空间角度来考察的。每一种文化都有它赖以生存的自然环境，正像美国学者爱尔伍德在《文化进化论》一书中提出的自然环境说理论："人类的文化，像树上的果实一样，依照气候和其他地理条件而产生。"我国南北方的不同地域就孕育了千差万别的旅游文化。可以说，正是由于旅游文化地域上的差异性，旅游活动才得以展开。

3. 传承性

旅游文化的传承性是从时间角度来考察的，指其在历史时间序列上代代相传的特征。一种文化一旦形成，便会在特定群体中继承下来，文化的传承性使文化具有相当的稳定性。今天，旅游者能够领略不同地域千差万别的文化景观，就有赖于文化的这种特性。实际上民族的价值观念、思维习惯、行为方式和情感模式的承袭性，不仅是沿袭，更重要的是变化和演进，这种变化和演进的过程同时也是一个扬弃的过程。

4. 民族性

可以说民族性是旅游文化的基本特征之一。创造旅游文化的主体是人，而人类是以民族的不同群体相对独立的形态生存发展的，因而文化的主体也就是民族。不同的民族有不同的文化，不同的民族文化会让旅游者产生不同的旅游心理和不同的旅游需求等。各民族的文化带动了旅游业的发展，同时，旅游文化的挖掘和发展也加强了各民族之间文化的交流。当然，这种交流的过程中可能会产生民族文化的相互交融，也可能会引起文化冲突。

5. 异质性

不同的国家、不同的历史、不同的民族文化都会影响旅游文化的生成和发展。这种建立在民族文化基础上的旅游文化很显然具有异质文化的特征。正是由于旅游文化的异质性，旅游需求才会产生，从而带来旅游业的蓬勃发展。

（三）旅游文化的功能

文化因素渗透在现代旅游活动的各个方面，在现代旅游业中，旅游文化占有重要地位。

1. 旅游文化有助于弘扬民族文化，提高国民素质

中国历史悠久，民族众多，文化源远流长。自然和人文旅游资源丰富多彩，这些资源是中华民族的宝贵财富。中国文化世代相传，具有强大的生命力。中华文明不是封闭的体系，而是包含了多种外来文化的复合体。灿烂的中国文化是东方文化的代表，其别具一格的风采必将耀眼于世界。所以作为华夏文明的后继者，我们有责任也有义务将之发扬光大。在继承与发扬的过程中，不断提升自己，实现全民素质的提高。

2. 旅游文化是旅游业的灵魂

对于任何一个国家来说，能激发旅游热情与兴趣的，最主要和最具有魅力的就是旅游资源本身的文化内涵。所以，大力挖掘旅游资源的文化内涵，将会促使本国的旅游业提升到一个新的台阶。无论是自然旅游资源还是人文旅游资源，要想吸引和激发旅游动机，就必须具有独具特色、魅力无穷的民族和地方文化内涵，满足旅游者的各种不同文化需求。因此，旅游文化的本质特征必然要求在发展旅游业的过程中优先发展旅游文化。

3. 旅游文化是一个国家旅游业保持自身特色的决定性因素

人们常说："民族的东西是独特的，文化的流传是久远的。"如果一个国家的旅游业缺少了本民族传统文化的底蕴，便失去了特色，就无法反映出本民族独有的精神内涵，也便失去了强大的吸引力。实践表明，"举凡旅游业昌盛之国，莫不以旅游文化取胜"。因此，一个国家在发展旅游业的过程中要想保持自己的民族特色，就必须要以旅游文化为核心。

4. 旅游文化是提高旅游从业人员素质、提高旅游业管理水平的关键

旅游者对旅游文化的热情和渴望会集中地体现在旅游业的管理者、从业人员自身对旅游文化知识的掌握上。因此，管理者经营管理水平的高低、从业人员文化素质的优劣，将会直接影响旅游者获得审美享受和精神满足的程度，直接关系到旅游资源是否能得到合理开发和利用，继而影响旅游业的发展。只有旅游业管理者的经营管理水平和从业人员的文化素质得到相应的提高，才能与国际接轨，适应时代的要求，使中国的旅游业在激烈的国际旅游业市场竞争中立于不败之地。

5. 旅游文化是旅游业创建名牌、提高竞争力的法宝

未来旅游业的竞争主要体现在旅游文化方面，因为人们越来越趋向于文化性强、科技水平高、富于参与性的旅游资源和旅游服务项目。旅游企业如果不能满足旅游者精神文化方面的这些需求，便失去了其生存的意义。同时，旅游文化是一个国家和地区所独有的，因此在竞争中具有垄断的地位，很容易形成强有力的竞争能力，也容易创造出自己的特色和品牌。

6. 旅游文化是旅游可持续发展的方向和动力

文化性是旅游活动的内涵，旅游资源是旅游文化的载体，同时旅游资源又是旅游可持续发展的基础，因此对旅游资源及其内涵——文化的认识和保护是旅游能否持续发展的决定性因素。也就是说，旅游文化是旅游可持续发展的源泉。发展旅游业可以促进文化的交流和发展，但也会造成对社会文化环境的影响。因此，旅游文化与旅游可持续发展是相辅相成、辩证统一的关系。

总之，中国旅游业要想获得快速发展，在世界旅游强国之林争得一席之地，就必须高度重视旅游文化的整体建设，深入挖掘旅游文化的内涵，营造旅游文化的氛围，建立一整套具有中国特色的旅游文化体系，为旅游业的发展提供服务和指南。

第四节　中国旅游文化发展史

中国旅游史从时间上可分为古代、近代和现当代三大阶段。晚清以前的农业社会里，旅游现象凤毛麟角。晚清以后，工商业崛起，旅游活动和旅游业破土萌芽。改革开放以后，旅游业重新启动。中国旅游史的主要内容包括中国旅游思想、特点、类型、交通食宿、旅游习俗、休闲娱乐等。中国古代重农抑商，反对"游手好闲""游山玩水"，奉行"父母在，不远游"，但还是有少数精英人物赞许和实践旅游活动。孔子提出"仁者乐山，智者乐水"，周游列国；庄子提倡"乘物以游心"，忘情濠濮。所以，中国古代旅游并非空白。从旅游主体看，秦皇汉武巡行天下，隋炀帝流连江都，康熙乾隆数下江南，这是帝王旅游；张骞出使西域，郑和下西洋，这属于官员公务旅游；屈原行吟泽畔，李白五岳寻仙，这是文人漫游；司马迁登九嶷、探禹穴，郦道元留心河山，徐霞客毕生跋涉，这是科学考察的游学；玄奘西行，鉴真东渡，这是宗教旅游；丝绸之路上贩运货物，这是商务旅游；发明谢公屐的谢灵运，写作《浪游记快》的沈复，属纯粹的旅游者，这种旅游者为数最少，偶然有之，弥足珍贵。

古代旅游的形式主要是近距离的郊游和节会旅游。郊游包括春游踏青、秋夜赏月、踏雪寻梅、寺院上香等，古代历史中的新亭对泣、兰亭流觞、曲江宴游、灞陵折柳、雁塔题名、醉翁亭记、永州八记、游褒禅山记等皆传为郊游佳话。节会旅游包含春节的庙会、元宵节的灯市、清明节的踏青扫墓、端午节的竞舟、中秋节的赏月、重阳节的登高等。由于郊游习俗，所以古代城市都有所谓"八景""十景"等城郊风景。南朝宗郲的"卧游"、宋代苏轼的江上夜游、负笈者的游学，也可算是不同的旅游形式。

在世界历史上，曾经出现过埃及、巴比伦、中国、希腊四大文明古国。然而由于种种自然的和社会的原因，这些文明古国的历史，也包括旅游文化演进史都不同程度地出现中断和被外来文化同化的现象，只有中国是唯一的例外。中华民族在五千年历史长河中，有过无数次同室操戈的争战，也有过不少次外敌入侵的屈辱，但引为自豪的是，中华民族五千年的文明史（也包括旅游文化演进史）却从未中断过。这是世界文明史上的奇迹，也是中华儿女永恒的骄傲。

一、神话传说时期旅游文化

虽然中国神话不如希腊神话那样丰富完整，但在先秦古书中，仍然保存了一些极有价值且能够让我们间接了解先民旅游活动的神话传说。例如，黄帝的传说、大禹的传说、将修（共工之子）和嫘祖视为旅游神的传说。尤其是修和嫘祖，或许因为二人都是人们崇拜的远古旅行家，古代人们在外出旅游时都要先祭拜他们，以求路途的顺利。

二、夏商周时期旅游文化

夏代与旅游相关的资料主要是关于大禹治水的记载，另外就是夏、商、周三代的帝王旅游，一般称"巡狩"，或者称"游豫""游夕"，是与农业生产密切相关的政治活动。

到了东周，礼崩乐坏，王纲解体。大批周天子身旁的文化人离开中央，分别投奔诸侯。从此，在中国历史上开始出现士阶层。由于诸侯争霸，周天子无力控制局面，士阶层因此显得异常活跃。孔子、孟子、苏秦、张仪，不过是春秋战国时期众多策士中声望卓著的几个。知识分子朝秦暮楚，奔走不暇，所谓孔席不暖、墨突不黔，恰是当日士阶层奔竞的形象写照。这应该是中国旅游史上的一个新纪元，因为在此之前，旅游者主要是帝王。而此后，像苏秦、张仪这样出身寒微的人，像孔子这样没落的贵族，乃至他们出身各异的弟子，都加入旅游队伍了。当然，那时的旅游，主要目的还不是欣赏美景，而是审时度势，致身卿相。但其中不少旅游哲学见解，对后世中国的旅游文化产生了不容低估的影响。这在《论语》《庄子》《孟子》《荀子》《韩非子》《列子》等著作中随处可见。

夏、商、周三代最著名的且有文字记载的旅行家当推夏禹和周穆王。史书上说周穆王在位55年，天性好游，发下宏愿，要使天下都布满他的车辙马迹。或许这与周代较为普遍的旅游接待设施密不可分，《周礼·周官》上说："凡国野之道，十里有庐，庐有饮食。"反映周穆王旅游生涯的书叫《穆天子传》，是他的十名随行史官秉笔直书的实录。

周朝对旅游理论思考得最为深刻，产生了对后世具有深远影响的名家，如儒家的孔子和道家的庄子、列子。孔子提出了比德说和近游观；庄子提出了"依乎天理，因其固然"和"即雕即凿，复归于朴"的崇尚自然的旅游观；而列子在书中提出了"人之游也观其所见，我之游也观其所变"的崇尚变化的旅游观及与此相联系的内游理论。这些思想直到今天仍在影响着人们的精神生活。

三、秦汉时期旅游文化

秦始皇把古老的巡狩制度继承下来，作为了解下情、巩固统治的策略。另外，在巡狩的同时，还增加了寻求长生之药的求仙内容，这一点是他和此前历代帝王巡狩最本质的不同。不过，应该说明的是，秦始皇为了巡狩的需要，大规模扩建道路，建设行宫，这些对发展旅游起了很重要的作用。他派出大量方士寻幽访胜，目的虽然是寻求不死之药，但客观上却有利于山水自然景观的发现，特别是对大海景观的发现。

汉武帝与秦始皇惊人地相似，他一生也巡狩和求仙并重。尤其值得称道的是张骞的西域之行和司马迁的漫游活动。前者是有政治目的的探险旅游，而后者则是比较典型的学术考察旅游，这是划时代的进步。特别是司马迁读活书式的漫游方式对后世中国学人的精神生活的影响甚为深远，"读万卷书，行万里路"的旅游文化传统始肇于他。

汉代，由于中外交往频繁，旅游身份证的使用势在必行。当时的身份证称"过所"。在《楼兰尼雅出土文书》第 637 号上就保存下了一份"过所"的原文："月支国胡支柱，年四十九，中人，黑色。"第 700 号"过所"上写着："异，年五十六，一名奴；髭须，仓白色，著布裤褶。"在与其共出的"过所"中有一件写明是由敦煌太守签发的。

四、魏晋南北朝时期旅游文化

西晋末年，天下大乱，王室东迁，偏安江左。这一次大迁徙对于中国旅游史的意义不可低估。历史的潮流把他们从黄河流域赶到长江流域，黑暗时期的政治风云又使他们不得不考虑远离故乡。因此，绝大多数知识分子都是短途旅行，寄情于山水，啸傲于风月。与其说是探奇，还不如说是为了追求适意娱情。这一时期的突出特征是文人墨客对山水进行审美评价的现象蔚然成风。

东晋时期还应特别提及的是读书人爱竹、爱松、爱菊成为风气。爱松爱菊自以陶渊明为代表。后世中国文化中的"岁寒三友"和"松竹梅菊四友"等审美文化现象，正是发源于东晋时期这些名人的赏鉴。或者说，正是他们首先赋予了松竹梅菊以审美价值。

宋、齐、梁、陈时期，私家园林已较发达，并且已有相当于今天的风景区管理处或园林管理处的一类机构。这一时期也有个别涉足远游的旅行家，东晋义熙年舍身求法、陆去海还的法显，撰写《水经注》的郦道元即是代表。特别是法显的远游及远游记录《佛国记》，开辟了我国宗教徒域外远游之先声，极大地丰富了我国古代探险旅游的传统。东晋王羲之等人的兰亭雅集开创了文人墨客在春秋两季的晴朗佳日游山玩水、分韵作诗的风气。北魏杨炫之的《洛阳伽蓝记》"假佛寺之名，志帝京之事"，开后世区域性佛教寺庙旅行志之风气。

五、隋唐时期旅游文化

隋朝的历史短暂，但是开启了舟船游和水上游乐的新篇章。隋炀帝称得上是别具特色的旅行家，他不习惯车马旅行的劳顿，下令开凿京杭大运河，舟船航行其中。此外，他的弄臣——巧匠杜宝、黄衮发明的水上游乐机械也是史无前例的，可以说这也是对我国近途旅游传统的一次丰富。

唐初，太宗皇帝吸取了隋朝亡国的教训，加上大臣魏徵等人的谏阻，他几乎没有进行过较远距离的旅游活动。他在《帝京篇》小序中明言自己特别喜欢近途旅游。由于开国君主树下了近游的先例，所以除开高宗、玄宗、武则天的几次封禅活动外，后继者们几乎没有一个放情远游的。不过唐代沿袭隋制，实行科举取士制度。出身寒门的读书人，只要有真才实学，通过科举道路可以进入统治集团，这种政策极大地调动了广大中下层士子的从政热情。因此唐朝人远游成风，这是继晚周社会以来的又一次旅游高峰。这一时期，脍炙人口的名篇以前所未有的数量和质量出现在文坛上。柳宗元《永州八记》的写成，标志着游记文学的成熟。

与旅游队伍日渐壮大的形势相一致，唐代的旅游设施也相当发达。唐代驿站、驿道广为修建，相关设施配备完善，维护及时，民间旅店林立于驿站两旁。唐代的旅游客馆数量众多，分布广泛，除了西安、泉州、洛阳、广州等大城市，即便是小小县城也不缺乏此类设施。

这一时期由于道教、佛教得到了较大的发展，"天下名山僧占多"已逐步成为事实。佛教的发展和道教的兴盛一样，使得自然山水的美日渐发露，人文色彩日渐浓厚。这一时期最值得一提的是探险旅行家——舍身求法的玄奘和鉴真。

在唐代，凡是有人要从一个地方到另个地方去旅行的，必须呈验两封信，其中一封是地方官给的，另一封是本地太监给的。地方官给的信类似于今天的护照，上面写明沿途所经过的道路，持信人的姓名、年岁，他的同伴姓名、年岁，以及其所属的部族名。至于太监所给的一封信，主要是为了证明旅行人所带银钱或商货的多少。

六、宋代旅游文化

宋代与唐代类似，地方官亦十分重视旅游接待设施的建设。在我国，自古以来便有热情好客的传统。古时候重宾客之交，故诸侯列国都有舍馆以纳宾客。宾舍的建筑既要求安全实用，又讲究美观大方。公共交通也经常维修，地方官经常了解宾舍的损坏情况，加以修缮。因此宾至如归，没有灾患。古时候上级官员考察下级政绩时，这方面也是重要的一环。有人甚至以此来观国之兴替和政之得失。在中国古代，用以规范人们行为的礼制共有五个方面，而宾客之礼就是其中之一。

在宋代文献中，还保存着部分旅游日用必需品的记录。例如宋人的旅游车——"安车"，车前为踏板，可以让人垂足而坐。如果要躺着，则可以把板放平。扇帽之类的随身物品，可以挂在车上。可见宋人在旅游交通工具上下的功夫。宋代大文豪苏轼还发明了"择胜亭"，所谓"择胜亭"就是一种可遮阳避雨的组合式小木屋。

宋人游山，一般不喜欢太多人一起，比较理想的是一主二仆，外加杂吏共三人。因为游山伴侣太多，则应接人事很疲劳，妨碍静赏。仆人多了每到一个地方容易惹是生非。随着宋代旅游的蔚然成风，"指南车""记里鼓"等用于旅游的机械也开始运用于旅游实践之中。

宋人雅爱山水，特别是知识阶层更甚，在旅游文学和旅游理论方面也有了更大的进展。以人而论，两宋著名的旅行家就有苏轼、陆游、杨万里、范成大等人。以流传千古的旅游名著论，有范仲淹的《岳阳楼记》、苏轼的《赤壁赋》、陆游的《入蜀记》和范成大的《吴船录》等，这些都是两宋历史土壤滋孕的奇葩。从旅游理论上来看，这一时期主要是以欧阳修、苏东坡等文学家为代表，融合了儒、释、道三教，提出了中国知识分子如不能在官场上表现其才能，一定要借悠游山水以体现其价值，以及乐不因境而因乎心等一系列旅游见解。宋代董汲还撰有《旅舍备要方》，是我国最早的旅游保健专著。

七、元明清时期旅游文化

元代版图辽阔，人们的视野较前更为开阔。从《四库全书》元人文集中提供的信息看，当时许多旅游者都能跨国旅游，大量的旅行记中反复强调天下统一给旅游者带来的安全保证和交通的便利，因此这一时期的远游理论和实践都有较大幅度的进展。另外，由于种族压迫，以汉族人为代表的中国知识分子又特别强调心灵的解放。因此这一时期的近游理论、心游理论也相当突出。元代还为旅游者提供驿站，提供免费两餐，体现了中华民族热情好客的古老传统。

明代和晚周、唐宋类似，可以说是中国旅游史上的第三个高峰，这一时期整个社会普遍重视山水景观的鉴赏和旅游经验的总结。明代，可以说是我国旅游史上的黄金时代。最杰出的旅行家郑和、徐霞客，出生于明朝；精于山水鉴赏的王士性、王思任、公安三袁、钟惺、谭元春和张岱也都出生在这个时期。千古不朽的旅游名著《徐霞客游记》《星槎胜览》《广志绎》《五岳游草》等都产生在这个时代。

清朝是中国最后一个封建王朝，和此前各代相比，它有一系列不同的特点：首先，旅游者的人员构成发生了变化，平民开始加入旅游者队伍。其次，旅游空间拓展了。清代由于闭关锁国的格局被外力打破，一大批先进的中国人得以通过各种途径进行域外旅游。这一时期出国旅游的人数之多、阶层之广，在中国历史上是空前的。再次，由于康熙、乾隆所采取的压制、禁锢政策，知识分子不能自由地抒写胸中忧愤，被迫将精力放在做考据一类没有政治风险的学问上。此种风气亦对旅游文化产生了深刻的影响，使中国旅游文化的尚实传统发展到极致。

最后，由于西洋文化的影响，中国人固有的旅游观念、旅游方式、旅游工具都相应地发生了一系列变化。晚清时，上海租界区已经形成了专门为外国旅游者服务的民间旅游组织。民国时期，上海已经开始出现了旅行社，以营利为目的，并且创办了旅游专业刊物《旅行杂志》。特别值得一提的是，晚清至近代，许多志士仁人远游海外，通过中西文化的比较，大量撰文以唤醒国人自尊自强之心。

八、现代旅游文化的新发展

改革开放对旅游文化最大的影响是旅游的产业化给旅游文化注入了新的内容和活力。传统的旅游文化研究主要是关于旅游主体和旅游客体的研究，而改革开放以来，旅游介体研究的重要性正在受到高度重视和特别关注；传统的旅游文化缺乏国际性比较，而改革开放以后的旅游文化则逐步具有了全球视野；传统的旅游文化基本上不涉及经济领域，改革开放以来的旅游文化则既重视旅游的文化属性也重视旅游的经济属性；改革开放以来的旅游文化不同于过去的精英文化占主体，在大众色彩方面高过历史上任何时期，对服务的强调和重视也超过了历史上任何一个时期。

总之，受中国文化的发展历程及其特性影响，中国旅游文化的特色十分鲜明，表现在以下三个方面：

（一）中国旅游文化历史悠久，积淀深厚

中华民族五千年文明，历经了原始社会、奴隶社会、封建社会，从近代社会进入到现代的社会主义社会，每一次朝代的更迭、政权的转换，都是推动文明发展的历史车轮，并留下了大量的文化遗产。中华文化浩瀚似海，累积层叠，灿烂辉煌，是民族发展的无穷滋养和动力，是永恒的精神长城。

中国文化在长期历史发展过程中，不仅创造了辉煌灿烂的物质文化，还创造出能够指导中华民族不断前进的精神文化。这种精神文化体现了中华民族特有的思想观念、价值体系、审美趋向和民族性格。

（二）中国旅游文化具有强大的生命力

在世界文化的历史舞台上，出现过许多优秀的文化体系。英国史学家汤因比指出，在近六千年的人类历史上，出现过26种文明形态，其中中国文化、埃及文化、玛雅文化、苏美尔文化、安第斯文化、米诺斯文化和哈拉巴文化被称为人类原生形态的"母文化"。在它们之中，只有中国文化历经数千年从未中断，延续至今。这种强大的生命力，与其强大的同化力、融合力、延续力等息息相关。中国旅游文化强大的生命力造就了独具东方神韵的旅游资源，为中国旅游事业的发展奠定了基础，提供了条件。

（三）中国旅游文化在异域文化冲突中吸收与融合，发扬光大

不同文化系统在交流过程中可能会发生冲突，也可能会有融合。古今中外，由于各地文化发展的不均衡，文化的交流、冲突从未中断。中国文化不仅在中国内部不同民族之间的相互融会和相互渗透中得到发展，而且在与世界各地、各民族的接触中，还吸收了阿拉伯文化、中亚游牧文化、波斯文化、印度佛教文化及欧洲文化。通过与世界各地文化交流促进了洲际、国际、族际的文化认知，并在此基础上开创了新的文化，给后人留下数量巨大、价值极高的旅游文化资源。

重点概念

文化；旅游文化；主文化；亚文化；心游理论

复习思考题

1. 什么是文化？文化可以从哪些角度进行分类？
2. 什么是旅游文化？文化旅游与旅游文化有什么不同？
3. 旅游文化具有哪些功能？
4. 旅游文化具有哪些特征？
5. 中国旅游文化发展历程的各阶段有什么特点？

阅读资料：推进旅游与文化产业紧密融合共同繁荣
——国家旅游局局长邵琪伟访谈
2011-03-14 09:40:11

本报记者班若川 我国是文化资源大国，丰富灿烂的中华文化拥有持久弥新的魅力，每年吸引着数以千万计的海外游客前来参观旅游。伴随我国经济的持续快速健康发展，我国居民生活水平日益提高，文化旅游消费需求不断释放。今年是国家旅游局推出的"中华文化游"主题旅游年，国家旅游局局长邵琪伟日前在接受中央电视台、中国旅游报等媒体采访时，专门就旅游与文化的关系、旅游与文化的融合发展等问题发表谈话。他表示，在发展旅游业的过程中，一定要引入大文化理念，在推动文化产业发展过程中，可以借助旅游这一特殊载体，推进旅游和文化两大产业密切融合，共同繁荣。

"没有文化的旅游就没有魅力，没有旅游的文化就没有活力。"

【背景】良好的自然环境和珍贵的历史文化是旅游业赖以生存和发展的资源基础。旅游业的发展使我国数以千计的古城、古镇、古村焕发青春和活力，使宝贵的文化遗产走入人们视野。统计数据显示，目前我国已有 A 级旅游景区 5000 多家，优秀旅游城市 339 座，农家乐已超过 150 万家。文物、文化型旅游景区点由"十五"末的约 4000 家增加到"十一五"末的约 6000 家，五年累计接待国内外游客 10 亿人次，旅游成为国内外游客了解和认知博大精深中华文化的渠道。

邵琪伟：从产业角度上讲，旅游和文化是密不可分的。经过多年总结，我感觉这两句话是比较好的，那就是：文化是旅游的灵魂，旅游是文化的重要载体。

我说的这个文化是我们中华的大文化，是我们社会主义大文化。我们有 28 处世界文化遗产，有 7 万多家文物保护单位，有那么多古镇、古村落，有那么多博物馆、文化馆、艺术馆，绝大部分都进行了旅游开发利用。我观察，一个没有文化内涵的景区，对游客的吸引力就不那么强，无非是"齐天大圣到此一游"拍张照而已。而一个有文化内涵的景区，只要导游讲解好了，游客、老百姓就会流连忘返。

随着文化素养和知识水平的提高，人们越来越追求文化上的享受。中国有句古话："读万卷书，行万里路。"行万里路也是在读书，但读的是活书，很多知识可以在旅游过程中获得。

广东的同志总结得好：没有文化的旅游就没有魅力，没有旅游的文化就没有活力。这是一个非常形象的说法，很有道理。对文化产业来讲，就是要找到容易为人们所接受的载体，才能"让地下的东西走上来、书本的东西走出来、死的东西活起来、静的东西动起来"，旅游就是这样的载体。因此，文化抓住了旅游，就抓住了一个巨大的市场。

"除了以自然资源为基础的生态旅游、森林旅游、沙漠旅游、草原旅游、高山旅游、海洋旅游，人们还需要文化的享受。"

【背景】"十一五"末我国国内旅游人数为 21.5 亿人次，比"十五"末增加近 10 亿人次，我国连续 7 年保持世界上规模最大的国内旅游市场。五年来，国内旅游人数年均增长 12%，入境过夜旅游人数年均增长 3.5%，出境旅游人数年均增长 19%，全国旅游业总收入年均增长 15%，旅游直接就业达 1350 万人，旅游消费对社会消费的贡献超过 10%，旅游业对我国经济社会发展的积极作用更加明显。

邵琪伟：去年，我国居民国内出游人均超过 1.4 次。随着老百姓生活水平的提高，对旅游的需求也越来越大。这就提出了一个问题：面对人民群众日益增长的旅游需求，给他们提供什么样的产品？除了以自然资源为基础的生态旅游、森林旅游、沙漠旅游、草原旅游、高山旅游、海洋旅游，人们还需要文化的享受。而我们推出的古村、古镇、古城旅游就能带给人们这样的享受。比如平遥古城、丽江古城、凤凰古城，还有安徽的西递、宏村和浙江的乌镇，都是很受游客欢迎的文化类景点。这些地方都能带给游客丰富的文化体验。

"发展红色旅游也是文化工程，这是一件非常有意义的事情。"

【背景】随着《2004—2010 年全国红色旅游发展规划纲要》的实施和民族地区旅游业的蓬勃发展，生活在革命老区、民族地区的民众也享受到了旅游发展带来的实惠。据统计，"十一五"时期，中央财政共投入 30 亿元专项资金，改造和提升了 100 多个全国重点红色景区。

邵琪伟：我国的红色文化底蕴非常丰厚。从 2004 年中央提出发展红色旅游这六年多来，我们开发出 30 多条精品线路、120 多个景区景点，累计接待游客 14 亿人次，给当地居民带来 1000 多亿元的收入。大量的红色旅游景区景点位于老区、边疆民族地区、山区农村，旅游开发使很多老百姓脱贫致富。

发展红色旅游是政治工程、富民工程、民生工程，也是文化工程，是一件非常有意义的事情。红色旅游景区景点文化内涵丰富，非常值得去参观。很多年轻游客甚至国外游客也喜欢去参观红色旅游景区景点。我们希望通过旅游这种寓教于游的形式让更多的百姓特别是青年人受到爱国主义教育和革命传统教育。《2011—2015 年全国红色旅游发展规划纲要》即将印发，预计到 2015 年，红色旅游出游人数将突破 8 亿人次，年均增长 15%，占国内旅游总人数比重提高到 1/4，综合收入突破 2000 亿元，年均增长 10%，累计新增直接就业 50 万人，间接就业 200 万人。如何贯彻落实好红色旅游规划纲要，将成为我们下一步的工作重点。

"旅游促进了不同文化间和不同文明间的交流。"

【背景】旅游业的发展使数以亿计的游客感受并了解到中华文化的博大精深。"十一五"末，我国文物、文化型旅游景区点累计接待国内外游客达 10 亿人次。长城、故宫、秦始皇兵马俑、敦煌莫高窟、布达拉宫等成为国内外游客的旅游首选，也成为国内外游客了解和认知博大精深中华文化的首选。

邵琪伟：党的十七大报告提出要推动社会主义文化大繁荣大发展。旅游是文化繁荣发展的一个很好的载体，也是一个很好的领域。旅游所带来的人流、文化流等，促进了不同文化间和不同文明间的交流。如很多外国游客和中国港澳游客因为到广西阳朔旅游而在当地定居，融入当地生活。2010 年的上海世博会使更多的海外游客更加全面深刻地了解中国和中国文化，也使更多国内游客"零距离"地了解了外国和外国文化。

在出境游方面，我们要注意提高游客的文化修养。例如，国内一些游客到法国巴黎，可能在博物馆、艺术馆里待两天不出来。也有一些游客出国以后，走马观花，然后拍照留影。最后总结出国的收获时，除了几张照片什么都没有。

当然，游客文化素养的提高需要一个过程。我们建议出国旅游之前，提前做一些准备工作。例如，一些成熟的旅游者，无论是在国内旅游，还是去境外旅游，先做大量功课，查阅很多书籍和资料，去了以后可以跟导游对话，这才能实现真正的文化交流和互动。

"通过旅游和文化这两大产业的结合，保护和开发好更多有文化底蕴的地区，把那里的文化挖掘、整理、提升，再通过旅游这个渠道实现传播、传承。"

【背景】旅游业的发展使我国数以千计的古城、古镇、古村焕发新的生命力，使当地宝贵的文化遗产得到保留和传承，引起国内外游客高度关注。濒临消失的非物质文化遗产得到积极挖掘和展示，众多民间艺术、民间艺人进入旅游市场焕发了活力，如昆曲、苏州评弹、新疆维吾尔族木卡姆艺术、安塞腰鼓、纳西古乐等已经成为一个地区的文化名片和旅游品牌。

邵琪伟：很多地方为什么要去开发古镇？虽然初衷可能不是去挖掘它的文化内涵，而是去发展旅游，但目的是增加老百姓的收入，提高当地的知名度。文化部门、旅游部门就有一个引导的责任。在这方面，有的地方做得非常好。例如，浙江的乌镇，安徽的西递、宏村，保护得原汁原味，让这些古村落保留了历史的厚重感和文化的内涵。有历史文化厚重感的地方和没有历史文化厚重感的地方是完全不一样的。如果你把古镇搞得到处是钢筋水泥或者现代装饰材料，就失去了文化内涵，也就没有游客愿意前往。

所以，建景区景点在开发建设中要考虑文化的因素，通过旅游和文化这两大产业的结合，保护和开发好更多有文化底蕴的地区，挖掘、整理、提升那里的文化，再通过旅游这个渠道实现传播、传承。有条件开发的文物、遗迹，包括工业遗存、农业遗存，以及少数民族地区各种文化遗存，一定要很好地保护开发。

"现代科技给旅游提供了新手段，这是一种新的文化。一个国家软实力的提升绝对离不开文化的发展。"

【背景】过去五年，邮轮游艇旅游、冰雪滑雪旅游、医疗保健旅游、体育文化旅游、滨海海洋旅游等新产品、新业态不断涌现，形成了一批旅游消费热点。"十五"末，我国面向海内外游客的较大规模的演艺项目不足200个，到"十一五"末，这一数字增加到600个左右，演出达12万场次，受众近2亿人次，《印象·刘三姐》《长恨歌》等一批独创性文化旅游精品进入市场。

邵琪伟：现代科技为旅游提供了新手段，这是一种新的文化。将来游客拿着一部手机，可以走遍天下。既可以订房、订票、订餐，又可以通过手机结算、投诉、寻求紧急救援。还有就是旅游装备制造业，包括观光飞机、旅游房车，都要创造现代的先进文化。

一个国家软实力的提升离不开文化的发展。以宾馆饭店管理团队为例，现在49个国际品牌进来了，我国还没有一个品牌真正走出去。我们应该承认这个差距，更应该不断努力。我们所讲的文化是大文化，包括科技、教育、文化等，要把它们综合起来推动旅游业发展。如果中国有类似迪士尼这样的主题公园品牌，实现了走出去，那我们的旅游与文化水平就迈上了一个新台阶。

"十一五"时期，我国旅游业的快速发展，既得益于我国丰富灿烂的文化遗产和文化资源，也极大促进了传统优秀文化资源的保护、传承和发展。"十二五"时期，我们将继续加大对老少边穷地区的旅游投入，规范文化资源类的旅游开发，提升旅游开发的文化内涵，规划建设一批民族民俗文化旅游示范区，改造提升一批文化旅游精品演出项目，持续开展文明旅游和品质旅游活动，让中华文化通过旅游走向世界，让游客通过旅游走进中华文化。

（上述材料引自记者班若川《中国旅游报》2011 年 3 月 14 日稿件《推进旅游与文化产业紧密融合共同繁荣》。）

第二章　旅游主体文化

学习目标

1. 理解旅游主体文化的概念
2. 掌握旅游主体文化的特征和影响因素
3. 掌握旅游主体的文化动机
4. 熟悉当代旅游主体文化的走向

重点与难点

1. 旅游主体文化的概念界定
2. 旅游主体文化的身份和品位
3. 旅游主体文化的特征
4. 旅游主体文化的影响因素

第一节　旅游主体文化的界定和地位

旅游者既是旅游文化系统的创造主体，又是旅游文化系统的最终载体。旅游者作为跨文化空间移动的主体，他不仅是旅游活动的主体和跨文化交流的发动者，而且本身承载着一定的文化。可以说，旅游者在进行着跨文化空间的传播和运作。旅游主体文化是关于旅游活动的主体——旅游者的文化，是研究旅游文化的出发点。旅游者在旅游过程中，与各种各样的文化现象产生联系，因而研究旅游文化必须研究旅游主体文化。

一、旅游主体文化概念的界定

国内学术界对于什么是旅游主体文化还没有一个公认的定义，其主要原因是大家的视野多集中于宏观的旅游文化研究，对于其子系统的旅游主体文化还缺乏系统和深入的研究。为了深度研究的需要，这里先选择几种具有一定影响力的观点作一简要介绍。

白槐认为，旅游主体文化研究就是要研究旅游者需要什么，对于旅游者的需要，判断哪些应加以适应，哪些是不能迁就甚至是要坚决抵制的；研究如何增加对旅游者的吸引力；研究如何提高旅游者的观赏水平，这种说法强调了旅游者的文化需求和观赏水平。卢云亭认为，旅游主体文化要素应包括旅游者的政治主张、思想和信仰，旅游者的旅游动因，旅游者的居住地文化形态，旅游者的文化素质、受教育程度，旅游者的职业，旅游者的心理、性格和爱好，旅游者的生活方式。杨时进认为，旅游主体文化是旅游者的文化心态、价值尺度及其所具有的异域异族的传统观念和表现形态。王明煊认为，旅游主体文化是与旅游者的思想观念、心理特征和行为方式有关的文化，它具体包括旅游者所在国（地区）的文化心态，旅游者的思想信仰，旅游者的文化素质，旅游者的职业和经济状况，旅游者的心理、性格和爱好，旅游者的生活方式与旅游者的消费习惯。这种表述既明确了旅游主体文化的概念，又指出了具体的研究内容，值得重视。

本书认为，旅游主体文化是旅游主体在旅游过程中形成的共有文化现象的综合。由于旅游者是一个暂时性的社会角色，旅游者的身份起于旅游活动的开始，止于旅游活动的终结，所以是"在旅游过程中形成的"；由于旅游主体既指个体也指群体，但根据文化的性质，无论个体还是群体，均需有多数成员的共享才能称之为文化，所以说"共有"；由于旅游主体的旅游活动全过程涉及方方面面的文化现象，所以被称为"文化现象的综合"。

二、旅游主体的文化身份与文化品位

文化传统的形成有多种因素，多民族文化传统亦与各自所生成的背景有着千丝万缕的联系。自然环境因素不仅作用于人的存在和生长，还作用于人类社会组织，且对人的心理产生强烈影响。一个群体在某一自然环境中生存了千百年后，将对这个环境产生心理上的适应。科学已经证明，人的心理素质、气质，同自然环境有一定的联系。一般来说，由于人的心理机制要比生理机制更灵活、更易发挥作用，因此人的心理适应性也就更容易形成。当然，一种心理个性或心理特征的形成是一个过程，需要相当长的时间。所以当人们对某一地区适应之后，就认为它是故乡，时间越长这种感觉越重。而人们生活在本民族区域，生活在自己适应的文化环境中，可以增强对外界压力的抵抗，这也是区域的、民族的文化共同体稳定的原因之一。

（一）主体的文化身份与人格个性

1. 文化身份

文化身份（Cultural Identity）这个概念在我国学术界使用时间不长，这一概念所涉及的问题则是为人熟悉的。当一个人自我介绍说，我是中国人，或我是北京人、我是上海人时，他是以自己的国籍、省籍、市籍，即以自己生存的地域来限定自己，以区别于外国人、外省人或外市人。能使一个人、一个群体、一个民族或一国人和他人、他群体、他民族或他国人区别开来的，不仅是生存的地域，还有很多其他因素。那么，是哪些因素使我们成了中国人，而不是美国人、法国人或埃及人呢？这些因素之间的关系如何？文化身份是怎么形成的？文化身份跟民族性格的关系如何？文化身份跟文化认同有什么关系？诸如此类问题，都是文化身份这个课题要研究的。关于文化身份的定义，可以说是众说纷纭。得到大多数人认同的、比较简单的说法是一个人、一个群体、一个民族在与他人、他群体、他民族相比较之下所认识到的自我形象。这是一个对其更哲理化的规定。

那么，文化身份的内涵是什么呢？或者说，构成文化身份或构成自我形象的成分是什么呢？对于文化身份的内涵，即构成文化身份的成分，每个民族强调的重点不同。有的民族强调共同语言，有的民族强调宗教信仰，有的民族强调文化认同，有的民族强调族内婚姻。事实上任何文化成分都可用来当作确认自我身份的标识或特点，以便区别于他民族，以达到自我肯定的目的。民族如此，个人也一样。20 世纪 80 年代初，追求时髦的青年人把太阳眼镜上的商标留着而"招摇过市"的情景与当今的人体彩绘都可达到与他人相区别、实现自我肯定的一种方式。当然，不同的肯定方式其效果是不同的。在众多的构成文化身份的成分中，以下五方面是最为普遍和重要的。

（1）价值观念或价值体系。其中包括宗教信仰、伦理原则、世界观和人生观、集体和个人的社会理想等。这是文化身份的核心部分。不了解一个民族、一个群体或个人内化了的价值观念，我们就不能理解一个民族、一个群体或一个人的任何社会行为。在此也就确定了民族性格是文化身份首要的肯定方式。

（2）语言。其中包括书面语和口语、方言和土话、行话和切口，以及表达语言的文字等。语言不仅是交际工具，而且是文化的载体。在身份体系里，语言扮演联络员的角色，其他成分都借助语言起作用。多亏了语言，构成民族灵魂的价值观念才代代相传；多亏了语言，一个民族的成员才互相认同，彼此感到亲切。

（3）家庭体制。其中包括家庭的形成，婚姻关系和家庭内部人与人之间的关系等。对一个民族来说，家庭就像文化身份的三棱镜，凡是文化所具有的一切特征，在家庭生活中都会得到反映。儿童首先在家庭中开始知道自己的身份，而后性格的发展和成年后性格的定型也是在家庭中进行的。身份的最基本的概念，就是"某某的儿子"，人们认同的首先是父母和祖先，因为他们之间有血缘关系。在海外的中国侨民社团常常以姓氏为旗帜，成立宗亲会，号召亲善和互助。法国社会学家埃德加·莫兰说过，国民身份只是家庭身份的扩大，爱国情感是儿童把对家庭的感情扩大到对国家所产生的情感。

（4）生活方式。这里主要指构成生活的四大要素——衣食住行，即穿着方式、饮食习惯、居住方式和交通方式等。生活方式是文化身份最表面、最显而易见的成分，也是变化最为迅速的成分，尤其在消费社会里更是如此。生活方式是个人借以自我表现的手段，让别人知道自己属性的手段。生活方式不仅是表达行为的外在形式，而且也是行为所包含的价值观念的反映。在一个多样化的社会里，生活方式因社会阶层的不同而异。社会地位和经济状况的不同决定生活方式的差异。教育水平和趣味的不同也影响人的生活方式。

（5）精神世界。这里指的是在一个民族的历史发展过程中，集体记忆力所储存的种种形象。这些形象，有的是史前遗留下来的民族神话传说；有的是历史上对民族发展做出过贡献的重要人物、民族英雄等；有的是文艺作品中虚构的人物形象；有的是绘画艺术、造型艺术、建筑艺术、影视艺术等中的视觉形象；还有的是音乐作品，包括声乐和器乐作品、民歌、民乐中所留下的听觉形象等。这种形象把民族的成员紧紧地凝聚在一起。不管你走到哪里，这些形象都伴随着你，藏在你的脑海中，成为你无形的精神依托。

以上述五种成分来分析，在旅游跨文化交流中，与其说人格，不如说文化身份概念更能概括旅游主体的文化特征。说主体的人格，主要是从心理学角度概括其心理特质和性格特点；说主体的文化身份，更多的则是从文化社会学或文化人类学的角度涵盖了民族性格在内的上述五方面。对旅游者来说，其文化身份确认也就是在与他人、他群体、他民族相比较之下所认识到的自我形象的确认。

2. 人格与文化人格

文化身份是一个综合概括力非常强的概念，具体在我们确认一个人的文化品位时，还常用人格概念。人格（Personality），作为学科的一个概念，不仅在心理学、社会心理学中出现，还在文化人类学中出现。由此，对人格有不同的研究角度，也有略微不同的概念规定。不同学科在对人格的定义中，所强调的重点不同，心理学者注重行为动力，文化人类学者注重整个内在过程特点。但是，二者都是把"心理过程"作为人格的内容。美国社会心理学家克里奇（D. Krech）认为，"人格是个人所具有的所有特性的总和，优势适应环境的特有机制，因此，它是由环境不断改变着的"。我国心理学家孙本文认为，人格是个人行为特质表现相当统一与固定的组合形式，简单说，亦可谓之"个人行为统一的定型"。

人格的差异性造成了人格取向的多元化，为了适应社会生活和人际沟通，需要进行社会文化的塑造，使之形成"文化人格"。文化人格是个人显现出来的有益于社会的崇高的个性和品格，是社会文化体系塑造的结果，它在保持个体人格的前提下，进一步融入了所交往的各种社会的文化品质。文化人格以人的个性结构为基础，以人的价值观念和文化素质为灵魂。

（二）旅游主体的文化身份与人格个性

旅游者个性的发挥与否，既与民族性格及文化人格对其约束程度相关，更与时代的开放程度相关。时代越进步，个性就越解放，旅游者文化人格就越呈现出多样化特色。这往往牵扯到文化的民族性与时代性的关系问题。值此文化转型之际，中国有不少人在旅游上呈现开放性格，虽然受到民族原生性格的约束，但时代又给了他们超越传统羁绊的推动力，从而形成次生性的文化人格特征。诸如徒步探险、漂流、攀岩、溶洞探险、远足野营、驾车周游，乃至孤舟远航等盛行于西方的旅游项目已渐次在国人中开展起来。旅游者文化人格与民族性格的关系，是个性与共性的关系。民族性格是针对旅游者所呈现的整个民族的某些性格特征而言的，而旅游者的文化人格则是针对个体旅游者在旅游活动中所表现出来的性格特征而言的。另外，人格、性格等其实都包含于身份之内，旅游者的文化身份应是一个更宽泛的概念。

三、旅游主体文化在旅游文化中的地位

旅游是旅游者的活动，没有旅游者便没有旅游活动。旅游活动要通过旅游者来实现，因此旅游者是旅游活动的主体。旅游者之所以被看作旅游活动的主体，是由旅游者在旅游活动中所处的地位决定的。

首先，旅游者是旅游业发生、发展的关键。可以这么说，旅游资源开发主要解决"看什么"的问题，旅游者研究则是解决"谁来看"的问题，旅游业研究最重要的使命就是要解决"怎么看"的问题。没有旅游者，"看什么"和"怎么看"就毫无意义了。

其次，旅游者是旅游服务对象，旅游产业化的核心问题是旅游者问题。食、住、行、游、购、娱六要素的灵魂也是旅游者，六要素如果不协调，服务质量就不能使旅游者满意，旅游者就会离去。

最后，旅游者是旅游业的衣食父母，旅游业通过其所拥有的接待设施和所提供的服务，从旅游者那里获取经济利益。在产品经济条件下，旅游业属于服务性行业，它面对的是由旅游供给和旅游需求所构成的市场即旅游市场。旅游者是旅游产品的购买者和消费者，旅游资源的开发利用、旅游业的发展和进步，都要以旅游者的需求为转移，旅游需求制约着旅游供给。

从本质上说，旅游文化是旅游的"人"化，即旅游者之文化。从文化的角度看，旅游主体是旅游文化的负载者和传播者。旅游主体负载着原有文化内涵，前往相异的文化空间中旅行和游览，在将原有文化传播到异地的同时，也把各地的文化和风俗传播回原有的文化环境之中。旅游主体并非简单的搬运工，他还在传播文化的同时，在两种或多种文化的比较和熏陶中，创造出新的文化和审美成果如游记等。更重要的是，"旅游主体在旅游过程中，在对文化差异的比较及文化交流的追求中，不断提高自身的文化修养和素质，实现对真正美的认同"。"潜在的旅游者由于受到旅游动机的冲击和旅游客体的吸引，在旅游业的介入下实现了旅游，在旅游过程中产生了欢快愉悦的心理状态和审美情绪，这种心态和情绪是旅游三要素中任何一个要素都没有的。这就是旅游文化最初和最核心的部分"。由此可见旅游主体文化在旅游文化中处于核心地位。

第二节　旅游主体文化特征

旅游主体文化是旅游文化的子文化，是旅游主体在旅游过程中形成的共有的观念形态和行为模式。旅游主体文化既有其他各种文化的共性，又有其独有的特性。旅游主体文化特征主要体现在四个方面。

一、时代性特征

旅游主体生活在一定的时间和空间背景之下，不同时代旅游主体的旅游文化观念和行为方式是有差别的。旅游主体的时代特征实质上反映了旅游主体的古今差异。

首先，从旅游主体的构成来看，古代的旅游者主要为上层统治者，封建贵族与文人官宦构成了古代旅游的主体，几乎没有大规模全民性的旅游。而今天，旅游已经是广大人民生活中一个重要的休闲内容，旅游观念深入人心，大规模的全民旅游成为世界范围内的一个普遍现象。

其次，从旅游主体对旅游的感受来看，传统的中国社会是一个农业社会，其主要特点是安土重迁、重农抑商、自给自足，再加上宗法制的社会组织形式，所有这一切都极大地阻碍了社会人员流动。离别亲友犹如孤雁单飞，哀鸣不已。"日暮乡关何处是，烟波江上使人愁""在家千日好，出门一时难"，中国传统旅游概念中蕴含的这种悲苦惨淡的基调，乃是由居家的温馨和血亲的聚集而产生的。由于旅游使亲人聚居的温暖局面遭到破坏，因此把旅游视为悲苦之事，就不只是如西方人那样仅仅出于对旅途艰辛的恐惧，而是因离开"所属群体"迫于无奈的选择而引起的心灵深处的折磨。而现代意义上的旅行已不再是"Travel"（英文"Travel"的源词意为艰辛、困难和危险），大家流连于各个景区，乐不思归。旅游主体在旅游过程中体会更多的是忘情的愉悦。

最后，旅游主体审美观念的变化也体现出这种时代特征的差异。对于同一个旅游客体，由于旅游审美的标准不同，古代人可能并不视为美景，而现代人却恰恰相反。

二、民族性特征

每个民族都有自己的文化传统和特色，使其与其他民族区别开来，这就是文化的民族性。旅游主体文化的民族性特征实质上反映了旅游主体的中外差异。

首先，从旅游主体的旅游性格上可以看出这种区别。西方传统文化强调着眼于未来，强调个人主义的取向，塑造了西方民族较普遍和较明显的外倾性格特点。而中国传统文化塑造的人普遍具有内向的性格倾向。中国民间有"好出门不如歪在家""在家千日好，出门一时难""看景不如听景"等俗语，就反映了中华民族内敛的民族性格对国人旅游动机造成的阻碍。

其次，从旅游主体的旅游消费行为上也可以看出这种差异。例如中西方旅游者在目的地类型的选择上有不同的倾向。西方人信奉天人对立的价值观念，富有探险精神，多选择新奇的、不寻常的旅游场所，喜欢率先来到某个地区享受新鲜的经验和发现的喜悦，喜欢接触他们不熟悉的文化和人民。中国人信奉天人合一，喜欢小桥流水、波澜不惊的平和景观，多选择熟悉的甚至是人人皆知的、规划建设相当成熟的目的地。

此外，中西方旅游者在旅游消费结构支出、旅游组织形式、旅游消费习俗等方面也有着很大的差异。

（一）民族性格及其三种社会职能：深层背景作用、中介作用和整合作用

民族性格（Nation Character）是社会性格的一种表现。所谓社会性格是同一群体中多数成员所共有的心理特质和性格特点。社会性格依附于群体生活，是在群体生活中形成并在多数群体成员那里得到体现的性格特点。社会性格一方面建筑在个人人格的基础上，同时又是多数人共同的人格特点。因此，它作为一种共同的东西隐藏在个人人格的深处，成为对人格起作用的深层力量。正是这种在多数成员中起作用的深层力量，才把分散的个人人格聚集为一体，形成一种特有的性格。

民族也是一种群体，是居住在一定的地域，过着大体相同的经济生活，在民族语言基础上形成共同文化和历史基础的集团。民族性格是社会性格的一种，是一个民族大多数成员共有的反复出现的心理特质和性格特点的总和。民族是由风俗、传统和习惯等共有文化在历史上形成的群体，是历史的产物。因此，民族性格比一般社会性格积淀得更深，是一个民族的深层意识。民族性格又叫国民性。社会学和社会心理学或者文艺理论

中的国民性包括了一国国民的心理和性格的具体概念。中国人的国民性（民族性格）不同于美国人。比如，中国人的乡土观念很强，家乡是养育自己的地方。美国人却没有中国人的家乡观念，他们是流动中的人，乡土观念联系不断移动的人群。美国人的"家乡"是指自移民以来就不断移动的长长的旅程上所停留的居住地。

民族性格起作用的范围比人格和一般社会性格要广泛，不论哪个人和哪个群体的成员，其身上都深深地潜藏着民族性格（国民性）的印记，谁都逃脱不了。民族性格像有磁力的磁石，按照它固有的磁力方向把全民族的性格吸引成一定的"型"。人们都于无意中规规矩矩地按照这个"型"表现自己。民族性格之所以能够对所有国民起到这种性格定"型"的作用，是因为它的根基是人格和一般的社会性格，并横跨所有国民心底的深层精神。民族越古老，历时越悠久，民族性格就越深沉、含蓄、执着。因此，人们纵然已被牢固地约束着，却也不觉得有什么约束。民族性格作为社会心理变化发展的主观条件，对社会心理起着深层背景作用、中介作用和整合作用。

1. 民族性格的深层背景作用

任何社会心理的变化发展，都有一定的背景。社会心理背景有外部背景和内部背景，其外部背景是社会生活条件（或叫社会背景）；内部背景是已形成的心态（又叫心理模式或心理背景）。已形成的心态或心理模式像一层层内在布景，现实生活中的社会心理反应都会落在上面。如果与之吻合，就心安理得；如果不相吻合，则会心里紧张和不安。

人的心理世界像是由一幕幕布景构成的，形成深层的内部背景和表层背景。一个人在喜逢久别的朋友之后，心目中会留下与旧友重逢的一个个愉快场面。这种留在心目中的场景和喜悦，构成一种心理背景，在一段时间里起作用，不仅喜形于色，而且也影响他对其他事件的心理反应。一个人的苦恼、悲怆也会成为他的心理背景，影响着他的心理生活。这种即时背景，属于表层背景，是易变的、动态的。内部心理背景由表层到深层，层层深入内心世界。深层内部背景是稳定的、不易变化的、静态的。民族性作为一种心理模式，是在心理世界深处起作用的东西，由它构成深层的内部背景。深层内部背景就是移入人内心的文化模式，它有很大的清晰性和惯性，因此，人们对变化着的东西常常不习惯，或者看不惯，难以适应。这种不习惯正体现出民族性格所起的中介作用。

2. 民族性格的中介作用

民族性格对社会心理反应发生中介作用，指人们对变化着的社会生活和文化环境的心理反应，都是在经过民族性格的过滤、筛选和加工之后才产生反应，然后去发展的。民族性格是社会生活客体与社会心理主体之间必经的中介环节。这个中间环节的介入，使人们对变化的现实生活有了心理反应，总是或多或少地带有民族的性格特点。

民族性格的中介作用，可以从人们对异质文化的心理反应中看出来。任何一个民族都是以自己固有的、习以为常的文化模式去看另外一个民族的生活方式，但是又不觉得自己有异民族习性、民族偏见。因此，常常难以理解在另一个民族那里并不难理解的现象。就如给小费这件事，中国的公民就不甚理解，也很不习惯，做起来也总是不怎么到位。文化人类学上有一种说法，即"文化眼镜"，就是指文化模式的顽固性和劣根性。"文化眼镜"隔在现实生活与心理反应之间，人们必须透过这副"眼镜"去看现实。由此，当一个人跨越了文化背景去旅游，即旅游地与自身存在着一定文化距离，在面对这样的异质文化时总会产生一定的惊愕和震惊。

3. 民族性格的整合作用

生活在当代社会中的人，很难纯粹地具有某一种封闭的民族性格。民族性格能把生活中丰富多彩、变化万千的社会心理现象吸引和收敛成一种特有的群体精神。社会心理是自发产生的生活意识，就自发状态而言，它的作用方向是不定的、分散的，但在群体生活中，社会心理能形成一种笼罩群体空间的气氛。社会心理之所以能够成为笼罩群体空间的气氛，是因为它的内部机制是心理互动，而促成心理气氛形成的内部动力乃是民族性格。这就是民族性格的心理整合作用。

民族性格的深层背景作用、中介作用和整合作用三种社会职能相互联系、相互补充，从不同侧面体现它的作用。从心理过程看，民族性格是社会心理变化发展的一种内部背景；从社会主体与客体之间的关系看，它对社会心理的变化发展起中介作用，是两者之间的一种中间环节；从个性发展和群体精神的形成看，民族性格起着各相异文化交锋的整合作用，它像磁石一样，将零散的有益的文化心理吸引到民族性格中来，因此它是在变化发展中不断地形成趋势。这三种作用从更具体的事项方面，体现出人的文化身份。在旅游中，某些能表现个体身份的特性或许都暂时隐退，短暂的交往中或许难以准确确认个体深层的身份。然而，文化却无时无刻不伴随着个体，如外表的着装特征与语言，或许就携带着某种文化因子；个体的价值观念、精神世界、生活习惯，甚至家族历史等，或多或少、或隐或显地会在旅游生活中彰显出个体的文化身份。

三、扩散性特征

旅游主体文化是一种流动的文化，因为旅游主体总在不断地变换空间。旅游主体文化与旅游客体文化和旅游介体文化在不停地碰撞、整合，因而具有扩散性。旅游主体对旅游目的地文化的影响主要表现在：一方面，使旅游地传统文化复兴，并在增强当地居民文化自豪感及打破封闭落后的社会文化环境、推进旅游地现代文明的发展中起积极作用；另一方面，旅游发展引起旅游地传统文化的丧失、贬低与扭曲，以及犯罪和社会伦理失范等负面效应，又使人们对旅游发展产生抵触，甚至是恐怖行为。旅游对社会文化的影响实际上是"对人的影响"，即旅游者对东道主的影响。只要旅游开始，旅游者与旅游地居民相遇时，就会因各种价值体系的不同，造成社会文化的冲突与碰撞，因此旅游者对旅游地社会文化环境的影响是明显的、直接的。旅游主体文化的扩散带给东道主最直接的影响就是当地人逐渐远离自己的传统文化，转而模仿旅游主体文化，使以前较单一的民族文化向多样化的方向发展，最终导致旅游地社会文化潜移默化甚至土崩瓦解。例如在发展中国家，旅游者在食、住、行、游、购、娱方面表现出较高水平的需求和消费，以及客观上具有的社会、经济优势，使旅游者在整个旅游过程中表现出明显的优越感。加之对游客的约束比对居住地居民的要少，使旅游地居民表现出一定的羡慕和盲从心态。旅游者的这种"示范效应"促使旅游地居民对旅游者言谈举止、穿着打扮、生活方式等进行曲意的迎合、追求和模仿。当然，这种影响也可能进一步激发当地人奋发向上的精神和增加追求财富的开创意识，从而促进旅游地原生居民传统思想观念的转变，增强旅游地开放观念和现代化意识。

总之，旅游主体文化扩散的是某些文化特质，而非一个完整的文化形态。旅游主体文化的扩散在旅游主体方往往是无意或被动的，在东道主方却是主动的。对东道主而言，游客是上帝，游客总是对的，那么为了使"上帝"满意，东道主会设身处地对游客的期待做出热情的回应，为游客制造一个完美的环境，旅游主体文化就这样渐渐地在接待地积淀并扩散开来。

四、规范性特征

从社会学的角度来讲，旅游者是一个社会角色，一旦一个人成为旅游者，那么他的行为在一定程度上就会有别于其在日常生活中的行为，必须遵从一定的行为规范。再者，旅游主体可以划分为不同的亚文化群体，各群体都有自己的观念形态和行为模式，因此旅游主体也会受到来自所属团体内部规范的制约。旅游主体文化的规范性主要体现在以下两个方面：

其一，旅游主体要遵从一般性的行为规范，如道德、法律规范等。作为旅游者，还必须遵守接待地的法律规范和道德规范。

其二，旅游主体要入乡随俗。每一民族都有自己的民俗禁忌，俗话说，"十里不同风，百里不同俗""入门先问禁，入境先问俗"。习俗是人类社会中沟通人际关系、协调人际行为的社会规范系统。习俗是民间约定俗成的，主要靠的是个人自觉或无意识地接受其规约，从而实现人际关系的沟通。旅游主体对于东道主的习俗应给予尊重和理解，避免因触犯禁忌而造成不愉快的旅游经历。

第三节　旅游主体文化的影响要素

影响旅游主体文化的要素是多方面的，但概括起来可以分为内部要素和外部要素两大部分。其中内部要素更多的是强调旅游主体自身的各种行为对旅游主体文化形成和发展的影响，外部要素则更多的是强调外界因素对旅游主体文化形成与发展的影响。

一、内部要素

旅游主体的学习是影响旅游主体文化层次高低、水平深浅的主要内部要素。旅游主体在不断的学习过程中使自己的消费行为更加理性，审美心理更加成熟，休闲活动更加丰富。旅游主体主要学习三个方面的内容：

第一，学习合理消费。目前在我国部分旅游者中还存在着许多非理性的消费行为，如选择旅行社时重价格轻品牌、选择旅游线路时避冷趋热、旅游购物时不理智、追求感官刺激、从事违法消费活动等。而学习合理消费就意味着旅游者应该学会如何辨别互相竞争的旅游产品和服务，即学会如何成为旅游市场中一个精明的购买者。他需要学会区分和评价互相竞争的旅游产品与服务，以及如何处理购买决策中的风险和疑虑。比如随着假日黄金周的施行，出现了许多旅游景区人满为患的现象。为了避免类似的风险，旅游主体通过学习，积累了一定的经验，在假日旅游时就会更理性地选择目的地，避开热门线路和旅游高峰期。学习合理消费还要尽力避免一些不利于理性消费的心理，包括从众心理、贪图便宜心理、夸富心理、"上帝"心理等。从众心理是指旅游者在做出消费决策时没有自己的主见，人云亦云；贪图便宜心理是指旅游者在做消费决策时过分看重价格，而忽视对旅游企业品牌信誉和旅游产品质量的考察；夸富心理主要是指少数旅游者做出某些旅游购物决定不是为了实用，而是为了炫耀财富；"上帝"心理是指一些旅游者在旅游过程中一切以自我为中心，不顾及他人的感受。

第二，学习相关规范。旅游者应多了解旅游行业和旅游企业的操作规范，熟悉旅游相关法规。这样既有助于保护自身的合法消费权益，又可避免自己因不懂法规而进行一些违法的消费活动。例如旅游者应该知道在参加团队旅游过程中如何维护自己的合法权益。首先，在出行前应该询问旅行社是否已经办理了旅游意外保险，因为付给旅行社的费用当中应该包括这种费用；其次，出行前应与旅行社签订合同，明确对方应该提供的服务质量标准，如果旅行社故意或过失不履行合同，就应对旅客承担赔偿责任；最后，在旅游过程中，如果导游不按合同规定，擅自改变活动日程，减少或变更参观项目，擅自增加用餐、娱乐、医疗保健项目，擅自安排在并非旅游部门指定的商店中购买伪劣商品，游客都有权要求旅行社按规定给予赔偿。学习相关规范还要做到遵纪守法、入乡随俗。旅游地政府为创造良好旅游环境，大都规定一些"禁止""不准"的行为规范，如不准随地吐痰、禁止在名胜古迹上乱刻乱划、不准乱扔污物等，旅游者应遵章守纪，自觉执行。同时到异国异地旅游时，应注意了解对方的民俗民风和规矩，做到入乡随俗。比如，泰国小孩的头摸不得，印度小孩抱不得。又如，在泰国进入寺庙要脱鞋，女士见到僧侣要避让，游览大皇宫女士不能穿短裙和凉鞋等。

第三，学习旅游美学。不仅旅游消费需要学习，旅游审美同样需要学习。根据马斯诺的需求理论，人们有审美的需要，它是仅次于自我实现需要的高层次需要。要欣赏音乐和绘画的美，首先要有能感受音乐的耳朵和感受形式美的眼睛。作为旅游审美的实施者，旅游主体要在旅游过程中获得美的享受，就必须学习和掌握基本的美学知识和审美技巧。由于旅游活动集自然美、社会美、艺术美和生活美于一体，旅游主体就需要学习和积累多方面的美学知识。唯有如此，才能道出景观美在哪里，而不至于明知"此中有美意"，却"欲辨苦无言"。

二、外部要素

影响旅游主体文化的外部要素主要包括三个方面，即传统文化、目的地文化和社会行业规范对旅游主体文化的影响。

（一）传统文化影响

旅游主体是散布在不同时空中的人，他们身上都留下了传统文化的烙印。文化造就和影响了旅游者的消费习性和具体旅游消费行为。我国是一个拥有五千年文明历史的国家，久远而浓厚的传统文化对于旅游者的影响主要包括：宗法伦理与道德的影响、地理环境文化生态的影响、古代哲学思想的影响。宗法制讲究同族聚居，可使人们产生重血缘、重乡土的社会心理。宗法观念使人产生无尽的"桑梓之情"，无论走到哪里，都觉得根在故乡。这种浓厚的乡土观念对人们的外出旅游影响很大，使人很难离乡别家、外出旅游。以"孝亲"观念为主的伦理规范对中国旅游者心态产生极大影响。在中华文化系统中，孝道被视作一切道德规范的核心和母体，所谓"父母在，不远游，游必有方""孝子不登高、不临危"，目的就是要劝导人们恪守孝道，固守家园，漫无目的的游历是不可取的。

文化生态是一个社会的地理环境、经济基础、上层建筑和意识形态的综合。地理环境的各种因素造就了旅游者固有的思考问题方式，旅游者的意识、观念、习惯等受周围环境的影响很大。

中国古代哲学思想总体上是一种"重静而轻动"的形态，真正向上发展的动态属性被主静的整体意识压抑住了。"以静为本"必然对代表着"动"和"朝气"的冒险性旅游有所遏制，这种传统使得中国人在超越生存空间、跨越自然环境方面有所欠缺，在旅游时受到很多遏制，失去了跨越更大范围文化空间的可能性。

（二）旅游目的地文化影响

旅游主体文化有扩散性，但并不意味着旅游主体与东道主之间的文化传播是单向的。其实，旅游接待地文化同时也会辐射到旅游主体身上。简而言之，旅游主体文化与接待地文化是互动的。旅游主体的成长与旅游目的地有着密切的关系。"读万卷书，行万里路"以成才的事实与道理，广为人们所熟知。"行万里路"式的旅游，实质上是读天地间一部无比生动丰富的巨著。古人说："无字书者，天地万物是也。"吴越清风，秦陇劲气，燕赵豪情，皆吞吐于胸；民间的质朴人情，古迹的历史幽思，都市的现代气息，都引来心灵撞击，人的心胸、思想就会有高效率的积累、升华，就能提高智慧，增长才干，成长为改造世界的人才。因此，目的地文化对旅游主体文化的成长和丰富起着重要的作用。

（三）社会规范与行业规范影响

社会规范包括一些成文的、带有强制性的规范，如法律等。这些规范对旅游主体有一个内在化的过程，当这些规范内在化以后，才可能由旅游主体在旅游过程中反映出来，从而转化为旅游主体文化的一部分。2000年通过的《全球旅游伦理规范》多次规定了旅游者的义务，如"旅游活动的开展应当与东道主地区和国家的特征与传统保持一致，并尊重其法律、惯例和习俗"，以及"在旅游过程中，旅游者和访问者不应当从事任何犯罪行为，或者从事任何根据到访国家的法律被认为是犯罪的行为，要戒绝那些被当地人感到是冒犯和伤害的行为，或者可能会破坏当地环境的做法；不从事任何有关违禁药品、武器、古董、受保护的物种和产品及危险品和根据国家规定禁止的物品交易活动"。除了宏观的行业规范以外，各旅游企业对旅游者也会有一些具体的约束性措施，如旅行社与旅游者签订的合同中，对旅游者的行为都有明确的规定，如不得随意迟到、不得擅自离团等。

第四节　旅游主体的文化动机

零点数据与新浪网曾对 168 名网民做过调查，97%的人不同程度地希望参加各种新休闲活动，其中希望进行野营或野外生存的占 56.1%，探险漂流占 38.9%，拓展训练占37.0%。从旅游者的文化动机的角度来看，该调查结果体现了人们主要的旅游动机。除此之外，还有哪些常见的旅游文化动机？

人到底为什么要旅游？他们不辞辛劳去旅游到底追求的是什么？旅游者的动机到底是什么？这方面较典型的观点有：德国学者格里克斯曼将人们旅游的动机分为心理的、精神的、身体的和经济的 4 类；日本心理学家今井省吾将旅游动机分为消除紧张感、社会存在、自我完善 3 种；美国托马斯则提出包括教育和文化、休息与娱乐、种族传统和其他方面等的 18 种动机；美国的麦金托什又将旅游动机分为身体健康、文化、交际与地位和声誉 4 种动机类型。从旅游文化的角度来看，旅游主体常见的文化动机有以下 4 种。

一、审美动机

人们旅游的动机是多种多样的，不过审美动机是诸多旅游动机中的优势动机，审美型的旅游者是旅游队伍中的主力军。亚伯拉罕·马斯洛（Abraham Maslow）1943 年提出需求层次理论，指出人的需求的五个层次由低到高分别是生理的需要、安全的需要、社交的需要、尊重的需要、自我实现的需要。20 世纪 70 年代，在此基础上，他又增加了认知和审美两种需求。审美的需要，即对美好事物的追求与向往。马斯洛认为，审美动机是人类高层次的超越性的需要，审美动机是自我实现的重要成分。人类的审美需要通过旅游来满足有两个重要的原因。

首先，从旅游客体的角度来看，旅游资源与一般资源的根本区别在于它具有审美的特征，具备观赏性。旅游者外出旅游就是要获得精神享受，通过对旅游资源的欣赏，能够满足人的审美需要。其次，从旅游主体的角度来看，现代旅游活动是社会经济、文化发展的结果。随着人们精神生活的丰富，旅游已经成为社会生活的重要成分，通过旅游来实现审美是现代审美文化的重要内容。

二、学习动机

马斯洛认为，认知动机是人类高层次的超越性的需要。认知的需要，即学习的需要，是对未知事物的好奇心和对客观世界的探索欲望。而这种需要就是旅游活动过程中的最重要的动机形式。其中，学习动机又可以细分为有目的的学习和无意识的好奇两种类型。

（一）学习

相比书本知识的有限而单调，旅游可以开阔视野，能学到大量书本上学不到的知识，也能为书本知识做必要的补充。"读万卷书，行万里路"是中国古代朴素的旅行观，自春秋时期以孔子为代表的士大夫阶层的游学，到汉代司马迁的社会考察旅行，到唐宋文人墨客的漫游及僧侣的仙游，再到明清时期李时珍、徐霞客等专业人士的调查旅行，以及唐寅等艺术名人的周游各地，无不以学习作为一大动机，为自己的专业领域提供丰富的素材，成就了《论语》《史记》《本草纲目》《徐霞客游记》和唐诗宋词名篇等珍贵的中华文化遗产。

此外，修学旅游也是学习动机激发的一种旅游形式。18 世纪欧洲出现的"远游（Grand Tour）"热潮，其实质就是一种修学旅游形式。英国的富家子弟有机会越过英吉利海峡在欧洲大陆游览，时间从数月到数年不等，进行观光、学习、购物，在此期间学习欧洲各国的政治、经济、文化历史、艺术等。日本自明治维新开始也鼓励修学旅行，规定从小学到大学都必须完成本国或国外的修学旅行。德国巴伐利亚州政府明确将修学旅行写入当地教育法，对修学旅行的课程、方式、时间等都做了明确规定。

如今，随着人们素质的提高，越来越多的游客渴望从旅途中增长见识，扩大视野。出于学习动机的主要人群是学生和学者。广大学生为了补充书本知识而进行的修学旅游，如中小学专门针对课文所述的景观的旅游、高中生的理想大学之旅，或者学生到国外的旅游等，以及专家学者的考察及学术会议、论坛等，都是最常见的修学旅游方式。

（二）好奇

好奇是人之本性。学习动机的游客是抱着特定学习目的去旅游的，而好奇动机的游客则缺乏这种具体的学习目标，只是怀着一颗探索求新的愿望去了解不同环境里的异域风情。其实人们不断追求新的旅游地，很大程度上就是满足自己的好奇心。当然旅游者的兴趣不同，对不同景观的好奇程度也不相同。例如对于西方人来说，在遥远东方的中国一直是一个神秘的国度，这里有着和他们不一样的风物和人情。

三、刺激动机

寻求刺激，是人类普遍追求的一种需要，只是程度不同而已。日常生活模式化使得人对生活很厌烦，家庭生活或工作的单调性、可预见性和不变性，必须以一定程度的复杂性和变化来刺激。刺激不足容易使人产生疲倦，而旅游正是对现实生活的逃避，改变其单调性。旅游者都带有一定程度的寻求刺激的动机，到一个与平时不同的生活环境中去体验不同的生活。对于与日常生活不同的体验有不可预见性，这种不可预见性多少也带有一些刺激的成分。

对刺激的追求，因人的不同个性心理特征而有所差异。今天，刺激更多地表现在对生理和心理的挑战上，包括登山攀岩、滑雪、野外生存、漂流、山地穿越、蹦极、滑翔等多种具有挑战性和探险性的体育活动。不少城市白领和一些高收入、高压力人群倾向于用这种刺激的方式使身心放松。

四、怀旧动机

人类对失去的历史有一种怀念，希望能看到历史的遗迹，重温失去的光阴，以此来获得人的归属感和认同感。现代怀旧是指对过去事情具有失落感，这些东西是人们曾经熟悉的东西，具有某种象征和表达感情的符号意义。当代人的怀旧既有人类对工业化时代以前的普遍怀念，也有全国各地区人对其他时代的怀想。不同的人由于生活、教育等背景不同，所怀想的旧念也各不相同。当然，怀旧的方式也是丰富多彩的，很多人通过旅游的方式实现全方位的怀旧。因此，怀旧常常会作为一种旅游的动机出现，甚至影响旅游决策和行为的最终实现。作为旅游者的怀旧动机，具体可以从以下三方面来分别观察。

（一）重温历史，怀念过去光阴

重温历史，怀念过去光阴，这是每个人都会经历的体验，特别对于旅游者而言是一种很重要的旅游动机。20世纪二三十年代老上海风情游、陕西铜川"蒸汽机车怀旧游"、成都"顺兴老茶馆怀旧游"等都是典型的重温历史、怀念过去光阴的旅游线路。

（二）寻根问祖，故地重游

寻根问祖，故地重游，这也能充分体现旅游者的怀旧动机，目前流行的归国华侨寻根游、祭祖游等都是移居他乡的思乡之人的怀旧情感的反映。这种怀旧已经突破了人类共有的对历史的怀念，而是从更具体的层面上对个体关照，对个体自身的历史进行回顾与想念。寻根问祖是要找寻自己祖先的足迹，自己游览过的名山胜水、住过的居所地方，如果有机会重游，就会感到十分亲切，甚至遐想万千。尤其对于上了年纪的人来说，这种感情更为强烈。有人说："把几十年不见的器物展现出来，把早已忘却的一段回忆再现出来，把很久没有体验过的情怀激发出来，直到让你热血沸腾，泪流满面，流连忘返。当然最后你还要心甘情愿地掏腰包——这就是怀旧旅游的魅力。"

（三）返璞归真，寻访乡村生活

乡村生活是城镇中的人们必然怀念的一种生活方式，如今的乡村旅游、古村古镇旅游及农家乐的兴盛与流行也正是这种怀旧动机所引发的。在城市文化中，当民俗传统逐渐为现代气息所拂去时，都市人又向往起了返璞归真的生活。曾经荣获"全国百佳馆"称号的顺兴老茶馆就把伤逝怀旧的情绪推向极致：古旧的铜环，老式的风谷机，一推就吱呀作响的鸡公车。每一个细节，都牵引着你的神经，带你回到遥远的过去。虽然人们理性上认识到过去的房屋不适于居住，过去的器物也不可能再去使用，卫生条件很差，交通也不方便，但如果能重新回到这种环境（即使是人造的），依然会感到万分亲切。如果将现代与传统结合起来，让怀旧成了旅游资源，便会有新的旅游市场。这兼顾了人们的两种需求，既传统又舒适，使中外旅游者在这里获得认同感和归属感。

第五节　当代旅游主体的文化走向

文化是制约和决定旅游者消费行为的根本性因素，对旅游者消费行为的影响是全方位的。因此，随着文化的进一步发展和更新，人的消费行为及与此相关的消费方式也在发生变化。除了传统的游览、观光、团体旅游等消费方式外，旅游者更多地追求自我发展和实现的需要，在旅游消费行为中出现了更多的文化趋势及走向。

一、旅游方式多样化

旅游方式多样化主要表现为散客旅游与组合旅游的兴起。散客旅游与组合旅游是旅游者崇尚自身价值体现的一种标志。比起大众化的旅游方式，现在的旅游者不是那种人云亦云、不成熟的旅游消费者，他们更加注意表现自我，根据自己的喜好做出旅游选择，包括旅游方式、旅游内容、出行形式等，显露出自己的特点，玩得尽兴、尽意。他们对那种军事化的团体旅游不屑一顾，认为束缚个性，强制多于自由，不能满足自己的需要，因而加入散客旅游和组合旅游的大军中。散客旅游是市场细分之后的产物，适合小范围、小规模的旅游，可以最大限度地满足旅游者的个性需求，有自助式和自选式两种方式。

二、旅游需求细分化

每个旅游者都有需求，这是人们追求自我实现的标志。为了满足各种各样的需求，就出现了产品和满足需求方式的多样化。当今社会不再强调一致性、标准化，而是突出多样性、灵活化。旅游市场进入买方市场后，针对需求的多样化，市场细分不只是一个停留在理论上的名词，类型众多的较小规模的专门市场，如商务旅行、度假旅游、探险旅游、蜜月旅行、家庭旅行等分割、取代了原有的大众市场。每一个细分市场都有自己的特点和与众不同的需求。例如，观光旅游与度假旅游的差异就很大。首先，观光客重视觅奇览胜、开阔视野、一饱眼福；度假者则以疗养、休闲、娱乐为旨趣，更注重消费行为的自觉性。其次，观光客经常是以最小的花费和最少的时间玩最多的景点，获得尽量多的感性认识；而度假者则追求旅游的质量，更要求有特别的、足够的、耐人寻味的活动形式和内容。再次，观光者满足于走马观花，可以比作浮光掠影的求知者；度假者则是饱含闲情雅致、从容的思索者。最后，观光客更注重旅游服务的便利性，而度假者则看重服务的情调性和温馨程度。由此看来，需求的多样化带来市场的细分，小规模的专门市场更注重旅游的质量和享受度。旅游需求细分化的另一鲜明特征是更加崇尚回归自然。当今社会，由于工业污染的加重和工作生活节奏的加快，人们对日常生活和工作表现出强烈的烦躁不安，转而追求返璞归真，崇尚清净、优美、洁净的大自然，想要逃避都市的喧嚣和繁杂，"回归自然"成为时尚。于是追求淳朴、回归自然、享受自然的旅游动机在全世界范围内得到强化，生态旅游、海洋旅游、乡村旅游、探险旅游方兴未艾，成为当今世界旅游发展的一种潮流。

三、旅游意识积极化

旅游是人类物质文明发展到一定阶段的产物，是一个国家或地区经济发展水平和国民生活水平提高的结果。随着人们可支配收入的提高、闲暇时间的增加和出游交通设施与交通工具的进一步完善，消费者进行现实的旅游活动次数也将大大增加。有关现代休闲和娱乐方式的研究表明，最受欢迎的休闲与娱乐方式已经不再是那种纯旁观的传统方式。同样，旅游者在其旅游过程中积极参与的愿望也变得越来越强烈。这是现代人积极体验和积极参与意识不断强化的表现。这一趋势是世界性的，具有相当强劲的势头。从文化的角度来看，旅游者参与意识的不断强化，是旅游者追求自身价值的表现。

重点概念

旅游主体；文化身份；人格；文化人格；社会性格；民族性格；马斯洛的需求理论

复习思考题

1. 简述旅游者文化人格与民族性格的关系。
2. 简述旅游主体文化在旅游文化中的地位。
3. 旅游主体文化特征主要体现在哪几个方面？
4. 民族性格的三种社会职能是什么？
5. 旅游主体文化的影响要素有哪些？
6. 旅游主体的文化动机是什么？
7. 简述当代旅游主体的文化走势。

第三章　旅游审美文化

学习目标

1. 理解旅游审美文化的概念
2. 掌握旅游审美构成与旅游审美活动的基本特征
3. 掌握旅游审美文化的类型
4. 了解旅游审美文化的时空差异及当代旅游审美文化的走向

重点与难点

1. 旅游审美文化的概念界定
2. 旅游主体审美结构
3. 旅游审美关系
4. 旅游审美感受的层次分析

　　人们进行旅游活动的目的是获得愉悦感，旅游中愉悦感与美学上的审美感是大致相同的。因此，著名学者叶朗先生说："旅游，从本质上说，就是一种审美活动。离开了审美，还谈什么旅游？旅游涉及审美的一切领域，又涉及审美的一切形态。旅游活动就是审美活动。"无论是哪一种类型的旅游，都是在不断的活动中寻求美的享受，以愉悦身心、陶冶性情，增添生活的乐趣。在旅游观赏过程中，旅游者所获得的愉快心理体验是直觉和理性相交融，又与情绪的愉悦相始终的。若从审美角度上来探究，不论是观光旅游、度假旅游、会议旅游，还是其他形式的商业性旅游，既然是以"游"为形式，就离不开对自然风光、人文景观的欣赏。在现代旅游活动中，由大量的从业人员和设施设备构成的旅游媒体，也是一道"风景"，是旅游者欣赏的对象。同其他审美领域一样，旅游审美的结果常常因主体的不同而有相当大的差异。比如，置身于偏远乡间，有人会激动得如痴如醉，发出"村舍茅屋万岁"的心声；有的人则兴趣索然，无动于衷。参观西安这座古都，不同国家的游客会有不同的感受。对于夜总会里的时装表演，来自不同民族的客人会产生截然相反的态度。面对这些现象，人们不禁要问：导致相同旅游客体对不同旅游主体的感知存在巨大差异的原因是什么呢？本书认为是旅游审美文化的中介作用。

　　那么，人们旅游审美观的差异又是如何形成的呢？答案主要有二：其一是个体差异。旅游审美活动并不像一些人所理解的那样,客观对象的美怎么样,人们的美感就怎么样。

事实上，人们对美的感受并不是简单对审美对象的写照和被动的反映，而是随着审美主体的心理状态的不同而不同。其二是文化差异。无论哪一民族、哪一地区的旅游者，对于风景的审美都以其文化为背景。恩格斯在谈到风景的审美特征时，把各个民族的宗教意识、哲学意识、地理区域意识、文学意识、政治意识、人文意识等都放在风景审美意识里加以描述，这些意识总合起来就是广义的文化意识。普列汉诺夫也认为风景审美反映着一种社会文化。他指出，我们对于自然界所引起的印象，是随着我们自己对自然界的态度的改变而改变的，而我们自己对自然界的态度是由我们的社会文化进程来决定的。因此，对于旅游审美活动，既要从审美心理学的角度加以分析，也要从审美文化学的角度予以深入探讨。本章从旅游审美的基本概念入手，描述旅游审美文化的不同形态，探讨旅游审美文化的时代变迁，分析中西旅游审美文化的差异，以求能够进一步把握旅游者的需求，为旅游产品开发和旅游企业经营提供一种美学的指导思想。

第一节　旅游审美构成与旅游审美活动的基本特征

一、旅游审美构成

（一）旅游审美主体

1. 旅游审美主体的概念

旅游审美主体是指旅游审美行为的承担者，具体地讲，是指有着内在审美需要、审美追求，并与旅游资源（或旅游产品）构成一定审美关系的旅游者。旅游产品的吸引力一方面与旅游产品本身的特质有关，另一方面与旅游者自身的文化素质和审美情趣、审美能力有关。如果旅游者不具备一定的文化素质和审美情趣、审美能力，旅游产品的吸引价值就会大大下降，甚至消失。

2. 旅游审美主体的特点

旅游审美主体具有一般审美主体的规定性。

首先，旅游审美主体是精神活动的主体。在具体的旅游审美活动中，旅游者作为主体追求的是精神享受而非物质享受，是旅游产品（资源）的精神价值，而非实用价值；在旅游审美活动中，旅游者运用的本质力量主要是精神感觉力量而非实践感觉力量；在旅游审美过程中，旅游者的活动主要表现为精神活动而非生理性本能活动或实践性物质活动。当然，旅游审美主体不可能只是某种精神实体，也有物质方面的需求，但其精神活动是根本的、主要的，物质活动是外在的、次要的。其对象化的本质力量和方式都是精神性的。旅游者追求的是一种情感活动与情感交流的愉悦。

其次，旅游审美主体是情感活动的主体。人的精神活动有多种状态，如科学认识活动中的理智状态、社会伦理活动中的意志状态、宗教活动中的信仰状态等。在旅游审美活动中，人作为主体，不能排斥上述状态的出现，但主要是处于一种情感状态，否则就不可能进入审美境界，获得旅游的真正乐趣。

最后，旅游审美主体是自由的、生命活动的主体。旅游审美同其他审美活动一样，是摆脱了生理需要支配的活动，是脱离了对"物"的绝对依赖性的活动。马克思曾经说过：对于忧心忡忡的穷人来说，再美的景色也是无意义的。旅游审美主体不是粗陋的物质需要者，也不是低级的实用主义者，而是能对审美对象凝神观照、不旁及日常功利、不为物质欲望所纠缠的享有高度生命自由的人。例如，真正欣赏黄山奇松的游客，绝不会产生此木可烧炭或打家具的念头。在旅游审美活动中，旅游者追求的是一种精神的放飞和生命的自由。

3. 旅游主体的审美结构

审美行为的实现是主体审美结构功能的实现。在美学家看来，主体的审美结构可以按主体的不同存在方式分为本能的、心理的、社会文化的三个层次，按主体的不同意识状态分为显意识层次和潜意识层次。在前一种层次结构划分中，本能层次是基本的层次，它主要指作为一种生物所具有的刺激—传导—反应的本能及由此产生的某种情绪。所产生的情绪表现为一种生理上的快适，即所谓的快感。美感以快感为生理基础。

心理层次或所谓意识层次是比生理本能更高的一个层次，是指人对对象的体验、理解、联想、想象的心理意识及其机制。很显然，没有心理意识，美感也是不会产生的。社会文化层次是最高的层次，它实质是人在世代相传过程中形成的社会文化结构。在审美活动中，社会文化结构起着中介作用，通过这个中介，主客体互相联结、融合、渗透、统一，审美主体才具有了主观能动性。

在后一种层次结构划分中，所谓显意识层次是指由人类日常的认知、表象、记忆、情感等心理层积构成，一般呈现为经验形态的东西，如传统、习俗、信仰、价值观念等。所谓潜意识层次，是指人类大脑无意识记忆中沉积、凝聚而成的深层文化结构。

4. 旅游审美主体的审美尺度（审美标准）

旅游审美主体的审美尺度（即审美标准）有两种：一是形式韵律尺度，通常称为形式美尺度，根源于人的心理结构和作为自然生命体的活动规律，如均衡、对称、比例、韵律等；二是形式意蕴尺度，根源于人的社会文化心理和活动规律，与社会的理性观念相联系。例如，东方人偏爱静美与伦理美、理想美，西方人偏爱动美与科学美、现实美；我国北方人偏爱阳刚之美，南方人偏爱阴柔之美。

（二）旅游审美客体

1. 旅游审美客体的概念

旅游审美客体是指旅游审美行为所及的客体。具体地说，就是具有审美价值属性，即符合"美的法则"，与主体结成一定审美关系的旅游资源和旅游产品。

2. 旅游审美客体的特点

旅游审美客体具有一般客体的规定性。

首先，它是相对于主体而言的，不能离开旅游者的审美感觉而存在，只能是旅游者所感觉到的、所意识到的对象。

其次，它是一种具有肯定性价值的对象性存在，能够满足旅游者的审美需要。按照美学地理学家纽拜的观点，风景不单是一个自然物，主要还是人们用以满足自身基本欲望和社会需要的手段。

旅游审美客体又具有自身特殊的规定性。这主要表现在以下四个方面：

第一是规模性。旅游审美客体一般包括一个区域的风光，旅游者要欣赏它，不能从外部进行观察，而必须从其内部来进行。风景本身的范围，有时达到几平方千米、几十平方千米，甚至上百上千平方千米。因此，它没有艺术品那种框架、底座、银幕等形式的局限。欣赏风景是一个从其内部进行的持续发展的审美经验过程。美学家李普曼曾说过："当一个人观赏自然景物时，自己也常常陷入自然的审美环境中。有时候，面对自然景物时也可能仅仅是一个冷漠而超然的旁观者，但在更多的情况下，他却被自然团团包围。"置身于风景之中来欣赏风景，景随步移，步移景换，由此所产生的审美快感或崇高美感，恐怕是任何艺术品所无法比拟的。

第二是广泛性，指旅游审美客体的多样性。各种各样的自然景象如山岳、江河、大海、泉瀑、花木、鸟兽虫鱼，丰富多彩的人文景观如文物古迹、建筑园林、城乡聚落、书画雕塑、音乐舞蹈、民俗风情、社会风尚、工农业生产景观，都可能成为旅游者审美的对象。旅游审美客体熔自然、社会、艺术、生活于一炉，包罗万象。需要特别指出的是，在现代旅游活动中，旅游从业人员及旅游企业的硬件形象也是旅游审美客体中的一部分，准确地说，是旅游审美的次生客体。

第三是协调性，特指风景体现了人与自然之间的协调关系。换言之，人类的文化沉淀和自然环境的变化，构成了对风景美的相对性贡献。谢凝高先生曾指出："风景美包括自然景观美和人文景观美及优美的神话和民间传说。由这些不同形式的美有机地结合在一起，形成综合的风景景观美。我国风景美的特点概括地讲，就是以具有美感的典型的自然景观为基础，渗透着人文景观美的地域空间综合体。"

第四是时间的流逝性。风景在一定程度上受季节变换的支配，随着时间的流逝而变化。不同的季节和不同的气候会给景观带来不同的气派和特征。风景的因时而异，使旅游审美主体所面临的对象不是单纯的画面，而是一个风景的序列。风景是无数组合的活动画片，既有不同的侧面（空间透视），即所谓"横看成岭侧成峰，远近高低各不同"；又有时间上的变异，如宋代人郭熙所说的"春山澹冶而如笑，夏山苍翠而如滴，秋山明静而如妆，冬山惨淡而如睡"。风景，是在空间中展开的，又是在时间中展开的。

风景成为旅游审美客体，是因为它具有某种审美的特性，即审美属性。风景的审美属性，首先体现在自然物质属性方面，其中主要是物的形式因素，如色彩、线条、形状、音响等。但是，仅仅这些物质因素并不能构成风景的审美属性，还有赖于其物质因素与主体审美结构的关系，即"合目的性"，以及这些因素本身结构的"合规律性"。所谓合规律性，是指事物的有规律组合，或谓"美的法则"，如整齐一律、均衡对称、调和对比、多样统一等。正因为有这些客观条件，风景的自然属性才得以转化为审美的价值属性。

（三）旅游审美关系

旅游审美关系是指在旅游活动中，主体的审美需要、审美结构与客体的审美属性之间构成的一种"双向同构"关系。所谓主体和客体，都是属于关系概念。当我们提及旅游审美主体的时候，就意味着旅游审美客体的存在。主体结构功能的发挥和客体价值属性的显示是一个统一的过程，由此构成旅游审美关系及其运动。

按照格式塔心理学派的论析，外在物理世界和内在心理世界在形式结构上存在着"同形同构"或"异质同构"关系，使得事物的形式结构与人的心理结构在大脑中形成相同的电脉冲，从而外在世界与内在心灵合拍一致，即达到主客协调、物我统一，由此产生相互应答的知觉感受和审美愉快。这种解释阐述了所谓"同构"关系形成的基本机制，但没有考虑到构成审美关系的社会文化因素。从发生学的角度看，审美关系的出现，有赖于人类的社会实践活动，人类在改造自然界使之成为"人化"自然界的过程中，逐渐使自身的身心结构、活动方式具有了合规律性的可能，事物的属性规律才有可能与主体的审美需要发生"同构"关系而进入审美领域之中。

旅游审美关系是具有审美需要的旅游者通过旅游实践活动在对景物的那些"满足需要"的属性的把握或占有过程中建立起来的。旅游者在特定的旅游环境中，与旅游审美对象结成多向度、多层次的审美关系，并在交互作用和观照体味中获得满足。因此，它既是一种认识关系，又必然表现为一种价值关系。

二、旅游审美活动的基本特性

旅游审美活动的基本特性大体表现在以下四个方面。

（一）综合性的审美实践

美的现象领域呈现相当多样的形态。有的美学家将美分为自然美、艺术美和技术美三大类。自然美一般是指在现实的自然事物中看到的美，有时也指整个人类社会、历史在内的一般现实生活中体验到的美的总称，包括狭义的自然美和人类美、历史美等。艺术美是属于艺术作品产生的美，是人类按照要创造出有美的价值的作品的意图，加工、改造由自然提供的素材而形成的。在艺术美中，又可以按照"艺术种类"划分出建筑美、雕刻美、绘画美、音乐美、文学美等。技术美是介于自然美与艺术美之间的一种美，它是随着近代工业生产技术惊人发展而逐步引起人们注视的。本来，技术产品是以实用功利性为目的而制作的，它按照一定秩序和法则生产，讲求实效的构成。但是，如果离开本来功利目的而作为自身来直观地理解时，技术产品就成为美的产物。也许，美可以分出更多的类型，但是我们可以肯定，任何一种美的形式和内容都可能成为旅游者的审美对象。正如一些学者所指出的那样：旅游审美活动集自然美、艺术美、技术美于一体，熔山河、古迹、建筑、绘画、雕塑、书法、音乐、舞蹈、戏剧、服饰、烹饪、民风等于一炉，涉及阴柔、阳刚、崇高、秀美、悲壮等一切审美形态，满足人们不同层次的各种审美欲求。

（二）特殊的审美场值

王柯平在《旅游审美活动论》一书中借用物理学中"场"的概念来比较旅游审美活动与其他审美活动的不同。审美场值作为特定的审美行为、经验或感受结果，通常在不同的时空与审美关系中表现出一定的差异性。例如，旅游审美与山水文学审美就有许多不同。显而易见，山水文学审美由于审美主体并未进入完全自由的心灵状态，在审美感受上受传播媒介的制约，难以进入超然的境界，故而只能得到一般体验（General

Experience），或称之为"次陶醉"。旅游审美则在自由自在的物我交流中，全方位、直接摄取审美信息，因而得到一种全然陶醉的"高峰体验"（Peak Experience）。同样，欣赏一幅黄山风景的绘画作品所获得的体验，与亲自游览黄山是完全不同的。事实上，这些差别正揭示了旅游的独特魅力。通过文字符号等意象而进行的间接的审美过程中只有部分感官介入，在想象中回忆，大脑成为投影出作者审美经验的"屏幕"，在审美评价上相对被动。而在直接的审美过程中，旅游主体全身心投入旅游客体中，在参与中体悟。

（三）循环效应

所谓旅游审美的循环效应，就是故地重游的旅游行为及其效应。王柯平在《旅游审美活动论》一书中从接受美学和解释学的角度分析了导致旅游审美循环现象的内外原因。内因是主体的动因，主要有三个方面：一是人类的社会文化心理需求；二是人们普遍享有的"无限的交流意志"；三是主体认知或解释对象的循环过程。外因是审美客体的刺激性或诱惑力，也主要表现在三个方面：一是旅游景观的变异性，也就是前面提及的风景的时间流逝性；二是旅游景观的丰富性，包括景观类型的多样性和文化底蕴的丰厚性；三是旅游服务的艺术性，诸如导游艺术、烹饪艺术、餐厅艺术、客房艺术等。上述内外两类原因共同作用，促成了部分旅游者成为某些旅游地的"回头客"。

（四）巨大的反馈作用

旅游审美活动对于旅游者和整个社会进步的作用是不可低估的。旅游不仅是一种休闲活动，也是一项寓教于乐的美育活动。通过参与旅游审美活动，旅游者在获得美的享受的同时，心灵得到净化，情操得到陶冶，精神得到升华。旅游者审美需求的日益加强，又会促使社会各界按照美的规律行事，创造"有意味的形式"，如生态环境的美化、生态平衡的维护、文化遗产的保护、良好社会风范的提倡、和谐社会秩序的讲求等。旅游能够促进社会进步，这也是各国、各地政府重视和支持旅游业发展的主要原因。

第二节　旅游审美文化的类型特征

人类审美的领域是逐渐展开的，旅游审美的领域也是如此。旅游审美领域大体可分为自然领域、艺术领域和社会活动领域，在展开的过程中形成了各类旅游审美文化形态。这里依据旅游审美领域的不同，将旅游审美文化分为自然审美文化、社会审美文化和艺术审美文化三种类型，并对各类型审美文化的特征加以分析，以便进一步把握旅游审美的规律。

一、自然审美文化

自然审美文化是以大自然为载体的审美文化，即物态审美文化。大自然是一种本然的"物态"存在，它之所以能成为一种旅游审美文化的载体，是由于它已进入人类的文化圈中，并且成为人类旅游的一种直接的对象。人类审美在自然领域的展开相对较晚，但是自然界在现代旅游审美活动中的地位却甚高。

　　自然审美观是受到人与自然关系制约的。在生产力水平极为低下的时代，人屈从于自然，依赖于自然。因无力控制自然，人便把自然同超自然和超凡的东西联系在一起，造就出各种或无限美好或无限凶恶的自然之神。尽管高山大川、原始森林、流泉飞瀑充满着生命力，但那时的人类，不论是东方人还是西方人，并没有也不会产生自然审美的意识。

　　人类与自然之间的敌对性和疏远性，随着人类自身的发展逐渐被克服，自然事物大量地进入人类的生活圈，推进了自然审美文化的萌芽。但是，自然作为审美客体的出现，还有赖于人类将自然由实用的对象转化为纯粹审美的对象。这种转变，在中国大体始于先秦，成于魏晋南北朝时期。中国第一部诗歌总集《诗经》中有许多诗篇是以山水风景为题的，如《蒹葭》中有"蒹葭苍苍，白露为霜"之句，《硕人》中有"河水洋洋，北流活活"之句。春秋时期，老子提出以"道"为核心的思想体系，明显地流露出对自然美的关注。战国时的庄子则更进一步，他不仅提出"天地有大美"的观点，还指出天籁、地籁高于人籁，因此被誉为中国美学史上肯定自然作为审美客体独立存在的第一人。至魏晋南北朝时期，道家思想和玄学思潮甚嚣尘上，人们的精神世界与前相比得到极大的自由解放，自然界逐渐成为人类审美的一个独立领域，观赏千岩竞秀、万壑争流、云蒸霞蔚的自然景色在知识分子阶层为一种时尚，故能有谢灵运、陶渊明一类"倾耳听波澜""性本爱丘山"的名人涌现及山水艺术创作的勃兴。在西方，自然作为独立的审美客体始于文艺复兴时期，这比中国要晚得多。据美国学者欧·奥尔特曼等人的研究，在西方文化中，对山的否定态度一直延续到18世纪，直到19世纪人们对山才开始持比较肯定的态度，山才被描绘成"令人尊敬的""壮观的""高雅的"和"自然美的精髓"，对于大海的普遍向往也只是19世纪才出现的事情。

　　工业革命以后，特别是第二次世界大战结束以来，随着科学技术的发展及城市化进程的加快，人们越来越渴望获得"久在樊笼里，复得返自然"的乐趣，物态审美文化有了快速的发展。尽管如此，由于美学研究长期局限在艺术美领域，直至今天，人们对于物态审美文化的认识还是很肤浅的。自然美无疑本质上也是一种韵律美，只有当物态自然的形式韵律与主体的生命韵律形成某种同构关系时，这种物态的自然物才获得审美的文化价值。自然界是广袤浩瀚的，以其为载体的物态旅游审美文化具有无限的意义。同时，这种审美文化又具有较大的共同性和随意性。走出喧嚣的城市，投身于大自然的怀抱，既是一种解脱和逃避，更是一种人性的回归。任何阶层、民族、性别、年龄、文化程度、宗教信仰、职业的旅游者都会乐此不疲。郁达夫曾说过："粗枝大略地想欣赏自然、欣赏山水，不必要有学问、有鉴赏力的人才办得到；乡下愚夫、愚妇的千里进香，都市里寄住的小市民的窗槛栽花，都是欣赏自然的心情的一丝表白。"自然是天赋的，它的欣赏不具有强制性和主导性，因而是随意的。但是，自然的韵律也需要发现（不是创造），这种发现当然有赖于主体的审美结构，决定于主体的审美层次。不同层次的旅游者即使是同时同地置身于某一自然景观之中，所获得精神享受的丰富程度可能也大不相同。

二、社会审美文化

人类的社会活动及社会交往的过程，也是美的创造过程。这些美普遍地存在于人类的道德伦理、婚姻家庭、习俗礼仪、宗教信仰、经济政治及社会劳动和社会产品之中，并以人类自身的存在状态和活动状态显示出来。旅游者所到之处，必然会以审美的态度观察、体验这些美，由此形成一种社会审美文化形态。

事实上，社会美比自然美更早进入旅游活动领域。我国先秦典籍《易经》中有"观国之光，利用宾于王"之句，《左传》中亦有"观光上国"之语。这里的"观光"意指观看、考察一地的礼乐文物、风俗民情等，显然是一种社会审美活动。就是在当代，社会审美动机也是最主要的旅游动机之一。

美国商业部 10 多年前曾对来美国旅游的外国人的动机进行调查，发现绝大多数游客是为了了解美国人的社会生活方式而做出旅游决策的。我国有关单位也曾对一批美国游客做过旅华目的调查，结果显示：对中国人民生活方式、习俗和伦理道德感兴趣的占一半多，远远超过以游山玩水为主要目的的人数比例。正是因为如此，我国才安排了民俗旅游年的活动，并涌现出如深圳中华民俗村等一大批社会文化型旅游产品。

社会审美活动的对象主要是由人的存在和活动所构成的人类社会，具体地说是人精神性存在的心灵、品格、情操、智慧、情感、理想等。当然，人的心灵性、精神性存在只有外化为感性的物质存在，才能成为可以直观的对象，成为旅游审美的客体，此即所谓"诚于中而形诸外"。因此，社会审美的对象既是有韵味的形式，也是有意味的形式，或者说主要是有意味的形式。社会审美与社会制度、社会功利意识直接相关。旅游活动中的社会审美文化，可以说是客源地和接待地的两种社会制度、社会功利意识碰撞的火花。旅游者从这类文化中得到的，应该说既有一般心理官能上的赏心悦目、掠奇览胜，又有伦理道德层次上的震动和启迪。

社会美关涉人类实践活动的广阔领域，其载体多种多样。从旅游接待地的角度看，需要特别提出和重视这样三个问题：

一是要有意识地拓宽社会审美的领域，有目的地开发一些具有典型性的社会劳动、生活场景的旅游产品，例如青岛的青岛啤酒生产景观、泰安的"农家一日"产品、杭州太子湾的新潮婚礼景观等。

二是要意识到接待地良好社会风范的养成，特别是人们亲切、热情待人态度的培养，是增加旅游吸引力的重要途径。许多人都知道夏威夷是一处自然风光极其优美的旅游目的地，其实在夏威夷旅游吸引力的构成中还有一个相当重要的因素——夏威夷人热情待客的"阿洛哈精神"。向着温暖、热情的人群移动，是旅游者活动的普遍规律，也是旅游者在精神方面的重大需求。可以说，热情好客的人民是重要的旅游资源。

三是要加强旅游服务人员的职业道德教育。对旅游者来说，导游员、饭店员工等旅游从业人员是接待地社会道德风尚的集中体现者，是旅游者社会审美的重要客体，加强对他们的道德教育，提高他们的服务意识，无形中会强化旅游者的审美感受和道德体验。

三、艺术审美文化

旅游活动中的艺术审美文化，是指旅游者与作为旅游审美客体的各种艺术作品发生"同构"关系而产生的文化形态。严格地说，艺术也是人的一种生存状态和生活活动，艺术审美也属于社会审美的范畴。但是，艺术审美毕竟具有典型性、特殊性，因此将艺术审美文化从社会审美文化中分离出来加以单独探讨是有意义的。

艺术品是人们按照一定的意图、遵循美的法则创造出来的有意味的形象。是否具有审美价值是区分艺术品和非艺术品的一个基本标准。只有那些能够给人以精神上的愉悦和快感，也就是具有审美性的人类创造物，才能称为艺术品。也正因为艺术品具有审美价值，能给人审美享受，它才能进入旅游领域，成为旅游审美文化的一种载体。

与天然风景之美不同，艺术美是人所创造的，凝聚着人类劳动和智慧的结晶。因此，艺术作品具有鲜明的主体性特点。用艺术大师们的话说，韩干画的马截然不同于赵孟頫画的马。形象性是艺术品的另一特点，任何艺术作品的形象都是客观与主观的统一、形式与内容的统一。鲁迅曾经说过，画家所画的，雕塑家所雕塑的，"表面上是一张画，一个雕像，其实是他的思想和人格的表现"。法国雕塑大师罗丹讲过："没有一件艺术作品，单靠线条或色调的匀称，仅仅为了满足视觉，能够打动人的。"艺术作品离不开形式，也离不开内容，既是具体的、感性的，又体现着一定的思想感情。对于建筑、园林、雕塑、书画等实用艺术和造型艺术来说，往往是在再现生活形象中渗透了艺术家的思想感情，主观因素消融在客观形象之中；另一些艺术门类，如音乐，则更善于直接表现艺术家的思想情感，间接地和曲折地反映社会生活，客观因素消融在主观因素之中。

艺术作品的特点决定了旅游活动中艺术审美文化的特性：

首先，这种审美文化具有主导性和强制性。与自然审美不同，艺术审美与其说是艺术品与旅游者（审美主体）之间"同构"关系的发生、深化，不如说是旅游者与艺术创造者通过艺术作品这个"媒体"进行相互沟通和交流。尽管艺术欣赏中的个体差异，即主体性特点普遍存在于艺术的史实里，可能会出现如西方谚语所说的"有一千个读者，就有一千个哈姆雷特"的现象，但在艺术作品的形成过程中，创造者总是力图表现出某些理想志趣和价值趋向，艺术品的观赏者肯定会自觉或不自觉地受到艺术作品创造者主观意图的影响。不同读者眼里的哈姆雷特不会完全相同，但总有共性的东西，绝不会完全不同，否则艺术创作就无主体性可言了。从另一个角度而论，只有当欣赏者把握住了创作者的真正意图，艺术品的魅力和价值才能得到最大限度发挥。这里举两个例子来说明这个道理。在意大利佛罗伦萨美蒂奇教堂内，保存着著名雕塑家米开朗琪罗的四件大理石雕刻，分别名为《晨》《暮》《昼》《夜》。对于这四件艺术珍品的真正含义有许多说法，存在很大的分歧。相比之下，米氏的学生、著名美术史家瓦萨里的解释更有说服力。瓦萨里认为，这四件雕刻寓意深刻，它们的构图大多给人以不稳定的感觉，人物的神情显露出惶恐与悲伤，观之令人联想到米氏本人写过的一首诗："睡眠是甜蜜的，成为顽石更是幸福。只要世上还有罪恶与耻辱，不见不闻，无知无觉，于我是最大的满足。不要惊醒我。"显然，这几件雕刻作品蕴藏着米氏对人生、历史、社会的深刻反思。欣赏者在听过瓦萨里的解释后再去观赏这四件作品，感觉获得了更为深刻的领悟和震撼。山东青岛有一座天主教堂，由德国人设计，1934 年建成，教堂带有明显的哥特式建筑风格，颇具特色，故常有游人前来观赏。但是，据导游人员反映，知悉这幢建筑所蕴含的宗教意味的游客，对其评价要比其他游客高出许多。如果没有导游员的介绍，多数游人就会停留于走马观花，收获较少。旅游活动中的艺术审美文化具有主导性、强制性，这使得导游人员介入旅游者审美过程具有重要意义。

其次，艺术品的审美价值不在于它的存在本身，而在于它的内在意蕴。这种内在意蕴是社会文化的历史积淀，与人类的哲学、宗教、道德、科学有密切的复杂关系。因此，旅游中的艺术审美活动对于鉴赏主体亦有一定的要求。艺术鉴赏是一种消费活动，但这种消费与物质消费有很大的不同。艺术鉴赏本身是一种审美再创造活动，是人类特有的一种高级的、特殊的、复杂的精神活动，这就对鉴赏主体提出了相应的条件和要求。也就是说，艺术作品的旅游吸引力与旅游者的文化艺术修养和审美鉴赏能力成正比。例如，对于中国古典园林，倘若旅游者缺乏对中国传统哲学、宗教的一般了解，就很难谈得上获得审美享受。游览一座佛教寺院，如果对佛教一无所知，就难以获得审美愉悦。同样，一件彩陶艺术品在缺乏艺术鉴赏力的旅游者眼中，可能与普通的容器无甚差别。马克思曾指出，艺术品的价值有待于在"消费"过程即艺术鉴赏中最终完成和实现。基于这个观点，致力于研究艺术鉴赏中审美再创造活动规律的接受美学，从 20 世纪 60 年代源起于德国之后，很快传遍世界，产生了广泛影响。

接受美学对于发展旅游有指导意义。以旅游鉴赏为主要目的的艺术创作，必须关注旅游者整体的、不同层次的文化艺术素质及艺术鉴赏特点，否则艺术创作的本来意义会被大大消解，艺术审美对旅游者的反馈影响独特而深刻。艺术审美不仅具有娱乐作用，还具有审美认识和审美教育作用。艺术活动由于具有反映与创造统一、再现与表现统一、主体与客体统一等特点，往往能够更加深刻地揭示社会、历史、人生的真谛和内涵，具有反映社会生活的深度和广度的特长，并且常常是通过生动感人的艺术形象给观赏者带来难以忘却的社会生活知识。各种艺术品能把早已逝去的古代生活和难以见到的异地生活展示在游客眼前，实现了"观古今于须臾，抚四海于一瞬"，为人们扩展视野提供了良好的途径。

此外，有相当多的学者认为，在后工业社会里，艺术品具有信息功能和交际功能，用舞蹈语言、绘画语言、建筑、雕塑等艺术语言交流思想是比较通俗易懂的，甚至有时比用语言交流更易于为其他国家和人民所接受。艺术品之所以具有审美教育功能，是因为它不仅可以展示生活的外观，而且能够表现生活的本质特征和规律。渗透于艺术品中的艺术家的社会理想和审美理想，可以使观赏它的游人受到真、善、美的熏陶和感染，在思想上受到启迪，在潜移默化的作用下，使人们的理想、追求、思想、感情发生深刻的变化，引导人们树立正确的人生观和世界观。

旅游活动中的艺术审美文化，不仅附植于一般艺术品的鉴赏之中，也产生于旅游者与旅游服务企业这个"次生客体"之间的审美关系之中。换言之，旅游企业的产品（包括人的服务和设施设备）也有一个艺术性和审美性的问题。例如，企业服务人员的服饰艺术，饭店的建筑和装饰布置艺术、烹饪艺术，旅游商品的实用艺术等，都会进入旅游者艺术审美的范畴，产生一系列的文化效应。当然，旅游企业产品艺术性和审美性的渗透，与其说是出于文化的目的，不如说是出于经济的目的。事实证明，旅游企业通过提高产品的艺术品位能产生巨大的经济效益。上海锦江饭店 12 楼餐厅的改造就是一个典型的范例。改造后，整个楼面的一组餐厅名为"巴蜀宴·天府席"，点出了巴蜀文化的主题。"宝瓶口"小餐厅的装饰设计以都江堰为背景，展现了中华民族的光彩，深受外国客人的喜欢；"卧龙村"小餐厅竭力渲染了诸葛亮的神机妙算、雄才大略，被商界客人所青睐；"东坡亭"充分表现了北宋文豪苏轼的过人才思和风流倜傥，被许多客人争抢，日本客户甚至要求高价购买该餐厅的复制品，原样搬到日本……据说，当初改造餐厅投入的30 万元在不到半年的时间里就全部收回。成功的例子还有很多，如北京昆仑饭店的二期改造、广州白天鹅宾馆的大堂设计、西安一些饭店开展的各种仿唐服务等。在遵循经济规律的前提下尽量塑造企业的艺术氛围，成为旅游企业经营管理的一个重要内容。

　　以上我们对旅游审美文化进行了基本类型及特征的分析。不可否认，这种类型划分更多地着眼于理论的层面。上述的三类旅游审美文化尽管相互有别、各有倚重，但对旅游审美主体来讲，又常常水乳交融、合为一体。因此，在旅游业的实际工作中，还必须对旅游审美文化加以综合研究和灵活运用。

第三节　审美感受层次与中国传统的旅游审美思想

一、旅游审美感受的层次分析

　　在旅游审美过程中，虽然审美内容差不多，如观其形、察其色、闻其香、品其味、听其声、觉其态、悟其质、辨其类、思其因，但由于审美感受既取决于审美客体，又取决于审美主体的阅历、背景及审美观等因素。所以，不同的审美主体有着不同的审美感受程度，具有多层次性的特征。著名美学家李泽厚先生深入探讨了审美层次问题，他把美感分为悦耳悦目、悦心悦意、悦志悦神三个层次，对于我们研究旅游审美很有启发。

　　（一）悦耳悦目

　　悦耳悦目是指以愉悦听力、视觉等全部审美感官为审美体验的愉快感受。悦耳悦目通常以直觉为特征，以生理快适为基础。这是广大旅游者普遍的审美感受形态，例如游览桂林山水、张家界、九寨沟、长江三峡等。旅游产品的开发，形态和色彩要美丽，色彩要协调，声音要柔美悦耳，对游人具有感官吸引力，注意杜绝视觉污染和噪声污染。此外，旅游审美在于丰富和新奇，旅游项目和旅游活动的安排应当丰富多彩，给予游客悦目悦耳的审美感受，避免雷同单调或简单重复。

　　（二）悦心悦意

　　悦心悦意是指透过眼前或耳边具有审美价值的感性形象，领悟到审美对象某些较为深刻的意蕴，获得审美感受和情感升华。这种美感效果是一种意会，在许多情况下"只可意会，不可言传"，是很难用语言来准确表述和描述的。例如观赏齐白石的画，你感到的不只是草木、鱼虾，而是一种悠然自得、活鲜洒脱的情思意趣；又如你在登临云雾缥缈的黄山时，产生的飘然若仙之感和超然出世之情。悦心悦意是比悦耳悦目更高层次的审美感受。如果说悦耳悦目以感性或直觉为主要特征，那么悦心悦意则以知性或理解为主要特征。相对于悦耳悦目的感性快适，悦心悦意的精神愉悦具有相对的稳定性和持续性。

（三）悦志悦神

悦志悦神是指主体在观赏审美对象时，经由感知、想象、情感，尤其是理解等心理功能的交互作用，从而唤起的那种精神意志上的奋昂或愉悦状态和伦理道德上的超越。它是审美感受的最高层次。这种美感形态之所以高级而深刻，是因为它体现了主体大彻大悟、从小我进入大我的超越感，体现了审美主体与审美客体的高度和谐统一。如船游长江、黄河，信步登临泰山、长城，将会唤起我们的怀古之情和热爱大自然之情，给我们以民族自豪感、崇高的使命感和对大自然的敬畏感。这种美感不仅仅是在感性基础上的感官快适，还超越了在理解基础上的心思意向的享受，是一种在崇高感的基础上寻求超越与无限的审美境界。

从旅游审美上讲，悦耳悦目、悦心悦意、悦志悦神之间是一个层次递进或层次提升的关系；从旅游境界上讲，这是一个由"兴游"到"神游"的过程。

二、中国传统的旅游审美思想

中国传统美学思想源远流长，儒、道、佛三家美学思想形成了中国古代美学思想的主流与灵魂，主导着我国传统社会各个方面的审美观。我国在几千年来的旅游审美实践中，也形成了富有民族特色的旅游审美思想，这些旅游审美思想是在儒家、道家等多种思想流派和宗教文化影响下形成的，至今仍然影响着人们的旅游审美观，如儒家的"君子比德""中和为美"，道家的"澄怀味象""自然为美"，佛家的"禅悟之美""圆融之美""空灵为美"等。因此，了解我国传统的旅游审美思想对指导现代旅游活动和旅游事业的发展有着重要的现实意义。

中国富有民族特色的旅游审美思想主要体现在以下三个方面。

（一）君子比德

春秋战国时期，儒家思想形成了较为明确的"君子比德"思想。孔子提出"智者乐水，仁者乐山"（《论语·雍也》）的"比德说"。"比德说"立足于儒家经世致用的道德哲学与政治哲学，要求人们治国必先修身，所谓"修身、齐家、治国、平天下"，具备"仁""义""礼""智""信"等品德。儒家除了要求人们通过教育的方式塑造完美的人格之外，同时也倡导人们从自然审美对象中获取教育的灵感。

在儒家审美观念中，山水不再是单纯物质意义上的山水，而具有了各种"德""仁""义""智""勇""察""正""包容""善化"等人性的品德，君子观赏山水不是简单地获得身心感官的愉悦，而是要从审美对象中获得塑造心灵美德的感悟。孔子说的"智者乐水，仁者乐山"，把人们仁、智方面的修养与山、水相联系；他说的"岁寒，然后知松柏之后凋也"（《论语·子罕》），将松柏不畏严寒的自然特征与人的坚强不屈的精神品格相比拟。在我国，"比德"的传统审美思想一直影响着人们对自然美，特别是对山水美的欣赏习惯。

（二）澄怀味象

老子认为，"涤除玄鉴"是把握"道"的根本途径。这也就是说，观照"道"（泛指"自然"）必须有一个虚静空明的心境或高尚的审美情怀。道家提倡的这种虚静空明的心境使得后世人们在欣赏自然山水时审美意象得以产生，其影响是深远的。人们通过"澄怀味象"的状态和方式，可以进入"含道应物"的境界。具体地讲，"澄怀"，即虚静其怀，使人情怀高洁，不为物欲所累，进入一种超功利的审美直觉状态；"味象"，即品味、把玩、体会宇宙万物的形象之美，从而感应"神道"，领悟大道。"味象"中的"象"含义很多，其中包含以自然山水为对象的审美观照。对自然山水的审美观照，必须使内心无我无欲，澄怀虚寂，方能"含道应物"，进入审美的身心愉悦的自由境界。"澄怀味象"的传统审美思想一直影响着人们（特别是文人）对自然美的欣赏习惯。

（三）崇尚自然

以老子、庄子为代表的道家在审美上强调精神自由，倡导返璞归真，反对"为物所役"或人的异化，追求自然无为，把审美与超功利的人生态度紧密地联系在一起，从而把握住了审美活动乃至艺术实践的根本特质。"道法自然"是老子哲学和美学思想的基石。在老子看来，自然界和人类社会只有遵循"自然"这一普遍的法则，万物才能够和谐共存，社会运行才会有正常秩序，人类才可能健康生活。道家崇尚自然淡远、飘逸古雅、平和清新的艺术美，注重本性天真、遗世独立和悠然自在的人格美。所有这些特征与儒家倡导"中和"为美的理想准则形成鲜明的对照。崇尚自然的传统审美思想对当今旅游者正确的旅游审美观念的形成和旅游的可持续发展有着重要的意义。

第四节　旅游审美活动发展趋势

游历山水胜景以畅神游心，冲破世俗名利的束缚，追求自由解放的精神境界，这一道家美学理念在中国古代艺术家的作品中多有形象体现。宋代山水画家郭熙在《林泉高致》中说得很直截："山光水色，晃漾夺目，斯岂不快人意，实获我心哉！"佛家讲求"境由心造""因心造境"，所以，多建造于名山大川之中的塔寺与气象万千的宇宙天地、生生不息的自然胜景共同构成了"天人合一"的自由境界。当人们游览观赏其间时，审美对象那广阔的视野和博大的胸襟，便可使人从生老病死和利害荣辱的精神桎梏中解脱出来。旅游审美的内涵层次有别，内容和形式也丰富多样。从当前旅游发展的总的趋向看，现代旅游审美活动呈现出了以下显著特点。

一、日趋大众化

现代旅游已不再是一种少数人的专利。随着旅游业的快速发展、人们生活水平的提高和信息化程度的增强，旅游审美已逐渐演变成复合型大众消费活动和当代多数人的时尚生活方式。日趋普及和习以为常，是现代旅游有别于传统显贵旅游的显著特点。

二、雅俗并存

旅游审美特有的精神文化属性决定了它"雅"的品质，即观赏自然山水、感悟人文古迹及对艺术对象的纯美写照和怡然自得的逍遥态度等。现代旅游审美作为一种异质文化消费活动，又决定了旅游审美的宽泛化和通俗化，即必然会受到市场经济活动和时代审美倾向的影响。现代旅游者的审美愉悦又往往建立在世俗功利的基础之上，一些非审美的世俗愉悦体验和追求也普遍存在（如宗教信仰、康乐健体、寻故觅亲等）。雅俗并存，促进了旅游审美文化与市场文化的相互作用，同时也增加了满足旅游审美多元需求的难度。

三、空间跨越增大

异地性是旅游的主要特征。到长期固定生活区域之外的地区去旅游，去观赏自然人文景观，去体悟跨越性的地域文化，是旅游者出游的根本动机。由于社会经济的发展，现代交通日趋便捷，现代旅游的出游半径更大了。从本地到外地、从本国到世界，人们的审美视野更加宽阔，审美眼光更加敏锐。因而，如果没有特色鲜明突出的旅游审美对象，断难完全满足旅游者的审美欲望。满足旅游审美需求的条件有主观、客观之分。从旅游者主观上说，人类社会的发展已将旅游审美需要内化于人的高层次需求系统，当渴望满足需求所产生的心理失衡或匮乏达到一定程度时，便会促发旅游审美的主要动机。此外，具有从事旅游审美活动所必备的经济支付能力和相对可以自由支配的时间，也是旅游审美的重要基础。从旅游审美的客观条件角度来说，旅游审美外在目标的刺激和吸引是非常重要的。所谓外在目标，主要是指旅游资源、旅游产品或旅游目的地。除了旅游资源或产品的时空分布互补性、旅游目的地可入性之外，外在目标功能或效用上的审美愉悦性往往直接关系到旅游审美动机的激发并直接决定着旅游审美需求的满意程度。关于旅游审美需求满足的主客观条件问题，我们还可以通过对旅游审美意识的解析进一步加深理解。所谓意识，是客观存在于人们头脑中的能动反映。意识"从一开始就是社会的产物，而且只要人们存在着，它就仍然是这种产物"。存在与意识的关系是：存在决定意识，意识反作用于存在。审美意识是人们头脑对客观存在的审美对象的能动反映，是审美感知、审美观念、审美理想、审美趣味等各种审美心理活动的总称。作为由审美客体所引起的审美主体对审美对象的美丑属性的反应，审美意识属于社会意识形态范畴。在美学术语中，有人认为它是指广义的审美感受，即"美感"。旅游审美意识是旅游审美实践中旅游者对客观存在的旅游审美对象的能动反映。在旅游审美关系中，它属于旅游主体范畴，主要包括了旅游审美观念、旅游审美理想、旅游审美趣味、旅游审美知觉、旅游审美情感等构成因素。旅游审美意识的产生和形成既是共性和个性的统一，也是一个复杂的心理过程。

重点概念

旅游审美主体；旅游审美客体；旅游审美关系；旅游审美的循环效应；审美场值；人格；文化人格；社会性格；民族性格；马斯洛的需求理论

复习思考题

1. 简述旅游主体的审美结构与审美尺度。
2. 旅游审美客体的特征是什么？
3. 旅游审美活动的基本特征主要体现在哪几个方面？
4. 旅游审美文化的时空差异体现在哪些方面？
5. 旅游审美文化的类型特征是什么？

第四章　旅游客体文化

学习目标

    1. 理解旅游客体文化的概念

    2. 掌握旅游客体文化的类别及其结构

    3. 掌握旅游客体的特征与文化功能

重点与难点

    1. 旅游主体文化的概念界定

    2. 旅游客体的结构

    3. 旅游客体的文化功能

第一节　旅游客体的定义和历史范畴

一、旅游客体的定义

旅游活动是旅游主体作用于旅游客体的行为过程。旅游客体是指旅游的目的物，吸引物和吸引力因素。旅游资源是存在于自然环境和社会生活中的，对广大旅游者产生吸引力的各种客观事物和现象的总称。

作为旅游客体的旅游资源是旅游业赖以生存和发展的物质基础和条件，没有旅游资源就构成不了现代旅游活动。旅游文化是人类文化的一个组成部分，其主客体文化的划分也必然符合文化的内在关系的划分。

文化是人在一定时空阶段中积极展开生命活动的类化物，蕴含着三种主要关系：人与自然的物质交换关系、人与社会的行为转化关系、人与自身的自我意识关系，人与自身的意识关系及人与社会的行为转化关系中的主体人与社会人的行为交往部分，形成了旅游主体文化部分。人与自然的物质交换关系及人与社会的行为转化关系中因物感生的精神部分就形成了旅游客体文化。旅游客体对人类的旅游活动起着强烈的吸引作用，高山云海、奇峰怪石、火山温泉、石窟熔岩、海滨沙滩等，使旅游主体开阔眼界，增长见识，愉情悦目。旅游客体对人类的旅游活动又起着巨大的制约作用，高山峻岭、悬崖深瀑、惊涛骇浪、炎热沙漠等，一般不带有特殊装备且不经过特殊训练的旅游者就不能亲身领略其中滋味。同时旅游客体如果其文化内涵无法让旅游者领会并感兴趣，就会大大减少其吸引力。

　　旅游学界一般认为旅游客体即为旅游资源，旅游资源具有作为旅游客体的基本属性，但旅游资源又不完全等同于旅游客体，只有那些可供旅游主体游览的旅游资源才能算旅游客体，或者说旅游客体未和旅游主体发生联系之前，就不能划入旅游文化的范围。一部分未经开发、未被人类认识的旅游资源，只能算是潜在的旅游资源，不能算旅游文化中的旅游客体。旅游资源学着重研究旅游资源的形成、特点、分类、范畴、审美，以及旅游资源的开发、利用和保护，而旅游文化学则着重研究作为旅游客体的旅游资源的类别、特点、历史范畴及文化功能。

二、旅游客体的历史范畴

　　旅游客体的范畴是什么？是否包括了所有的旅游资源？旅游资源概念又如何界定？旅游学界对此看法有很大分歧，纵观 20 世纪八九十年代各书籍报刊中的多种观点，争议主要集中在界定旅游资源的范畴上。

　　争议之一是旅游资源是否必须经过人工开发。

　　一种观点认为，旅游资源应是原始的未经开发的自然的物质，这才符合"资源"的定义，即一般指天然的来源。然而目前旅游界已趋向于另一种观点，即旅游资源必须经过开发，成为对旅游者有吸引力并能对旅游产生经济效益、社会效益的事物。而未经开发的仅能算是"潜在的旅游资源"。

　　争议之二是旅游资源是否是纯物质的。

　　一种观点认为，只有客观存在的实体，如天象、地貌、文物古迹、民族风情等可直接利用的事物是旅游资源，而故事、传说、宗教教义等非物质的东西不是旅游资源。然而目前旅游学界趋向于另一种观点，即物质的东西，如花鸟鱼虫、水光山色、园林建筑等是旅游资源，而附着在这些物质基础上，并依附于这些资源物之上，与物质的旅游资源相辅相成的"精神"事象，也是旅游资源。例如，苏州寒山寺吸引了大批中外游客，尤其得到受中国文化影响的日本、韩国、东南亚游客的青睐，其吸引力不是寒山寺自身的寺庙和那一口铁钟，而是寒山寺的灵魂，唐代张继留下了那首脍炙人口的诗："月落乌啼霜满天，江枫渔火对愁眠。姑苏城外寒山寺，夜半钟声到客船。"游客在游览寺庙、抚摸大钟之时，无不在潜心体会张继诗中的意境。

　　从旅游资源范畴的争议中，可以看到人们对旅游客体的范畴，也有一个逐步深化认识的过程：当旅游者的范围局限于少数人时，当旅游者的步履受自然条件、交通条件的约束和限制时，当旅游者的视野受时代原因束缚时，旅游客体的范畴是狭隘的，人类对它的认识和界定也是片面的。随着社会生产力的提高，随着人类征服自然、了解自身能力的提高，旅游客体的内涵不断丰富，外延也不断扩大。

　　旅游客体的早期发展与人类的古代文明相联系，世界上最早的旅行者是公元前三千年的腓尼基人，他们的航船往返于地中海、爱琴海、波斯湾、波罗的海各地。此外上古埃及与邻国的交往密切，法老的陵墓金字塔和阿蒙神庙吸引了众多的商旅、贾客。古希腊罗马的兴起，进一步推动欧洲各城邦国家之间的来往，巨大的宙斯神像成为世界奇观，它所矗立的奥林匹亚成为大型运动会的发源圣地，每次运动会都吸引了人们从各地涌来。罗马都城是另一个吸引人们游览的地方，罗马帝国修筑了四通八达的大道，加上畅通的航道，使得到罗马观光的游客倍增。罗马人也到希腊、埃及，以及欧洲其他城邦国家，去朝拜，去做贸易，去学习技艺。中国与世界虽有人海与崇山峻岭的阻隔，但当时的国君帝王在国内到处巡游，并与周边民族有了交往。这个时期旅游客体的范畴还局限于本国和周边相邻地区的湖光山色、豪华都市、庙宇殿堂、异域歌舞，以及附会在高山大川和戈壁沙海上的神话传说。随着波斯帝国和阿拉伯帝国的兴起，随着中国汉唐王朝的兴盛，随着中古欧洲大陆城市的发展，世界各国人民的交往大大增加，从而使更大范围的自然景物和人文景观成为"旅游客体"。

在整个中世纪，世界各国之间的大规模交往，以及随之而来的旅游客体范围的扩大，受到下列活动的推动。

第一，伊斯兰教徒的朝觐活动。公元 629 年，伊斯兰教的创建者根据古代阿拉伯人的朝觐仪式，制定了朝觐制度。当时阿拉伯帝国的都城巴格达的驿道像蛛网一样四通八达，世界的穆斯林络绎不绝地向麦加聚拢，朝觐后又向各地辐射。阿拉伯帝国在各地的驿传局，编写旅行指南发放给这些朝觐者。同时阿拉伯帝国鼓励臣民经商或远游，不少阿拉伯商人兼旅行家穿过沙漠，越过葱岭或漂洋过海到东方来。

第二，张骞通西域和郑和下西洋。汉武帝为了解决长期以来困扰汉王朝统治的匈奴问题，于公元前 138 年派张骞出使西域，意图联络大月氏及西域各国东西夹击匈奴，张骞之行为内地人民开辟了一条联系欧亚各国文化的丝绸之路，从此中外各民族的商贾游民在这条中外交流的道路上往返不绝，使欧亚各族的饮食、服饰、歌舞，音乐传入中土。唐代高僧玄奘、义净赴印度半岛取经，波斯、阿拉伯商人来华经商，中外若干游记和著作中，记下了他们在别国经历的奇风趣俗和山川风光。明初，明成祖朱棣派郑和率规模浩大的船队，自公元 1405 年到 1433 年先后七次，对东南亚、印度半岛、阿拉伯半岛、非洲的几十个国家进行访问、贸易和交流，开辟了中国通往这些国家的航道。此后亚非许多国家先后派使团与明朝贸易，如公元 1423 年古里等 16 国官员及商人到中国，人数达 1200 多人。浡泥国和满喇加国的国王亲自来中国，这些互访互游增进了中国和世界的交流。随郑和下西洋的费信著《星槎胜览》、马欢著《瀛涯胜览》、巩珍著《西洋番国志》，记载了沿途所经各国的奇花异木和奇风异俗。这些旅游活动，使旅游客体的范围得以扩大。

第三，新航道的开发和地理大发现。西欧各国的资本主义生产关系萌芽在公元13—14 世纪出现在意大利的佛罗伦萨和威尼斯，15 世纪初已扩展到西欧的其他国家、地区，其中英国的资本主义关系萌芽发展最迅速。西欧各国一方面对内用国债制度、现代课税制度，保护关税制度进行疯狂的资本主义积累；另一方面对外进行残酷的海外殖民掠夺，使西方旅游主体眼中的旅游客体，从地中海及欧洲扩大到全球四大洋和世界五大洲。

率先进行远洋探险航行的是西班牙和葡萄牙。公元 1415 年，葡萄牙的亨利王子率军队穿过直布罗陀海峡，占领了非洲西北的休达城，并以此为据点向南推进。他们的探险队从本国向西占领大西洋中的马德拉群岛和亚速尔群岛。公元 15 世纪 70 年代，葡萄牙人到达几内亚湾，1488 年迪亚斯率葡萄牙船队被风暴意外地吹到了非洲最南端，并被葡萄牙国王命名为好望角。数年后达·伽马率领四艘船，沿着这条路线，绕过好望角进入印度洋，沿阿拉伯人东去及郑和西进的航线，顺利接通了到达印度的航道。西班牙与葡萄牙在开辟新航线方面展开激烈竞争，国王斐迪南资助冒险家、航海家意大利人哥伦布去寻求更远的世界。哥伦布艰苦西行，在公元 1492 年发现了巴哈马群岛，到达古巴、海地，后来又三次西行，到达加勒比海及中美、南美的沿岸地区。公元 1519 年 9 月西班牙国王查理一世又支持葡萄牙冒险家麦哲伦。麦哲伦的船队穿越大西洋到达美洲，从南美大陆与火地岛之间的海峡进入太平洋，从菲律宾进入印度洋，沿迪亚斯、达·伽马的航线回到西班牙，完成了环球航行。新航路和新大陆的开发必然促使殖民主义的扩张和资本主义的发展。从客观角度看，促成了规模空前的洲际移民和洲际文化交流，对西欧人来说，东方不再遥远，不再是个谜。

作为旅游客体来说，其范畴已扩大到世界范围，远洋航行和冒险与到殖民地考察和旅游已成了欧洲上层的一种新旅游项目。关于旅游客体的理论研究，以及旅游业成为社会的一个行业，是世界进入近代工业革命以后的事情。

从 19 世纪 80 年代至今可以说是近现代旅游时代，旅游客体的范畴随生产力的进一步提高而飞速扩大。近代大机器工业的出现，产生先进的交通工具，轮船、火车及后来飞机的发明和逐步普及，使旅游者旅行的速度加快，世界空间变小了，但在近代因为战争及整个社会经济水平还不高，旅游者的范围局限在较小的范围内，旅游的种类还受限制。

第二次世界大战后，世界经济迅速恢复和发展，人民的生活水平提高了，世界大范围内实行了每周 40 小时工作制，旅游群体活动普遍开展。发展中国家也充分认识到旅游经济的重要性，迅速发展旅游业，旅游主体扩大到工薪阶层。旅游种类不再仅仅是观光旅游、探险旅游、宗教旅游，而是扩展为多层次的丰富内容。从空间上说有登山旅游、海洋旅游、航空旅游；从目的上说，有采风旅游、宗教旅游、商务旅游、寻根旅游、修学旅游、购物旅游、度假旅游、保健旅游；从内容上说，有地质旅游、历史旅游、渔猎旅游、动植物观赏旅游。旅游客体一方面供人观赏，大自然的风景四季不同，四时有异，四域特色不一，有诗云"江作青罗带，山如碧玉簪""大漠孤烟直，黄河落日圆"，令人流连和神往。山水风光、文物古迹、民族风情、美味佳肴、旅游工艺品，使旅游者得到美的享受和美的熏陶。另一方面，旅游客体陶冶旅游者的情操，开发旅游者的智力。大自然中，高山峻岭让旅游者感到"会当凌绝顶，一览众山小"的雄伟而开阔；高原大漠使旅游者感到"欲穷千里目，更上一层楼"的广阔而豪放；海洋使旅游者感到深沉坦荡，江河使旅游者感到激荡奔腾。世界之大，全球的自然风光是人一生中领略不尽的；人类历史之久，留下的遗物遗存也使人发出"前不见古人，后不见来者"的感叹。罗马神殿、埃及金字塔、中国长城使人感到自豪。园林别墅、都市容貌、艺术工艺也使人产生美感。各种人文旅游资源使游人想象、赏叹，同时受到知识的感召，受到科学的启迪。

旅游客体的一切还使游人感到世界是广大的，地球空间又是很小的；人类一生是漫长和伟大的，又是短促和平凡的。无穷的哲理，无穷的知识，旅游客体文化的魅力是无尽的。时至今日，世界上的一切都有可能开发为旅游资源。冰天雪地可以成为冰灯冰雕，沙漠戈壁可以成为沙塔沙城，荒芜大漠上可以建成无土栽培的蔬菜加工厂，废弃的易拉罐可以垒成世界景观的模拟品供人前往观瞻，到月球去旅行已不再是神话。作为旅游活动的承受物，旅游客体的范畴终究会发展到"只要想得到，就能达得到"的范围。

第二节　旅游客体的类别及其结构

如前所述，旅游资源是旅游活动的客观基础，旅游客体指旅游活动的目的物、吸引物，是指客观存在于自然环境和社会生活中，能对旅游者产生一定引诱力的事物和现象。旅游客体与旅游资源的内容基本是相同的。分析旅游客体的类别也就是分析旅游资源的类别。

一、旅游客体的分类标准和方法

（一）按旅游资源本身属性及其组成要素进行分类。旅游客体可分为自然旅游资源和人文旅游资源。

（二）根据旅游活动的性质进行分类。旅游客体可分为观赏型旅游资源、运动型旅游资源、疗养型旅游资源、娱乐型旅游资源和特殊型旅游资源。

（三）按照旅游资源的市场特性和开发现状进行分类。旅游客体可分为未经开发的旅游资源、已开发的旅游资源、即将开发的旅游资源。

（四）根据旅游资源的吸引级别进行分类。旅游客体可分为世界性旅游风景资源、国家级旅游风景资源、省级和市县级旅游风景资源。

从便于分析的角度看，旅游客体的类别以按旅游资源本身属性及其组成要素来划分较为合理，这种分类方法较为明确，是旅游学界绝大多数人共同认可的分类法。

二、旅游客体的类别内容

1992 年国家颁布的《中国旅游资源普查规范》把旅游资源分为两大类六小类。两大类包括自然旅游资源大类和人文旅游资源大类。自然旅游资源大类中包含地文景观类、水域风光类、生物景观类；人文旅游资源大类包含古迹和建筑类、休闲求知健身类、购物类。每类中还细分为各种基本类型，以生物景观类为例，分为树木、古树名木、奇花异草、草原、野生动物栖息地、其他生物景观。6类旅游资源共74种基本类型。

以此为基础，本书将旅游客体做如下划分。

（一）自然景观：纯粹的旅游客体自然旅游资源又称自然景观，可分为5类和若干基本类型。

1．地表类。地球表面受地壳运动、岩浆运动等内动力地质作用和阳光热能，以及大气、水流、风化、侵蚀等外动力作用，形成了不同的可供游人观赏的地质地貌。地质景观包含岩石景观、化石景观、地层割面、地质构造、地震遗迹等；地貌景观有山地、山峰、峡谷、峰林、岩溶、洞穴、沙滩、海岸、火山、沙漠戈壁、旱地、冰川。

2．水体类。地球上的水是最活跃的自然因素，随承接它的地表形态而形成海洋水、江河水、湖泊水、瀑布水、冰川水、地下水等，具有形、声、色等多样性的美感。波涛汹涌的海浪、平静的湖面、滚滚的江河、湍急的山涧、淙淙的小溪、飞流直下的瀑布、晶莹灵秀的清泉等，千娇百媚，竞相争辉。

3．生物类。世界上生物种类繁多，介入旅游活动中只是其中一小部分，作为旅游资源的地带性植被和当地的动物给地表和水体景观注入生命的活力，"山清水秀，鸟语花香"，与其他自然景观结合，更增添特色。即便是人工建造的动植物园也可自成旅游景观，更何况天然景观中的动植物。生物类景观具有巨大的再生繁衍能力，随着科技水平的提高，人类还可以控制动植物的生长、分布，使生物类景观永久为人类旅游服务。当然旅游者对生物世界的认识还很肤浅，奇花异草、珍禽异兽在生物世界无所不在、无处不在，人类需要扩展视野，从天空到地面，从陆地到海洋，从湖泊到冰川，去探索，去求知。生物类景观可分为动物和植物两大类，动物有观形动物、观色动物、观态动物、听声动物、科研动物；植物以"幽、翠、形、色、香、古、奇"的特色吸引游人，有观花植物、观果植物、观叶植物、观形植物、科学观赏植物。

4．大气类。作为地球幔纱的大气层受宇宙引力和太阳照射等作用在不停地运动变化，大气中有各种物理现象，如风、云、雨、露、雪、霜、虹、凇、雷、电、光等，统称气象。许多气象可以单独成景，如彩虹、极光、云海，有的气象可使其他旅游资源四季变换更加迷人，春雨绵绵，润物无声，"花重锦官城"。冬雪皑皑，大千世界银装素裹，分外妖娆。气象既有直接的造景功能，又有间接的育景功能。为旅游者称道的大气类景观有雪景、云景、雨景、霜景、霞光、风涛、蜃景、雾凇，以及日出日落。峨眉"天象六景"，即云海、日出、夕阳、宝光、蜃景和雨凇。

5．宇宙类。现代高科技的发展使人类把旅游活动的范围扩大到宇宙，嫦娥奔月已由神话变为现实，人们从坐视宇宙天象而发展到跃跃欲试，现在观测天象也成为旅游活动的一方面。陨石撞击木星，日食和彗星同时出现，吸引了国内外若干科学工作者和旅游者云集漠河。日、月、星体、陨石都是宇宙提供人类旅游观赏的因素。

中秋赏月，四海同庆丰收年。彗星当空，流星赶月，引起人们的多少想象。地球上的陨石坑和陨石残骸也吸引着一拨又一拨的观赏人群。现在地球人类已将观测宇宙的目力加长，发出对各大行星的探测器，并安装了阿尔法频谱仪，太空旅游也指日可待。自然景观是天赋的，无须人类过多的加工改造即可给游客带来美的享受，一个国家有没有、有多少可供游人观赏的自然景观，不以人们的主观意志为转移。沙漠内陆国家，无论作何种努力，也形成不了冰川盛景和威尼斯式的水城。自然景观的美来自自然界本身，"黄山归来不见山"，首先在于黄山固有的如诗画般的奇松、飞云、灵泉、怪石。在人类社会产生之前，各种自然景观中潜在的美的因素就已客观存在。原始时代的人类还不具备对大自然的审美能力，还在因自身的生存问题对自然界抱着恐惧的心态。桂林在古代是犯人流放的荒蛮之地，然而"桂林山水甲天下"，其所具有的美早已存在。当今天厌倦了都市文化生活的人们重返大自然时，原始的森林、荒无人烟的小三峡、亚马孙密林等对猎奇探险者就产生了诱人的魅力。自然景观中虽有迁客骚人留下的一些痕迹，但人类无法对它进行大范围的加工雕琢，大草原上绝不可能人为地矗立起泰山，同样珠穆朗玛峰不可能人为地变为平川，"沧海桑田"仍只能是大自然的造化，自然景观究其本质是纯粹的旅游客体。

（二）人文景观：人造的旅游客体人文旅游资源又称人文景观，是指跨时空的古今人类的生活遗存和行为创造的痕迹，是人类文明的载体，是人类文化的一个重要组成部分。它能满足旅游者对文化差异或文化认同的需求。

1. 历史遗迹类。历史遗迹是指从人类诞生以来，尤其是近万年来我们的祖先生产生活活动所留下的一切文化遗存，即通常所说的古迹。历史遗迹景观包括早期人类遗址、古城古都、帝王陵庙、宫殿建筑、碑碣雕像、名人遗迹、文物古玩等。

2. 民俗风情类。民俗指不同国家、不同地区的民族特有的生活习惯和生活方式，不同民族的民俗构成了该民族共同的心理认同。民俗风情包含了服饰、起居、饮食、交通、生产生活方式、村落、婚丧、嫁娶、娱乐、节庆、馈赠、节令、信仰禁忌等基本类型，是人类社会中最绚丽、最动情的人文景观。

3. 宗教类。宗教是特殊的文化现象，是客观世界在人脑中虚幻的反映。人类按照人间世界的好恶，按照人间的等级制，给自己创造了精神寄托、灵魂祈求的偶像。宗教文化覆盖了社会的各个方面，如哲学、道德、诗词、文学、建筑、绘画、雕塑等。作为宗教类人文景观，主要有宗教建筑、雕塑、宗教思想教义、宗教教规仪式、宗教绘画音乐等方面。

4. 园林类。园林是通过人工构筑手段加以组合的建筑、花木、山水等具有多种功能的空间艺术实体，也可以说是一种利用环境构筑表现自然的人工山水境域，是一种主体空间的综合艺术品。园林顾名思义，首先要有林木，绿化设计布局是首要之务；其次要有山水，山石与水体融合为美妙境界，"山贵有脉，水贵有源，脉源贯通，全园生动"。建筑是借助于山水因地制宜而设的，既有利于休闲，又利于观景，曲折变通，融入自然。林木、山水、建筑构成园中有景、景中有人、人与景合、景因人意的审美效果。园林景观有中国园林和欧式园林之分，又有皇家园林、私家宅园、宗祠园林、名胜园林、大型湖山园林之分。

　　5. 文学艺术类。文学是用语言塑造形象反映社会生活、表达人们思想感情的一种社会意识形态；艺术则通过多种手段来塑造形象。文学艺术的分类极广，文学包括小说、散文、诗歌、戏剧等；艺术由于表现的手段和方式的不同，分为表演艺术（音乐、舞蹈）、造型艺术（绘画、雕塑）、综合艺术（戏剧、电影）等。作为旅游客体的文学艺术类旅游资源，不是广义上的文学艺术，而是指依托在其他旅游资源之上，旅游者能直接感受到的文学艺术信息，如人物故居、园林、历史遗址上的故事和传说、史诗、诗词、楹联、书法、歌谣，以及节日中各种游艺活动（猜谜、斗禽斗兽、竞技等）、各种旅游工艺品、纪念品。将人文景观称之为人造的旅游客体，是指前人留给我们的、今天旅游开发并利用的、不同时代的人创建并生活在其中的、历史性的旅游资源。其创建者、发明者的本意并不一定是为了供后人旅游，如中国北京的明十三陵、埃及的金字塔是中国皇帝、埃及法老为自己死后能灵魂不灭、永享奢华修筑的，但它们一旦形成，其文化内涵便永驻不灭，成为后代人前往凭吊、鉴往知新的旅游景观。

　　即使是无形的评议文学和传承于民间的社会风情，也保留着古代的风韵，成为人类的"活化石"。当代人可以根据当代多样化的旅游需求创造许多人文景观，如服饰和饮食小吃的现代化、宗教寺庙中梵乐和咏经的电子化、仿真的太空旅游、建造的大型游乐场馆等。相对于自然旅游资源的不可移植性而言，某些人文旅游资源是可以移植和复制的。中国式的燕秀园，在 1985 年英国利物浦国际园林节上获得金奖，它把北京北海公园静心斋、沁泉廊和枕峦亭的仿制品有机综合在一起，充满中国皇家园林雍容华贵的气派，各国游人参观者达 300 万人。同样，美国 1955 年创建的洛杉矶"迪士尼乐园"也在世界许多国家落户。中国的上海、广州、烟台、大连等近代的口岸城市里留存了当年外国建造的许多欧式建筑，也是西方建筑文化的移植。过去人类创造的人文旅游资源的积淀，与今天人类创造的人文旅游资源，一同成为明天人类历史性的人文景观。

第三节　旅游客体的结构

　　旅游客体的结构就是旅游资源的地质地貌、水体、植被、气象、建筑、人文特色等要素的构成比例关系。令人神往的风景点、风景区、旅游区的风格和特征千姿百态各不相同。以中国园林为例，北方之雄，南方之秀；以江河为例，长江、黄河波涛滚滚、切割河岸，漓江则清澈宁静、倒映群峦。然而究其本源，主要是各种旅游资源要素的不同组合。旅游资源结构要素概言之为山、水、天气、花木、建筑物、人文特色，它们之间可以互相排列成多种组合。其中，有六种组合关系起决定景观特色的作用，它们是山水组合、山与植被组合，山与人文特色组合、水与植被组合、水与天象组合和建筑与植被组合。其他的组合关系起着辅助作用。

一、山水组合

山水组合是自然景观中最典型的结合体，古今文人不乏对美丽的山水风光的赞美之词，如"山青水秀""东南山水，秀媚不可言，如少女时花，婉弱可爱""山中一夜雨，树杪百重泉""水光潋滟晴方好，山色空蒙雨亦奇"……山与水的结合，山要有气势，山地造型要生动，富有四时变化；水要有形、有影、有色、有声，赋予景观活力、魅力，有层次感。山水组合又因水的形态不同而分为山与江湖的组合，山与瀑、潭、溪流、泉的组合，山与冰雪云雾的组合。

毛泽东描绘庐山与长江的组合："一山飞峙大江边，跃上葱茏四百旋。"苏轼诗句是写西湖风景区一湖秀水、三面环山的组合状态。"江作青罗带，山似碧玉簪"突出了漓江两岸山形映水、江面如镜的山水画面。四川大宁河小三峡内的"飞龙过江"一景是山与瀑结合的典型，飞瀑从江崖上越江飞泻对岸，比"日照香炉生紫烟，遥看瀑布挂前川"的庐山瀑布更为壮观。雁荡山瀑布与周围峰石的配合是大自然鬼斧神工之作，这里瀑布均是窄条的飞流，称为"湫"。以大龙湫为例，此瀑的景色四季不同，雨前雨后不同，令游客流连忘返，湫旁建观不足亭和忘归亭。天山牧场、日本富士山都从绿色的草地遥看披着银盔的山峰，绿、白、灰相间有序，再缀着朵朵红花、紫花、黄花，形成佳境。

二、山与植被的组合

山是植被的载体，植被是山的肌肤，它们的组合构成了景观的幽翠秀丽。青城天下幽，峨眉天下秀，皆因其山的植被垂直带长，热带、亚热带、温带、寒带植物竞相生长，茂密葱郁。只要山形拥叠，视野稍滞，葱郁的植被便使人产生幽深的感觉。我国名山景观中有大量与植被组合的特景，如秦岭主峰太白山八景之一"古枫幽静"、燕京八景之一"葫芦叠翠"、碣石山十景之一"东峰耸翠"……植被远观一片苍翠，展示着生命之色，与旅游者的心灵内外交感，调动旅游者愉悦的精神状态。植被近看千姿百态、风格殊异，树形有刚健、挺拔与婀娜纤秀之分，花卉有色、姿、香、韵之异，叶有单、复、整、裂之别，更不用说那些香气四溢、奇形异状、色彩多样的果实了。

三、山与人文景观的组合

有许多风景点的主体是由人工建筑与山形、山势相协调构建而成的，我国的名山一般均以自然景观为背景、以人文景观为内容而构成。"山不在高，有仙则名"，其实有僧也则名，有史也则名，佛教或道教的宗教建筑往往筑之深山，名人侠士往往也隐居于山清水秀的"云深不知处"。帝王陵墓一般也选择风景秀丽的山地，以北京明十三陵为例，十三陵坐落昌平军都山南麓，正对北京平原，背托大山，左右山峰对峙，墓群建筑雄伟，加上三面环山的背景，显示出威严雄伟的皇家气派。南京明孝陵、中山陵和北京的八达岭长城均是让建筑假以山势显得更为壮观，而留名千古。名山往往开发历史悠久，人文活动频繁，留下的人文景观使无生命的山地产生了灵气。四川峨眉山风景虽优美，如果没有千百年来佛教徒和名人留下的墨宝石刻、建筑、文物，在"蜀道之难，难于上青天"的时代，峨眉山将不会成为全国佛教徒和游人趋之若鹜的名道场。一处处风景固好，若无人们将它们命名"双桥清音""洪椿晓雨""罗峰晴云""大坪雾雪""象池夜月""金顶佛光"，这些景点就没有回味的价值了。

四、水与气象的组合

以水体为主的景观在不同纬度的气候条件下，在四季不同的气象条件下，给游人的印象自然不同。夏季迷人的海滨，在热带低纬度，常年阳光灿烂，水温适中，早晚凉爽，是游人理想的休闲境地。美国夏威夷海滩、中国的海南岛是理想的阳光海水沙滩游览地。西班牙南部濒临地中海的四个省以"太阳海岸"著称，每年 300个晴天，海岸布满岩石，海水平静清澈，被誉为"地中海浴池"，西班牙人自豪地说："我们向全世界出口阳光和海滩。"而中高纬度的海滨，如中国秦皇岛、大连、烟台、青岛等，在夏季是避暑胜境，而冬季也会出现笼罩在皑皑白雪中的景象。中高纬度的温带和寒带水体往往以美妙的雪景、凇景出现，著名的有"西山晴雪"（燕京八景之一）、"少室晴雪"（嵩山八景之一）、"平冈积雪"（九华山十景之一）、"断桥残雪"（西湖十景之一）、"太白积雪"（关中八景之一）……中国西北的冰川雪岭、东北的林海雪原、阿尔卑斯山的冰雪公园、南极的冰雪世界，都给人一种全新的"千里冰封，万里雪飘""红装素裹，分外妖娆"的感觉和印象。葱翠的林木在洁白的雪中傲然挺立，壮丽晶莹的雪场可供游人尽情进行冰雪运动。冰雪还可以供冰雕、冰塑之用，我国的冰城哈尔滨每年要搞冰雪节，举行冰灯、冰雕活动。黄昏之时，冰雪公园内万灯齐明，冰灯形象逼真、光亮剔透，真是一个奇异绚丽的水晶世界。日本北海道、芬兰、瑞典也有类似的冰雪旅游活动。

五、水与植被的组合

一般的风景区是山、水、植被的组合，也有一些景区是以水与植被为主体，如冀中白洋淀、湖北洪湖，万顷水波在盛夏之时覆盖着荷莲。热带的海滨有红树林，其绚丽的色彩和奇异的盘根错节形成海滨奇观。亚马孙河川两岸常有巨树合抱，笼盖河面，树木的气根、直生根裸露地扎入水中，犹如巨蟒怪兽，增添了河谷的诡秘险恶的气氛。

六、建筑与植被的组合

在大气污染日益严重的今天，人们愈来愈重视都市构景中的植被因素，人们不仅种植树木花草，而且更重视树木花草与建筑的有机结合，形成有序的美景。花木町以造成绿墙、绿篱、绿桥，冬青树、合欢花树都可以种成一方方绿色屏障。房舍也可以结草为墙，爬山虎之类的攀缘植物可为烈日下的房舍披上一层绿色隔热层。

巴西库里提巴市的建筑墙壁上处处是绿草茵茵，该市居民将土壤肥料、草籽贮入空心砖内，砌成的大楼便很快长满绿色枝叶，形成外墙草坪，有隔热、隔音、净化空气之效。

许多国家的公共场所也采用树木构置绿色的雕塑品，哥斯达黎加的萨尔塞罗镇有一座用树木整形出的"绿色动物园"，园内有大象漫步、牛羊伫立、猴子嬉戏、孔雀开屏、长颈鹿远眺，长廊上还垂盘着六米长的绿色巨蟒，这一切都是用意大利柏剪成的。有些国家还用花木拼成花钟，德国柏林玫瑰园用花草组成钟面的阿拉伯数字，用日晷的投影来指示这些数字，显示时间。还有一种特殊花钟是用花的生物钟来显示时间，马来西亚的新宝树花凌晨 3 时开花，牵牛花 4 时，蔷薇花 5 时，龙葵花 6 时，芍药 7 时，莲花 8 时，……夜来香 20 时，昙花 21 时，这种别具一格的花钟与周围的公园建筑一起形成了一道特别的风景线。

上述六种组合关系之外的其他各种构景要素，在它们所处的总风格、总格局下起着辅助和点缀作用。在人造的旅游客体中，人们可以有机地综合已有的地形和水体，再与该景观适宜的同种其他要素结合；而在自然的旅游客体中，人们只能对天然的景观加以要素组合的分析，在人力、物力许可的条件下，建构一点建筑，留下一点书法石刻，而前提是不能破坏其天然的气质。

第四节　旅游客体的特征

旅游客体具有空间性特征（存在的广泛性、区域性和地域性的相对稳定性、构景要素的组合性），时间性特征（季节的变化性、时代性和时代变异性），经济特征（价值的不确定性、开发利用的永续性和不可再生性、开发利用方式的多样性）和文化特征（感知决定性、内涵丰富性、美学观赏性、启智功能性）。除了这些共通性之外，旅游客体的两个大类，即自然旅游资源和人文旅游资源还具备其独立的特征。

一、自然旅游资源的特征

（一）自然地带性

构成自然景观的要素是地质地貌、水文气象、动植物等，这些自然地理因素必然受三方面的影响。

一是受纬度地带性的影响，不同纬度地区受到太阳的辐射不一，各地的热量条件也因此不同。

二是受经度地带性的影响，海洋和大陆的不同存在，海陆环流形成自然地理环境各组成部分和自然地理综合体，从沿海向内陆按经度方向发生有规律的更替。

三是受垂直地带性影响，山地，尤其是海拔较高的山地，自然地理综合体的各部分随山势高度而发生带状的更替。

河川是具有多种功能的地理实体，其风景的变化受地带性影响最为典型。热带河川，如非洲刚果河等，水量大，河面开阔，水质澄碧，一般支流较多、较复杂，两岸雨林茂密。亚热带河川，如中国长江，水源充裕，江水浩荡，水景优美，两岸为常绿阔叶林和落叶阔叶林，四季分明。暖温带河川，如中国黄河，水量四季不同，有枯水期、汛水期之分，汛期洪涛滚滚、黄浪汹涌，枯水期甚至出现断流。中温带和北温带河川，如松花江一带，水量丰沛，含沙量小，水色变白，两岸为针叶阔叶林混交，森林密布，夏季葱绿，冬季林海雪原。寒带河川，如俄罗斯西伯利亚的叶尼塞河，暖季河水漫漫，寒季银河成带，两岸为寒带灌木和沼泽树林，一片空阔旷野的氛围。其他如植被、动物、气候，地带性的影响也是明显的。

（二）生态实体性

旅游客体中的自然景观都是由直接承受旅游活动的实实在在的自然地理要素组成的，如高山云海、奇峰怪石、森林瀑布、海滨沙滩、戈壁沙漠、珍奇禽兽。没有这些实体的内容，也就失去吸引人们从事旅游活动的动力。这些实体是大千世界经受亿万年的地球物理运动所造就的，其形态特征、生态环境都是不以人的主观意志为转移的，一旦改变就会失去它们独特的美感。自然界的各组成要素相互依存，相互连接，相互制约，形成一个生态系统，其中一环发生变化，都会引起其他要素及整个系统的变化失衡。

海南岛三亚湾海滨的珊瑚礁海滨游览地，由于有珊瑚存在，海下波潮平缓，水质清澈，鱼虾众多，可供人们开发"人工海底乐园"，从事海底观光、潜水游览等旅游项目。但近年来人们一味开采珊瑚礁，引起海水变质，鱼虾减少，海滨失去往日魅力。有关单位正通过新闻传媒大声疾呼，应保护好自然景观的生态平衡。自然景观的生态性往往在该处景观遭受破坏后、恶变趋势明显后才受到人们的重视，这恰是人类对自然景观的这一特征了解和重视不够造成的。

（三）时空感受变化性

许多自然景观给游人的美的感受因时空变化而变化。这是因为景观所在地的气象要素在一日内随时间而发生变化，日出、日落和云层遮日时，山景因太阳辐射不一而变幻。

黄山在阳光灿烂时展现出蓝天、白云、碧山、绿树、虬松组合成的鲜明画面。而一旦云朵遮日，景观随之一变，从山缝、崖谷中立即飘出阵阵烟气，形成云雾，使画面若隐若现，游客散曳其中如入仙境，别有一番情趣。清晨花木如洗，露珠欲滴；中午晴日高照，万象景明；傍晚夕阳西斜，群鸟归巢；夜晚皓月当空，树影婆娑。山形地势会因四时光影变化呈现不同形态，从不同的角度看去则变幻出多重景象。

浙江雁荡山素以奇峰怪石闻名，同一山峰从高低远近不同角度看，形态不一；从不同时间看，也会看到不同景象。白日看合掌峰，如同一双仙人巨掌合成；在星月交辉的朦胧夜色中，站在灵峰寺西北角遥看时，它变成了一双丰满的乳房，人们称之"双乳峰"。往前走几步再看，双乳峰又变成了凝视远方的苗条少女——"相思女"。走到寺檐下仰望，"相思女"又变成一只敛翅蹲踞的"雄鹰"。郭沫若赋诗赞叹："灵峰有奇石，入夜化为鹰。势欲凌空去，苍茫万里征。"来到灵峰寺东南角观看此峰时，"雄鹰"一去不复返，"相思女""双乳"都不见，此峰化为一对月下相依相偎的"小夫妻"，故又称"夫妻峰"。

无独有偶，雁荡的"金鸡报晓"一景，如果夜间从塔头岭小坡上北望"金鸡峰"，那金鸡就变幻为一个调皮的牧童，在那里窥探月下依偎的"夫妻峰"。从塔头岭向南看，前峰露出的是老婆婆的发髻，后峰变成老婆婆的脸，一张瘪嘴惟妙惟肖，老婆婆脸背着"夫妻峰"，连同"犀牛望月"一景，被民谣称作"牛眠灵峰静，夫妻月下恋，牧童偷偷看，婆婆羞转脸"。

此外，自然景观在不同的季节里也表现出不同的风貌，亚热带山地"春山澹冶而如笑，夏山苍翠而欲滴，秋山明静而如妆，冬山惨淡而如睡"。有许多景观只在一年中的某一段时间出现，如东京春季缤纷的樱花、北京秋季香山的红叶。

二、人文旅游资源的特征

（一）历史积淀性

人文景观中对游客最有吸引力的是几千年来积淀的灿烂文明和悠久的历史文化。外国游客到某一旅游目的地，并不是为享受自己在本国内可以得到满足的休闲娱乐，而多是为体验所到之处的历史文化。一般来说，人文旅游资源大多具有史学价值，是历史的见证，是直观的历史教科书，使游人理解人类的昨天，增长知识。人文景观内容的历史越长，所蕴含的文化内涵就越丰富。陕西秦皇陵兵马俑的发掘，被看成 20 世纪最伟大的考古成就，就在于从这气势恢宏的兵阵可以了解两千多年前人类的智慧、军事技术和制作工艺。同样，埃及金字塔、印度泰姬陵、罗马大斗兽场、巴比伦空中花园、圣索菲亚教堂、希腊雅典卫城、大津巴布韦石头城、苏格兰爱丁堡等，这些人文景观反映了历史的面貌，反映了历史时代的差异，反映重大的历史事件，反映了重要的历史人物，对世界游客产生巨大的吸引力。

（二）民族文化性

不同国家和地区人文景观的内容的差异集中反映在民族性的差异上。以寺庙建筑为例，佛教寺庙在印度时往往以精舍、石窟寺和有顶无壁的形式出现，传入中国后逐步转为殿堂式并形成中轴对称的建筑群格局，然而在傣族居住地区还多少保留着一些供僧人打坐的无墙寺庙。伊斯兰教清真寺的圆顶建筑和望月楼亭结构传入中国后也逐步殿堂化，出现飞檐斗拱的中国化清真寺。不同民族的同类人文景观的差异很大，如民族服饰、民族饮食、民族歌舞和民族语言。在纳西族的东巴文化中，其象形文字犹如一幅幅动人的图画，吸引着国内外游客去游览。

（三）时代精神性

人文景观具有鲜明的时代内容，不同的时代的社会制度不同，人们的价值观念也不同。有些内容在资本主义社会中可作为人文旅游资源，如美国拉斯维加斯赌城的种种赌技、赌具及与之配套的服务行业与泰国的"人妖"表演和其他色情服务业，在社会主义国家中，这类内容绝对是不合法的。第二次世界大战中，德国法西斯建立的赫尔辛基集中营、奥斯陆集中营是当时法西斯血腥的杀人场所，法国的马其诺防线坑道堡垒是戒备森严的防御工事，今天则是历史的见证和追讨法西斯罪行的有力武器。封建帝王的宫殿和皇家园林别墅，在中世纪也是普通百姓无法涉足的禁地，到了现在，成为游人了解过去帝王家族生活方式的窗口。由此可见，人文景观具有随社会时代变化而变化性质的特点。相对于自然景观的实体性，人文景观含有精神文化的内容，精神文化内容有的以物质实体为载体，有的单纯是精神文化的，如传说、故事、歌谣等，这些无形的精神文化内容与实体的景观相互渗透，形成强大的吸引力。湖南岳阳楼，若论其自身建筑，充其量也不过是略有特色而已。而岳阳楼蜚声海内外，还主要由于它是三国时东吴的阅兵台，唐代诗人李白、杜甫、白居易三大家均在楼上留下诗赋，特别是宋代大文学家范仲淹写的《岳阳楼记》，留下了"先天下之忧而忧，后天下之乐而乐"的千古绝句。文因景名，景借文传。

第五节　旅游客体的文化功能

人类出现以前，地球上的万事万物，如天象、山川、动植物等已经存在。人类早期先民忙于为自身的生存而斗争，与山川自然处于一种抗争的状态。那时没有当今意义的旅游，更谈不上与山川自然达成和谐之美，先民称美为"甘也，从羊从大"，对美的感受仅是用打来的猎物填饱肚皮。早期人类逐渐开始用兽牙、兽骨串成项链佩戴，用树皮草叶遮体，用羽毛兽皮装饰，除了对动植物有了朦胧的美感之外，还夹杂了一些炫耀狩猎成就、希冀神灵呵护的崇拜心理。随着历史的发展，人们在生产生活活动中也产生了大量的人文景观。本节将探讨自然景观的人格塑造功能和人文景观的人文塑造功能。

一、自然景观的人格塑造功能

自然景观的美的因素是先人类而客观存在的，是物的美、内在自然的美，此美上升并转化为旅游客体的美，变为人类在旅游活动中获得的美感，在于人类的审美活动。

人类酷爱自然景观的美，一是因为自然景观使人的各种感官获得快感；二是因为自然景观的组合风格与审美主体人格心理之间产生了象征性契合关系，自然景观的具体形态和自然属性启发人们去发现自然景观的象征美。人类自古喜欢翠竹，它长得既高且直，中空有节，枝条平垂，绿叶常青，给人的感觉是：线条曲直掺杂，色彩素雅清新，结构疏密有间。人类有"比德"的自然审美观，中国人尤为重视这种伦理性的审美观。竹干挺直犹如人格的刚直；竹节相衔犹如民族的坚贞气节，中空犹如谦虚的美德；常绿不凋比拟人类生命力的顽强，直立飘逸的造型犹如人的潇洒风姿。人类崇尚刚直、坚贞、谦逊、洒脱，故赞美翠竹的诗文画卷汗牛充栋。景观本身的象征意义与人们所褒赞颂称的人格相辉映。我们重视旅游主体对旅游客体内在美的观察欣赏，强调主体对客体的作用，但不能忽略旅游客体对旅游主体的人格塑造功能，即客体对主体的反作用。明人祝允明说，"身与事接而境生，境与身接而情生"。游者主体能否进入自然风光的情境取决于主体的主观条件，有一定的文化品位，才能发现大自然的巨大而神秘的生命力，探求出自然界的运动旋律。人的文化品位、文化气质又因其自身不断感受大自然的美、不断彻悟大自然的哲学道理而提高。

　　旅游活动就是一种审美活动、一种促进审美能力提高的活动，自然景观可以使旅游者的审美能力从低层次向高层次逐步深化，即提高旅游主体的旅游审美感知力、旅游审美联想力、旅游审美想象力。

　　（一）自然景观使旅游主体产生直观的审美感知

　　游人进入自然景观，其感知器官，即眼、耳、鼻、舌、身都对大自然美产生审美感知。从视觉来说，自然景观给人强烈感受。气壮山河的钱塘大潮、雄峙东方的泰山等雄壮美的景观，以其气势的雄壮、热烈、威武、博大令旅游者产生仰慕、感叹、敬畏、豪迈的心理反应。华山千尺幢、黄山鲫鱼背等惊险的景观使游者产生紧张、惊恐、狂喜的生理和心理反应，进而摒弃悲观、怯懦，萎靡，增添豪情，扩展心胸，热爱生活，立志奋进。宁静的西湖、幽静的峨眉风光等秀美的景观可以使旅游者心绪平缓温和、轻松，心境愉悦明净、恬适超然。静静伫立在湖光山色之中，倾听大自然的声息，物我两忘，凝神静思，顿入"淡泊以明志，宁静以致远"的境界。鬼斧神工的大自然杰作，如黄山的奇峰怪石、蓬莱海市蜃楼等景观使游人心扉开启、悦志畅神，顿生聪慧之思、灵巧之志、机敏之气。大凡"星垂平野阔，月涌大江流""晓月临窗近，天河入户低"的旷美景观会使游人视野大开、心境大展。从听觉来说，自然景观给人强烈感受。电闪雷鸣般的波涛、松涛、涌潮、沙暴、雪暴以其狂激、恐怖的声响震撼游客的心灵，显示大自然的阳刚之力。抚拍海岸的浪涛声、阵阵落瀑声和流泉声，以其跳跃有节奏的声响鼓舞着游客。静夜月光下，风吹树木的婆娑声、秋虫吟唱声、流溪潺潺声，以其舒徐、悠扬、静谧的天籁之音感化游客的思绪。从嗅觉、味觉、触觉来说，自然景观亦给人强烈感受。山区空气清新，林木蓊郁，山花怒放，有益身心净化，精气康复。泉水甘冽清甜，名泉是游人仰慕之地，无不一饮而快。植物之味，尤其是散发着清雅淡香的兰花、梅花、荷花的香气更增添了景观的文化氛围。名山景点，如峨眉金顶、泰山南天门、黄山光明顶的云海雾气，置身其间大有飘飘欲仙、超脱尘世之感。"美的享受具有一种情感的、特殊的、温和的陶醉性质"，自然景观给游人的观感可以使人忘却人生的困扰和苦闷，排遣愤怒和极端的冲动，使人的情感与自然充分地交触，在赏心悦目的过程中不知不觉地把非人性的、人欲的情绪化的杂念抑制和规范。"鸢飞戾天者，望峰息心。经纶世务者，窥谷忘反"，对自然景观的审美感知力的提高，有助于旅游主体的情感净化和情操陶冶。

　　（二）自然景观不仅以其直观的形美、色美、味美、音美愉悦旅游主体的身心，更以其实体在更远、更久的空间和时间里促进旅游主体——游客的旅游审美联想力，让旅游审美感知与审美主体的情感记忆相联系，产生更为浓郁的体验。

　　静置于日月空气中的山峰，水流在旅游主体的心目中不再是无生命的石头和流体而变成有生命的、有意义的"人化"的自然物。以"天下奇观"著称的路南石林里，海内闻名的"阿诗玛"，头戴围巾，身背背篓，面西而立，仿佛采撷归来，头微微上仰看着远方，游客立即会联想到电影《阿诗玛》中那美丽纯情活泼的少女与她的爱情故事。云南还有个奇观"班果土林"，大自然用泥沙塑造成了世界著名的"建筑群"，如巴黎圣母院的钟楼、古希腊神庙、缅甸佛塔、天安门华表等，特别是奇特的"布达拉宫"惟妙惟肖，引起游人无限的遐想。除山峦奇峰外，还有天边的彩霞，布满悬乳钟和石笋的溶洞，枯藤老树，大自然提供了众多的让人类审美联想的景境。游览山水景观越多，其联想就越丰富，比附就越贴切，说明人对旅游审美活动模式的选择能力和与自然的沟通能力不断提高，加速了内心的情感体验模式和意蕴领悟反应的陶冶。概言之，自然景观促进了旅游主体的审美能力。

　　（三）自然景观调动旅游主体的审美想象

　　旅游审美想象是比旅游审美联想更为主动的心理活力。在这时，人们不再仅凭生活经验和情感记忆去领略大自然，而是在内心进行一种崭新的创造。自然景观在旅游主体的内心中变得更美，因为人在看景时不仅看到山与水，还想到与山水相关的丰富的文化内涵，这时的山水是活的、是人化的。风景之美与人格人性之美相联系，风景之美与民族精神相融合。"海纳百川，有容乃大"，这是中华民族博大胸怀的写照，中国人爱大海、赞美大海。自然景观在游人心中不断提纯、优化，永无止境。

　　俞平伯先生言："故论西湖之美，单说湖山，不如说湖光山色，更不如说寒暄阴晴中的湖光山色，尤不如说你我他在寒暄阴晴中所感的湖光山色。"他指出西湖风景的图像无论时间迁移，终有记载可考，而在这变幻的天气和不同游者心中的感受，"竟没有同时同地同感这么一回事"。

　　有个性的人格化的旅游景观，景观的内在美、象征美，必须靠旅游审美想象力去实现。在一个"循规蹈矩"的低文化层次的头脑中，自然景观只是一些呆滞的没有情感的客观存在，但层层递进的旅游审美活动，尤其是欣赏大自然中的奇景奇观，往往激发人去探索自然奥秘的兴趣，去学习，去想象。历代文人、科学家大多酷爱自然美景，他们描写自然、讴歌自然、研究自然，又常为自然奇迹所激励，激发其崇高的智慧。

　　柏拉图说："应该寻找一些有本领的艺术家，把自然的优美方面描绘出来，使我们的青年们像在风和日暖的地带一样，四周一切都对健康有益，天天耳濡目染于优美的作品，像从一种清幽境界呼吸一阵清风，来呼吸它们的好影响，使他们从小就不知不觉地培养起对美的爱好，并且培养起融美于心灵的习惯。"这位古希腊哲人提出了审美塑造理想人格的设想。旅游审美想象体现了旅游活动开发智慧启迪思维的功能。自然景物具有使旅游主体感情扩散的魅力。旅游者在赞美自然景观时，往往将对大自然的喜爱转化为对该地区、该民族、该国家的赞叹和仰慕，而对本国河山的热爱就自然地化为对祖国的热爱。自然景观对旅游者的人格的塑造是潜移默化的。热爱自然山水的人，会成为具有品德优秀、行为文明的人。

二、人文景观的人文塑造功能

（一）人文景观的人文塑造功能的分类

人文景观以其人文塑造功能来划分，可分两类：文化传统类景观和文化创新类景观。文化传统类景观包括历史遗迹（人类遗址、庙坛陵墓、古城帝都、寺观塔舍、园林胜迹、碑碣雕塑、陶俑古玩等）、建筑园林（建筑奇观、神殿教堂、宫殿城堡、中西园林）、民俗风情（各民族的服饰、饮食、居住、交通、商贸、节庆、婚丧、民间游艺）、文学艺术（古代诗歌、词曲、散文、小说、绘画）。文化创新类景观包括主题公园、新兴城市风光、乡村文化等。两类人文景观从不同的角度对旅游主体的文化人格的塑造起不同的作用。

（二）人文景观的人文塑造功能

历史古迹、古典建筑园林等文化传统类景观内部包蕴着特定的张力，主要包括人类艺术杰作的吸引力、文学艺术的渗透力、民族民俗风情的感化力和人类历史创造力。这种张力的综合运动，使文化传统类景观气韵生动，富于外向辐射的影响力。人类历史创造力和人类艺术杰作吸引力属阳刚性的张力样式，民俗风情的感化力和文学艺术的渗透力属阴柔性的张力样式。当隐含着阳刚张力或阴柔张力的景境作用于旅游主体时，特定的张力就会在人类的胸襟徜徉荡漾，弥漫扩散，主体在不经意间接受这些景观的影响，在自身的内宇宙空间复现客体所渗溶的豪迈或婉约的张力样式，达到"异质同构"，情景交融，进入人性升华的境界。

1. 巨大的人类历史创造力

远古洪荒时代，大自然的风暴雷霆、毒蛇猛兽使人类的反抗力显得多么渺小，然而人类就凭一个个血肉之躯，从赤手空拳到打制磨制石器，逐渐征服地球万物，改造自身生存环境，一天天进化起来，成为现代地球的主人。中国元谋人和北京人、印尼爪哇人、德国海德堡人、坦桑尼亚舍利人……我们站在古人类遗址面前，看到他们的石斧、陶器，想象人类的先民的力量多么伟大。古人留下来的众多遗址，如希腊雅典的帕提侬神庙、埃及金字塔、中国十三陵，使游人进一步感受到这种伟力。

2. 强烈的艺术杰作吸引力

传统人文景观中有古代建筑、古代园林、古代铸造和雕塑，它们都显现着高度的艺术魅力，吸引游人。传统建筑物是世界各民族创造的物质文化的重要组成部分，综合地反映了某个历史时期建造该建筑物的民族的科学技术水平和文化艺术水平。游览这些建筑物，立刻可以感受当年的文化传统和文化积累，激发爱国热情和民族自豪感，汲取巨大的精神力量。埃及金字塔和法罗斯岛的灯塔、中国万里长城、印度泰姬陵、巴比伦空中花园、罗马大斗兽场、亚历山大墓与圣索菲亚教堂，这些世界文明奇观，均是这类传统建筑，其内容为城垣、宗教建筑、陵墓、古城堡等。

3. 民俗风情的感化力

各个民族都有自己的独特的生活方式，有自己千百年的文化积淀，形成了衣食住行人生礼仪丰富多彩的事象。民俗文化是一种实用文化，在旅游活动中大量展现，游人乐于到云南旅游因为那里是中国民族最多的地区，众多的民俗风情融汇成绚丽的色彩。每一种民俗都是该民族争取生存、祈求发达兴旺和吉利平安的产物。各个民族最初按某种风俗习惯生活可能带有不自觉的色彩，但随着民俗风情的历代传承，就被投入自觉的意识，民俗活动是有所为的活动。

民俗风情可以使游人有丰富的感受：

首先，民俗使人感受到人类在大自然的生存过程中积极的生活态度及人在与大自然的斗争中勇于拼搏的热情和与自然和谐相处的良好的愿望。

各民族为求种植丰收，为求狩猎、渔捕出师大捷，都有祭天、祈雨、崇祀山神、水神的活动。白族和汉族在每年立春有"鞭打春牛"的习俗，以及土族的"拍春"，都是在一年之始预祝一年风调雨顺、五谷丰登。汉族有庆祝秋季丰收的八月节活动，而许多农耕民族，如苗族、基诺族、景颇族、哈尼族、瑶族等十多个民族，都有丰收季节吃新、尝新、庆丰收的活动。

其次，风俗民情可以使人怀念故土，起到恋家爱国的精神陶冶作用。

图腾崇拜是民族维系的纽带，龙是我们中华民族共同的民族象征，它起源于我国先民的图腾崇拜。龙具有角首、蛇身、披鳞甲、张五爪的特征，是以蛇为图腾的大部落融汇了鳞甲类图腾、角兽类图腾、爬虫类图腾的部落后的产物，华夏子孙只要看到龙图案的饰品和物品都会感到亲切。欧洲一些家族拥有族徽，他们的后裔也以拥有同一徽章而感到亲近，这种信仰标志物转化为今天各大商业集团、工业集团的标志，起着维系人心的作用。各族婚俗召集了婚姻双方的亲友，丧俗要将"五服"内的直旁系亲属都聚拢来，提醒和强化人们的亲缘关系和姻缘关系。新娘进入夫家后，要举行"会亲"礼仪，让夫家的三房五戚与新娘见面，各自定下称呼，分个长幼辈分。鄂西土家族的"拜茶"，让新娘将新准备好的茶糕和茶蛋奉献给夫家的长辈和亲戚。汉族的"认亲"也出于同样的强化亲缘作用。汉族地区新婚后新郎要陪伴新娘"回门"，是让新郎熟悉女家的亲属。现在西方的家族观念没有东方浓烈，但他们的婚宴和结婚周年的纪念活动也同样集中了男女双方和亲友欢庆，定期地强化亲情。乡村的换工互助、请会搭班，以及开张庆典、新年祝福、庆祝喜诞都是人们团聚和沟通情感的机会。

最后，风俗民情可以使人怀念家乡，起到恋乡爱国的潜意识的陶冶作用。

旅游者远游他乡，在感到新奇、刺激的同时，在碰到相同民俗时，也会由此联想到自己的家乡，勾起儿时记忆。许多离家多年的华侨渴望回家乡看一看，走一走，重温故土民俗与风情。

4. 文学艺术的渗透力

旅游文学是人文旅游景观中的一项特殊类型，它能把旅游主体的审美想象和旅游客体本身结合起来，增强旅游客体对旅游主体的吸引力。旅游客体本身虽然已具有客观存在的美，但是真正能使旅游主体情感得以升华的仍是描述这些旅游客体的文学作品。这些作品所蕴含的思想感情通过自然景观、人文景观上的文字载体或其他方式传递给游人。例如，每当游客登上长城，极目远眺，胸中顿生豪情："不到长城非好汉。"这便是文学艺术渗透力的真实写照。由游人见景而联想起这些文字，眼中见"景"，心底抒情。

重点概念

　　旅游客体；文化身份；人格；文化人格；社会性格；民族性格；马斯洛的需求理论

复习思考题

　　1. 什么是旅游客体？旅游客体与旅游资源能否完全相同？

　　2. 旅游资源分类有哪些标准？旅游客体参照其标准可分哪些类型？

　　3. 旅游客体的结构如何？

　　4. 旅游自然景观与人文景观各有哪些特征？

　　5. 自然景观和人文景观各有哪些文化功能？

第五章　中国旅游建筑文化

学习目标

1. 了解中国古代建筑的发展历程、总体特征、基本要素和主要类型
2. 熟悉中国宫殿建筑的布局，掌握中国宫殿建筑文化
3. 了解中国民间建筑不同时期的构成、特点

重点与难点

1. 中国古代建筑的总体特征、基本要素
2. 中国宫殿建筑的布局特点和中国宫殿建筑文化
3. 中国民间建筑的构成和中国传统民居蕴含的文化思想

第一节　中国建筑文化概述

中国是一个历史悠久、文化灿烂、极富民族特色的文明古国。在传统文化领域里，建筑文化是其中的一朵奇葩。建筑在世界历史上流光溢彩，映射着人类建筑文化的发展历程。它表现了一定时代的地域文化意识形态。按照国际建筑史分类，在此以前，世界上大致存在着七种主要的建筑体系，即古埃及建筑、古西亚建筑、古中国建筑、古印度建筑、古欧洲建筑、古美洲建筑和古伊斯兰建筑。其中又以古中国建筑、古欧洲建筑、古伊斯兰建筑流传最广、时间最长、成就最高，被称为世界三大主要建筑体系。

一、中国古代建筑文化的发展历程

中国古代建筑文化的发展历程，以汉族传统建筑为中心，木结构为主，后来流传至日本、朝鲜、蒙古、越南等广大东亚地区。中国古建筑萌芽于公元前 4000 多年的新石器时代，在这漫长的发展过程中，中国土木结构的建筑历程大致可分为雏形期、发展期、成熟期和总结期四个时期。

（一）雏形期

夏、商、周、春秋是中国古建筑的雏形时期。新石器时代是我国古建筑艺术的萌芽时期，由于自然条件的不同，生活在黄河流域一带的人们常居住在天然的崖洞，或架木

为巢而居；在北方地区，在利用黄土层为壁体的土穴居住，用木架建造了简单的穴居或半穴居；在长江流域及南方地区，则流行地面建筑及干栏式木板建筑。到了殷商时期，建筑有了较大的发展，当时已出现一些规模较大的城池和宫殿、陵墓建筑，夏朝还修建了城郭沟池，建起宫室台榭，如在河南偃师二里头发现的商代早期宫殿遗址。

周朝时期建筑技术进步很快，开始用瓦铺盖屋顶。这个时期建筑以版筑法为主，屋顶似翼，木柱架构，庭院平整，有一定的法则。在陕西岐山凤雏村发现了西周早期的宫殿遗址，在扶风召陈村发现了西周中晚期的建筑遗址。

（二）发展期

战国至魏晋南北朝是中国古代建筑的发展时期。战国、秦、西汉时期的建筑，有始建于战国的万里长城，是世界上七大建筑之一；秦统一中国后，将长城扩建达 3000 多里；到了西汉时，长城又加扩建，其规模之大，令人叹为观止。秦始皇统一六国后，开始了中国建筑史上规模最宏大的工程，即上林苑和阿房宫。建造于秦始皇三十五年（公元前 212 年）的上林苑、阿房宫将朝宫建在苑中，阿房宫即其前殿。阿房宫宫室相连，各抢地势，钩心斗角。司马相如的《上林赋》极言其侈，阿房宫至秦亡时尚未全部建成，遗址在今西安市西阿房村，后被项羽焚毁，现尚存高大的夯土台基，高约 7 米，长约 1000 米，为全国重点文物保护单位。

到了汉代建筑规模更大，汉武帝时大兴宫殿，著名的长乐宫、未央宫闻名于世。汉代的宫殿雄伟威严，后苑及其附属建筑精致、玲珑，充满了柔和之美。汉代重要的建筑还有祭祀建筑，其主体仍以春秋战国以来盛行的高台建筑为主，团块状，十字轴线对称组合，尺度巨大，形象突出，含有象征意义。秦时修建的都江堰，迄今仍灌溉着万顷农田，秦代的兵马俑被誉为世界第八大奇迹。西汉都城长安和西方的罗马，在当时被誉为世界两大城市。若要概括秦汉建筑的总风格，可以"豪放朴拙"四字概括。此时已形成了抬梁式和穿斗式的主要结构，斗拱已被广泛应用，屋顶类型多样化，并包含了中国文化的意义。

魏晋时，虽因战乱而使建设规模缩小，但城市和建筑的形制反而得以加强、巩固和完善。当时著名的城市有邺城、洛阳和建康。由于社会动荡，退居山村的文人因受道家思想的影响而使中国园林获得了较大发展。佛教、道教迅速普及，出现了许多佛寺、塔、石窟和道观。此时，建筑材料，如砖瓦的产量和质量均有所提高，砖结构被大量地运用到地面建筑。现存最早的河南登封嵩岳寺塔，建于北魏孝明帝正光四年（公元 523 年）。南北朝时期佛教不断发展，凿建了不少石窟，现存有著名的四大石窟：甘肃敦煌莫高窟、天水麦积山石窟、山西大同云冈石窟及河南洛阳龙门石窟。这些建筑已成为中国古代仅次于宫殿的重要建筑类型。

（三）成熟期

隋唐至宋是中国古建筑的成熟时期。在长期动乱之后的隋唐，重新走向统一，特别是盛唐时期，政治安定，经济繁荣，文化昌盛，建筑文化也获得了空前成就。"雄浑壮丽"是隋唐时期的建筑风格的精确概括。它富有独创精神，重视本色美和气度恢宏、从容的特色。唐代是封建社会经济文化艺术的鼎盛时期。它继承了汉代以来的成就，融合了外来建筑的成果，形成了中国古建筑的完整体系。

隋唐时期建筑类型以都城宫殿、佛教建筑、陵墓和园林为主。隋唐时期建造了规模宏伟的都城，开凿了南北大运河，北起涿郡，南至余杭，全长 1794 公里，沟通海河、黄河、淮河、长江、钱塘江五大水系，为历代漕运要道，对南北经济和文化交流曾起到重大作用。赵州桥又名安济桥，是我国现存著名的古代单跨石拱桥，它是中国现存最古老的桥，也中国古代三大名桥之一，由工匠李春于隋开皇大业年间创建，全长 50.82 米，单孔，宽约 10 米，跨经 37.02 米，拱圈高 7.23 米，由 28 块石条组成，上有 4 个小拱，既省材料、减轻重量，又便于排洪，且增美观。在世界桥梁史上，其设计工艺之新，为石拱桥的卓越典范；其跨度之大，在当时亦属创举，反映了我国古代劳动人民的智慧与才能。中华人民共和国成立后进行了修缮，为全国重点文物保护单位。

唐都长安和洛阳的城市布局、建筑风格规模宏大、气魄雄浑。城市有巨大的宫殿、官署和市井奇观，出现了夜市和草市。建筑技术有很大进展，木构架做法已相当成熟地得到运用，构件比例形式逐渐趋于定型化，建筑与雕刻进一步融合提高，创造了统一和谐的风格。唐代兴建了大量的佛教寺、塔、石窟等。迄今保存的有山西五台山的佛光寺和南禅寺佛殿，西安的香积寺塔、大雁塔、小雁塔、兴教寺、玄奘塔等。唐代殿堂、寺庙建筑的特点是单体建筑的屋顶坡度平缓，出檐深远，斗拱比例较大，红漆柱子粗壮，多用板门及直棂窗，风格庄重而朴实。极富组织性的宫殿组群，巨大的空间尺度，舒展而大度、欢乐而华丽的佛寺格调，充满了对人生的积极态度，依山而建的陵墓，气势磅礴。园林分皇家园林和私家园林两种风格，但艺术境界更高者当数私家园林。隋唐建筑内质外美，特别强调整体的和谐与真实，造型浑厚质朴，多采用凹曲屋面与翘起的屋角，看上去柔和而大度，内部空间组合变化适度。隋唐不但进行了大规模的城市建设，而且在建筑技术、设计和施工方面均取得了突破性的进展，形成了完善的制度，同时在加工工艺和装饰手段上也达到了成熟阶段。

到了宋代，可以说是中国古代建筑的转变时期。宋代在城市结构和布局、建筑组群、建筑装修和色彩、建筑施工管理和砖石建筑技术上均有了新的发展。宋代改变了汉代以来封闭式的里坊制度，形成了按行业成街的格局，一些邸店酒楼和娱乐性建筑，大量沿街兴建起来。北宋著名画家张择端的《清明上河图》，体现了当时都市生活繁荣的画面。宋代建筑规模一般比唐代小，但比唐代建筑秀丽绚烂而富于变化，创造了很多华丽而精美的作品。现存宋代的建筑有山西太原晋祠圣母殿、福建泉州清静寺、河北正定隆兴寺和浙江宁波保国寺等。其建筑特点是屋顶坡度增大，出檐不如前代深远，重要的建筑门窗多采用菱花隔窗，建筑风格趋向柔和，并且有了总结建筑经验的文献《营造法式》，对于宋朝的宫室、坛庙、官署、府第建筑的设计、结构、用料进行了规范。

（四）总结期

元明清是中国古建筑文化充实与总结的时期。明清以来，集中国古建筑之大成，也是中国古代建筑史上最后一个高峰。南京、北京作为京城，城市内涵有了很大的发展。明代的古建筑表现在园林建筑上取得了很高的学术成就。它继承了历代园林的设计原则、艺术技巧和建筑经验，并有了新的发展。明末吴江人计成所著《园治》一书，就是对我国造园艺术具有精辟独到见解的著作。明代建立的禁苑，即紫禁城西的西苑，具有自然野趣的水光山色和富丽堂皇的气概。此外，随着明代制砖手工业的发展，琉璃瓦的生产无论从数量上或质量上都是过去朝代无法比拟的。明代屋顶全部覆盖琉璃瓦，与前代多用灰色瓦顶相比，从整体上看结构规矩、严谨得多。现存实物有北京天坛、北京东城智化寺、北京故宫中的明代建筑等。

清代建筑的外形与明代相比变化不大，但较注重装饰（如较为烦琐的雕刻，现存实物较多）。清雍正、乾隆、嘉庆三朝近 100 多年间，古典园林建筑发展到一个新的高度。清代在北京西郊兴建了香山静宜园、玉泉山静明园、万寿山清漪园（今颐和园）、圆明园和畅春园，代表了中国园林建筑的光辉顶点。明清建筑的特点是屋顶出檐较浅，斗拱比例缩小，飞檐翘角向上挺举。在清代还出现了汉藏民族建筑样式结合的新型建筑，如承德避暑山庄和外八庙等。

二、中国古代建筑的总体特征

（一）建筑形式的多样性

我国幅员辽阔，民族众多，各地方的地质、地貌、气候及各民族的历史背景、文化传统和生活习惯等各不相同，因而建筑特色也不尽相同。例如，南方气候炎热、潮湿，生活在山区的人们，居住的是干栏式的竹木建筑，建筑下层用柱子架空，上层供人居住；北方气候寒冷、干燥，游牧民族主要采用毡包式建筑，由轻木骨架和覆盖在上面的毛毡构成，非常适宜于迁徙。

虽然我国各地的建筑风格差异很大，但总体来讲，大部分地区普遍采用木构架承重结构。这种建筑广泛分布在汉族、满族、朝鲜族、回族、侗族、白族等民族居住地区，是我国历史上使用面积最广、数量最多的一种建筑类型。

（二）建筑布局的思想性和艺术性

中国古代建筑在世界建筑史上历史最为悠久，分布地域最为广泛，是具有特殊风格与体系的造型艺术。中国古代建筑的思想性、艺术性具有鲜明、独特的人文主义特征。它深刻体现了中国传统的伦理观、审美观、价值观和自然观。具体表现在以下 3 个方面：

1. 在宫殿和都城规划中，突出了皇权至高无上的思想和严密的等级观念。

2. 在建筑的布局组合中，特别重视群体组合之美；在建筑与环境的关系中，注重建筑与自然的高度和谐统一，尊重自然。

3. 在建筑内涵的表现中，重视对中和、平易、含蓄而深沉的美的追求。

（三）实体空间设计的灵活性和实用性

在漫长的历史发展过程中，我国古代建筑逐渐形成了独特的结构与空间处理方式。其表现为以下 3 个方面。

1. 以木构架为主的实体建筑

木构架是我国古代建筑成就的重要代表。木构架之所以能够长期而广泛地作为一种主流建筑模式来，是因为它具有优于其他建筑模式的特点。它取材便捷、适应性强、抗震性好，施工快速、便于修缮，更适合中国地理环境和资源的特征。以柱、梁、檩、枋等构件组成的木架建筑，采用卯榫结合的方式，形成框架，可以承受屋面、楼面的负荷，墙则起着围蔽、分融和稳定柱子的作用。木构架主要有抬梁式和穿斗式两种结构体系。由于木构架建筑体系日趋完善，也促使单体建筑的造型形成一定的规格和程式。亭、殿等形制皆由台基、屋身和屋顶三部分组成，各部分之间均有一定的比例。到了清代，这种规范化达到了极致，木结构的梁架组合形式，形成巨大的屋顶和坡顶，正脊和翘起的飞檐，呈现出优美的曲线，成为中国建筑最突出的形式特色。室内空间的处理灵活多变，常常用板壁、隔扇、帐幔、屏风、博古架等隔成大小不等、富于变化的空间，使人产生迂回、含蓄之感。

2. 结合环境布置的空间序列

中国古代建筑群所特有的布局手法，沿着一条纵深的路线，对称或不对称地布置一连串不同大小与形状的院落和建筑物。这种布局手法能烘托出种种不同的环境气氛。这些院落与建筑物空间艺术的感染力，能够激发出崇敬、庄严、肃穆、壮观等内心情感。空间系列的形式丰富而多样，有以十字轴线展开的庙坛建筑；有以纵轴线为主，横轴线为辅的宫殿和民居建筑；有以曲折线展开的园林建筑等。此外，"天人合一"的风水论也影响了城镇、村落、祠宇的空间布局。人们可以通过对地形、地貌、地质、植被、水文、环境容量等进行勘察，研究其利弊，然后选择好的基址，按照地势的高低、基址的广狭及河流、山川、道路的形式，恰当地布置建筑与城镇。

3. 多样化的院落组合

我国的古建筑欲达到各类建筑的不同使用要求和精神目标，必须运用院落组合的手法来实现。人们只有进入到各个院落之中，才能真正获得生活体验和艺术感受，可以说庭院是中国古代建筑群体布局的灵魂。由屋宇、围墙、走廊合围而成的庭院，能营造出宁静、安全、整洁的生活环境。在古代社会里，人们常遭到自然灾害的袭击，加之动乱不堪的社会环境，这种封闭式的庭院则是最适合的建筑方案。此外，庭院还能充分满足房屋的采光、通风、排水等需要，也是参加室外和半室外活动、种植花木、美化生活的理想境界。

三、中国古代建筑的基本要素

（一）构件

1. 台基（基座）。台基是高出地面的建筑物底座，用以承托建筑物，使其防潮、防腐，保护建筑基础。台基大致可分为以下 4 种：

（1）普通台基。座壁表面是平整而笔直的，用于大式和小式的建筑。

（2）较高级台基。座壁带有壁柱，台基上有汉白玉石栏杆，多用于宫殿建筑、两庑等次要建筑之中。

（3）更高级的台基（须弥座）是佛像的底座。"须弥"是古印度神话中的山名，把佛像置于须弥座上，显示佛的崇高伟大。这种台基上装有汉白玉石栏杆，通常用在较高级的宫殿和高级寺观的殿堂建筑上。

（4）最高级的台基。把几层带石栏的须弥座叠在一起，使建筑物显得更加雄伟高大，用于皇宫中最高级的建筑和一些寺庙最高级的殿堂中，如北京故宫的太和殿、曲阜孔庙的大成殿等。

2. 柱。柱是建筑物中直立的起支撑作用的最重要的承重构件，有人称之为建筑的"腿"。柱把建筑物的载荷传递到基础上。

3. 开间。"间"即四根木头柱子围成的空间。"开间"即建筑物的迎面间数，或称"面阔"。建筑的纵深间数称"进深"。我国古代以奇数为吉祥数，故平面组合中的绝大多数开间为单数，开间越多，等级越高。例如北京太庙大殿开间为 11 间。

4. 大梁。大梁是架在木头圆柱上的一根最主要的长木头，即长条形承重构件，多用于屋脊，是中国传统木构架建筑中骨架的主件之一。

5. 枋。枋是在柱子之间起联系和稳定作用的水平向的穿插构件。它随着梁或檩而设置，在檩与枋之间用垫板，使垫、檩、枋联结成为一种固定的构件组合状态。

6. 檩。檩是架在屋架或山墙之上，用来支持椽子或屋面板的长条形构件，又叫桁或檩条。它的作用是直接固定椽子。

7. 斗拱。斗拱是中国古代建筑独特的构件。方形木块叫斗，弓形短木叫拱，统称为斗拱。一般置于柱头和额枋、屋面之间，用以支撑载荷的梁架，挑出屋檐，具有装饰作用。

8. 屋顶。屋顶也就是屋盖。中国传统的屋顶主要有以下 6 种形式：

（1）庑殿顶。这种屋顶前后左右都有斜坡，俗称"四大坡"。前后两坡相交成四条脊，加上正脊，形成四坡五脊，故可把单檐庑殿顶叫作"四阿顶"或"五脊殿"。它用于皇宫、庙宇的圣殿，特别重要的大殿可用重檐。

（2）歇山顶。由正脊、四条垂脊和四条戗脊组成。歇山顶的山面有博风板及悬鱼等，是装饰的重点。此顶共有九条脊，也称九脊殿。

（3）悬山顶。有正脊、四条垂脊和两面坡。特点是屋顶各檩伸到山墙之外，沿着两山檩头顶上博风板，保护檩头防止糟朽，还可保护山墙。

（4）硬山顶。这是两坡顶的一种，但屋顶不悬出山墙之外，形成四条垂脊两面坡的屋顶。

（5）攒尖顶。多为单檐，用于面积不大的建筑，如塔、亭、阁等。其特点是屋顶较陡，无正脊，数条垂脊交合在顶部，上覆似宝顶。

（6）卷棚顶。这也是两坡顶，特点是两坡相交处形成弧形曲面，无明显正脊。

9. 山墙。山墙即房屋两侧上部呈山尖形的墙面。有的地方流行风火山墙，特点是两侧山墙高出屋面，随屋顶的斜坡呈阶梯形。

10. 藻井。藻井即宫殿、厅堂天花板上的一种装饰，多为方格形，也有六角形、八角形或圆形，上有彩色图案。一般位于寺庙佛座或宫殿宝座的上方。

（二）装饰

中国古代建筑的美学特征可以从装饰上体现出来。装饰的式样、色彩、质地、题材等能够显示出建筑的社会价值。例如，宫殿屋顶用黄色琉璃瓦，彩画用贴金龙凤，殿前用日晷、香炉等物装饰，以示帝王之尊严；私家园林则用本色的原木和雕刻精巧的砖木，以体现超然而淡泊的格调。装饰大多都有实用价值，并与结构紧密结合。油饰彩画是为了保护木材，花格窗棂是便于夹纱糊纸。石雕的柱础、栏杆、月梁、拱瓣和麻叶头、霸王拳、菊花头等梁枋端头形式，就是对结构构件的艺术加工。大部分的装饰都趋向于规格化、定型化，有相当严格的做法，通过有机搭配获得不同的艺术效果。同时，也重视细微的变化，既可远看，又可近赏。装饰的艺术风格有鲜明的时代性、地域性和民族性。例如，汉代的艺术风格刚直而浓重，唐代则雄浑而开朗，宋代流畅而活泼，明清严谨而典丽。一般来说，南方丰富而细腻，北方则朴实而庄重。

中国古代建筑装饰大致可分为以下 5 种.

1. 大木作装饰，即对木结构主要构件的艺术加工。如卷杀，就是把柱、梁、枋、斗拱、椽子等构件的端部砍削成缓和的曲线或折线，使构件外形显得丰满而柔和，还可将构件的端部做成各式各样的装饰。

2. 小木作装饰，即对门窗、廊檐、天花板及室内分隔构件的艺术处理。装饰的重点大都是重要的建筑大门、顶棚、扇门和窗子的棂格等。匾联也属于小木作装饰，它集诗文、书法、工艺美术于一体，不但艺术造型丰富，而且通过题写文字深化了建筑艺术的内涵。

3. 砖瓦作装饰，即对屋顶、墙面、地面、台座等砖瓦构件的艺术处理。其主要分为两大类：一是用于民间的陶土砖瓦；二是用于官方的琉璃砖瓦。房子的屋面是古建筑的重点装饰部位，在正脊的两端常装饰的鸱尾、兽头或吻，据说它们是古建筑的防火神，有防灾救火之意。还有一种"螭吻"，又叫龙吻，是一种龙头鱼尾的怪兽，装饰在正脊的两端，传说有明察天气晴、阴、雨、雪、风、雹、霜的作用，以保屋宇永固。传说中皇宫里金砖漫地，所谓"金砖"，实际上是为皇宫特制的细料方砖。这种砖颗粒细腻，质地密实，敲起来有金石之声，故名"金砖"。用此砖装饰地面，平整而光亮，坚固而耐磨。

4. 石作装饰，即对台基、石柱础、栏杆、踏步和建筑小品等石构件的艺术加工。高级建筑中的台基多做成雕花的须弥座。座上有石栏杆，栏杆下面有吐水的螭首。在石柱础上大多雕刻莲瓣、蟠龙等吉祥物。石柱上雕有龙或力士、仙人造型作装饰。

5. 油漆彩画作装饰，即对木结构表面进行艺术加工的一种装饰。原是为木结构防潮、防腐、防蛀而涂上漆，后来才突出其装饰性。宋以后彩画已成为宫殿中不可缺少的装饰艺术，可分为三个等级：和玺彩画、旋子彩画和苏式彩画。

四、中国古代建筑的主要类型

中国古典建筑大致可分为单体建筑和功能性建筑两大类型。

（一）单体建筑类型

在园林、宫殿、城市中，因处于不同的场所，而有其不同类型的单体建筑及其相应的名称。

1. 亭、台。我国亭的历史悠久，古人在交通要道筑亭，作旅途歇憩之用，也作为迎宾送客的礼仪场所。后来亭为园林所用，作为凭眺、歇憩的场所及观赏对象。例如，扬州五桥亭，因桥亭结合，自成雅趣，加上水中倒影，增添诗情画意。长沙岳麓山腰的爱晚亭，因亭周皆枫林，初名红叶亭，后联想到"停车坐爱枫林晚，霜叶红于二月花"的著名诗句，故取名爱晚亭。台，是古代宫苑和园林建筑中具有独特风格的一种高而平的建筑物，一般供眺望或游观之用，如圜台、琴台、鹿台等。

2. 楼、阁。我国习惯上将两层以上的房屋称作楼，如嘉兴南湖的烟雨楼等。阁与楼近似，多为二层，四面开窗，一般用来观景或藏书，如南昌赣江上的滕王阁等。还有临水而建的楼，称为水阁，如苏州网师园的濯缨阁等。

3. 厅、堂。厅是房屋的大堂，习惯上人们常把厅堂并称，厅是用来会客、宴请、观赏花木或看小型表演的建筑；堂，是主人的居住处，也可作为家中举行庆典的场所。厅堂常以具有代表性或典雅的名称来命名，如荷花厅、鸳鸯厅、慎德堂、秉礼堂等。

4. 轩、榭。轩是指有窗槛的长廊或小室，殿堂前檐下的平台也叫轩；榭是指建于水边的观景建筑物，又能点缀景致。轩榭都和山水、花木紧密结合，计成《园冶》里就有"花间隐榭"的说法。

5. 斋、舫。斋，指专心进修的场所，即燕居之室、学舍书屋。为了达到静修的目的，选址大都在幽深、僻静的地方；舫是水里游玩的小船，古典园林在水边设木石造成的舫，供人游玩饮宴，因舫不会走动，又名不系舟，南京煦园的不系舟是江南园林中最有特色的建筑。

6. 门、阙。门有大门、二门、垂花门、棂星门、牌坊门、砖券门、城阙门等。古代的门禁森严，具有防御性。"阙"与"缺"通，两阙之间为一通道，故名。阙，源于古代一种单座望楼的建筑，其下部柱身很高，顶上有小楼，供登临瞭望警戒之用。阙也是一种标志，既可显示主人的身份地位，又是地界的标志。若比主人身份低下的人来到阙前，必须下车或下马。

7. 华表、牌坊。华表，又叫桓表，古时常用在宫殿、宗庙、陵墓等建筑物前，也可用在交通大道上，起标志作用。如今常见的明、清华表是在一个须弥座上立着盘龙石柱，柱头横贯着一块刻有云纹的大版，叫云版，顶上还有石兽等物，常立于桥头或门的两侧、亭的四隅。北京天安门城楼前后各有一对雕有云龙的汉白玉华表。天安门前华表石柱上的异兽叫望天犼，经常注视着帝王外出的动向，劝诫帝王不要总在外游山玩水，早归来处理国事，故称两犼为"望君归"；而天安门内的望天犼，却注视着帝王在深宫内的行为，提醒帝王不要沉溺酒色，快出宫体察民情，称此两犼为"望君出"。由于石犼名为"望君归"和"望君出"，所以它们所蹲立的华表石柱又称"望柱"。牌坊又名"绰楔"，是用华表柱加横梁组成，但在横梁之上不起楼，不用斗拱和屋檐。牌坊的种类很多，形式多样、风格各异。从建筑立意来分，可分为功德牌坊、祭坛牌坊、山门牌坊和街道牌坊等；从建筑材料来分，有木牌坊、石牌坊和琉璃牌坊等多种。

8. 照壁、戏台。照壁亦称影壁，"影壁"两字是由"隐避"变化而来，在门内为"隐"，在门外为"避"，后统称为"影壁"。它是建筑物前的屏障，形态多种多样，有等级、地域、民俗的差别。有的民宅前也有照壁，但大多较矮小，朴实无华。宫殿的照壁一般为龙壁，尤以九龙壁为最尊贵。我国最大的九龙壁在山西大同，明代朱元璋第十三子朱桂被封于此当代王。这块九龙壁是代王府前的照壁。它同北京北海和故宫的九龙壁都是用琉璃砖砌成，合称为我国三大九龙壁。戏台又叫戏楼，是供演员们使用的建筑。不同的历史时期，戏台有不同的样式、特点和建造规模。最初演出的地方是广场、厅堂、露台，后有庙宇乐楼、瓦舍勾栏、宅第舞台、酒楼茶楼、戏园，以及近代剧场和许多流动的戏台。

（二）功能性建筑类型

功能性建筑大致可分为以下 10 种类型：

1. 宫廷府第建筑，如皇宫、衙署、殿堂等。

2. 防御守卫建筑，如长城、城楼、烽火台等。

3. 纪念性和点景性建筑，如钟鼓楼、牌坊、影壁等。

4. 陵墓建筑，如石阙、崖墓、帝王陵寝宫殿等。

5. 园囿建筑，如御园、宫苑、别墅等。

6. 祭祀性建筑，如文庙（孔庙）、武庙（关帝庙）、祠宇等。

7. 桥梁及水利建筑，如石桥、木桥、堤坝、港口等。

8. 民居建筑，如窑洞、茅屋、院落等。

9. 宗教建筑，如佛教的寺、庵、堂、院；道教的祠、宫、庙、观；伊斯兰教的清真寺；基督教的礼拜堂等。

10. 娱乐性建筑，如戏台、乐楼、看台等。

第二节　中国宫殿建筑文化

在中国五千年文明史里，中华民族创造了无数个灿烂辉煌的人类奇迹，在这众多的杰出成就中，仅中国宫殿建筑就让世人惊叹不已。从公元前 2070 年夏朝建立开始，中华大地上共历经 83 个王朝，出现过 559 个帝王，其中有 397 个"帝"和 162 个"王"。在这 83 个王朝的历史过程中，诞生了无数精美绝伦的宫殿建筑。虽然这些建筑随着朝代的更替、社会的演变，大多已经消失在历史的尘埃之中，但留存至今的宫殿建筑，无不代表着中国古代劳动人民的杰出智慧，显示着光辉耀眼的中华文明。

一、宫殿建筑概述

宫殿建筑，又称宫廷建筑，是帝王为了巩固自己的统治，满足自己物质生活和精神生活的享受而建造的规模巨大、金碧辉煌、气势雄伟的建筑物。

宫殿在秦代以前是建筑的通用名，殿指高大房屋。秦汉以后，"宫"便成为皇帝及后妃们生活居住的地方，宫殿则成为皇帝处理朝政、举行大典的地方。在中国历代的封建王朝中，皇权是至高无上的，而宫殿建筑则更是一个朝代帝王权利和地位的最好象征。因此，各种宫室殿堂规模越建越大，越建越豪华。同时，因为宫殿建筑往往集中了当时全国最高的技术和最大财力，因而它基本能代表某一个朝代最高的建筑水平。

二、宫殿建筑的布局特点

1. 中轴对称。为了体现以皇权为核心的等级观念，宫殿建筑采取严格的中轴对称布局方式。处在中轴线上的建筑必须高大而华丽，而轴线两侧的建筑则低小而简单。

2. 左祖右社，即在皇城中轴线之东西两侧建太庙和社稷坛。太庙，是帝王祭祀祖先的地方，列在东侧；社稷坛是帝王祭祀土地神和五谷神的地方，列在西侧。古人以左为上，故左排列在前，右排列在后。

3. 前朝后寝。宫殿的布局大体上有前后两部分，"前朝后寝"，仅一墙之隔。所谓"前朝"，是帝王上朝理政、举行大典之处。"后寝"，是帝王与后妃们生活起居的地方。

三、中国现存的宫殿建筑

历史长河中，遗留至今的皇宫已是少之又少。绝大部分都已经湮没在历史的尘埃之中。现存除北京故宫外，还有沈阳故宫、西藏布达拉宫。此外，西安、南京等故都尚存几处汉、唐两代宫殿遗址。

（一）北京故宫

中国宫殿建筑以北京的故宫为代表。故宫又名紫禁城，是明、清两朝皇帝的宫廷，先后有 24 位皇帝在此居住过。故宫是我国现存最完整的古建筑群，占地面积 72 万平方米，有房屋 9000 多间，建筑面积 15 万平方米。故宫周围是数米高的红色围墙，周长 3400 多米，墙外是护城河。故宫规模之大、风格之独特、陈设之华丽、建筑之辉煌，在世界宫殿建筑中极为罕见。

故宫分外朝和内廷前后两部分，外朝部分是皇帝举行重大典礼、召见群臣和发布命令的重要场所，以太和殿、中和殿、保和殿三大殿为中心，文华殿、武英殿为两翼。这些建筑都建在汉白玉砌成的 8 米高的台基上，远望犹如神话中的琼宫仙阙，建筑形象严肃、庄严、壮丽、雄伟，三个大殿的内部均装饰得金碧辉煌。故宫的后一部分——"内廷"是皇帝处理政务和后妃、皇子居住、游玩、奉神之地，这一部分的主要建筑有乾清宫、交泰殿、坤宁宫、东西六宫及御花园，富有浓郁的生活气息，建筑多包括花园、书斋、馆榭、山石等，它们均自成院落。该宫殿群处于南北中轴线上，两旁的廊房一一相对，院院相套，大小相连，宛若迷宫。

故宫建筑的布局与陈设有三大特点，即中轴对称、左祖右社、前朝后寝。

宫外建筑陈设有华表、石狮、日晷、嘉量、吉祥缸、鼎式香炉、铜龟铜鹤等，各有寓意。

华表：皇家建筑的特殊标志。

石狮：雄狮爪下为球，雌狮爪下为幼狮，前者象征统一寰宇，后者象征子孙绵延。

日晷：古代用来测时。

嘉量：古代的标准量器，象征国家统一和强盛。

吉祥缸：置于宫殿前盛满清水以防火灾的水缸。

鼎式香炉：用来燃檀香和松枝。

铜龟铜鹤：象征长寿。

从故宫建筑群的整个建筑艺术来说，它体现了我国古代建筑艺术的特殊风格和杰出成就，是世界上优秀的建筑群之一。而这一杰作，从明代永乐年间创建后，在五百余年中不断重建、改建，动用的人力和物力是难以计算的，真可谓"穷天下之力奉一人"。所以，这宏伟壮丽的故宫，是我国古代劳动人民智慧和血汗的结晶。

（二）沈阳故宫

沈阳故宫始建于公元1625年，是清朝入关前清太祖努尔哈赤、清太宗皇太极创建的皇宫，又称盛京皇宫，清朝入主中原后改为陪都宫殿和皇帝东巡行宫。沈阳故宫经过多次大规模的修缮，现已辟为沈阳故宫博物院。北京、沈阳两座故宫构成了中国仅存的两大完整的明清皇宫建筑群。

沈阳故宫是仅次于北京故宫的第二大宫殿群，占地6万多平方米，屋宇300余间，由10个院落组成，四周为高大宫墙，南面为大清门。全部建筑分成东、中、西三部分，中路是沈阳故宫的主要建筑群，以崇政殿为主体，南起大清门，北迄清宁宫，属大内宫殿，院落三进，均在一个中轴线上。东路的大政殿和十王亭是最富特色的建筑，大政殿是东路主体建筑。东西两侧共有10座方亭，呈"八"字雁翅排开，东为左翼王亭、镶黄旗亭、正白旗亭、镶白旗亭、正蓝旗亭；西为右翼王亭、正黄旗亭、正红旗亭、镶红旗亭、镶蓝旗亭，是左右翼王和八旗大臣办公的地方。这种出自八旗制度的建筑布局，是沈阳故宫的特色，受游牧民族的毡包式（帐幕式）建筑及议事礼俗的影响。西路以文溯阁为中心，前有戏台、嘉荫堂，后有仰熙斋。文溯阁的建筑形式仿自宁波天一阁。仰熙斋为皇帝读书之所，嘉荫堂为乾隆东巡时看戏的地方。

从沈阳故宫建筑群的建筑艺术来说，整个皇宫楼阁耸立，殿宇巍峨，反映了汉满两族文化交流在建筑方面上取得的辉煌成就。

（三）布达拉宫

布达拉宫始建于公元7世纪，是当时吐蕃王松赞干布为远嫁西藏的唐朝文成公主而建。布达拉宫是当今世界上海拔最高、规模最大的宫堡式建筑群，海拔3700多米，占地总面积超过36万平方米。

布达拉宫分为红宫和白宫两大部分。居中央的是红宫，主要用于供奉佛神和处理宗教事务，红宫内有安放前世达赖遗体的灵塔。在这些灵塔中，以五世达赖的灵塔最为壮观。两旁的是白宫，为藏传佛教僧侣生活起居和政治活动的主要场所。布达拉宫整体为石木结构，宫殿外墙厚达2—5米，基础直接埋入岩层。墙身全部用花岗岩砌筑，高达数十米，每隔一段距离，中间灌注铁汁，进行加固，提高了墙体抗震能力，使墙体坚固稳定。屋顶和窗檐用木质结构，飞檐外挑，屋角翘起，铜瓦镏金，用镏金经幢、宝瓶、摩羯鱼和金翅乌做脊饰。闪亮的屋顶采用歇山式和攒尖式，具有汉代建筑风格。屋檐下的墙面装饰有镏金铜饰，形象都是佛教八宝，有浓重的藏传佛教色彩。柱身和梁枋上布满了鲜艳的彩画和华丽的雕饰。内部廊道交错，殿堂杂陈，空间曲折莫测，置身其中，就步入了神秘世界。

布达拉宫坐落于红山上，它起基于山的南坡，依据山势蜿蜒修筑到山顶，高达110

多米。全部是石、木结构，下宽上窄，镏金瓦盖顶，结构严谨。从山脚仰望，更觉其建筑巍峨雄伟，气势磅礴。宫墙由花岗岩砌成，洁白的白宫环护上座的红宫，在蓝天、雪山的陪衬下，显得格外壮丽，仿佛是圣洁和庄严的化身。

布达拉宫是藏族建筑艺术的精华，是我国及至世界著名的宫堡式建筑群。宫内共有大小殿堂、楼阁、房舍1000多间，大小柱子1万多根。布达拉宫除东南、西南都建有碉楼护卫外，里面还有法庭、监牢，是一座形制十分完备的城堡。另外，宫内拥有无数的珍贵文物和艺术品，使它成为名副其实的艺术宝库。

四、中国宫殿建筑文化

中国宫殿建筑作为我国传统文化的一大载体，其内容涵盖了建筑学、工程学、生态学、园林学、景观学、伦理学、心理学、美学等多种学科，是古代人民聪明智慧的结晶，代表着中华民族的优秀文化和无穷力量。

（一）中国宫殿建筑与儒学

作为传统文化重要组成部分的中国宫殿建筑，自从秦汉以来就受到了中国儒家思想的影响，中国的传统建筑许多都是在儒家文化的熏陶下构建而成的，不论是审美还是用途，都与儒家文化密不可分，儒家文化中的"天人合一""尚中""礼"等，都能够从中国宫殿建筑中被解读出来，儒家文化对于中国传统建筑的影响是非常深远的。

儒家的"天人合一"说对中国古代宫殿建筑文化的影响十分深刻持久。它强调人与自然的和谐，强调二者处于一个有机整体中。在宫殿建筑中表现为追求"人—建筑—自然环境"的和谐统一，也就是追求建筑与自然的有机美，要求建筑与周围的自然环境融为一体，主张整个环境在形式和功能上要有机结合。

儒家"尚中"思想造就了富有中和情韵的道德美学原则，对传统建筑的创作思想、建筑风格、整体格局等方面有明显影响。传统建筑文化在空间上的主要特征莫过于对"中"的空间意识的崇尚，历代宫殿建筑有强调秩序井然的中轴对称布局，形成了以"中"为特色的传统建筑美学性格。

"礼"是中国文化人伦秩序与人伦原理最集中的体现，可以说，儒家的伦理规范就是"礼"的秩序。"礼"原先是尊敬和祭祀祖先的仪式、典章或规矩。礼仪在中国古代封建王朝中是非常重要的。在宫殿的建设上都严格遵循礼法，有着鲜明的建筑等级，无不体现着封建礼教的庄严与神圣。

（二）九五之数

九五之数在中国帝王宫殿建筑中得到了最大的体现。

关于九五之数，中国古代有着很多说法。其中有一种说法认为中国古代把数字分为阳数和阴数，奇数为阳，偶数为阴。阳数中九为最高，五居正中，因而以"九"和"五"象征帝王的权威，称之为"九五之尊"。

另一种说法认为"九五"一词来源于《易经》。现在流传下来的《易经》版本据说为周文王所演，因此也称为《周易》。《周易》六十四卦的首卦为乾卦，乾者象征天，因此也就成了代表帝王的卦象。乾卦由六条阳爻组成，是极阳、极盛之相。从下向上数，第五爻称为九五，九代表此爻为阳爻，五为第五爻的意思。九五是乾卦中最好的爻，乾卦是六十四卦的第一卦，因此九五爻也就是六十四卦三百八十四爻的第一爻了，成为帝王之相。这里的"九"本不是具体的数字，而是判别数字阴阳属性的符号。后来人们把"九"和"五"作为具体的数字来运用，一来是为了契合代表帝王的"九五"之爻，二来"九"和"五"两个数字在建筑上的使用也是非常符合美学原则的。

紫禁城宫殿常以"九"为数。故宫的房间总数是九千九百九十九间。九龙壁的图案是用九五的倍数二百七十个雕塑块组成。北京天坛三层坛面、台阶、栏板等所用的石板、石块，其数目都是九和九的倍数。以至于午门、神武门等许多宫门（东华门除外）都是上、下各九排、共八十一个门钉。这些做法源自《周易》的"阳卦奇、阴卦偶"。因此，一、三、五、七、九是奇数，也叫"天数"。二、四、六、八、十是偶数，也叫"地数"。九是最大的阳数，是"阳数之极"，它象征"天"。圣人作九之数，以合天道而天下化之，用它来象征天子之合天道。

（三）宫殿建筑中的十神兽

北京故宫金銮殿是世界最高的重檐庑殿顶建筑，建筑脊梁上共有 88 个仙人走兽的装饰。每排 10 个神兽，1 个仙人，共 8 排。据《大清会典》记载，最前面的是"骑凤仙人"，后面的排列顺序为龙、凤、狮子、天马、海马、狻猊、狎鱼、獬豸、斗牛、行什。对于这 10 种形象各异的走兽，各自均有"来历"。

"龙"是一种能兴云作雨的神奇动物，它是皇权神圣的象征。"凤"属于鸟中之王，取"凤"也是突出帝王至高无上的地位。"狮子"始传于佛教，据《传灯录》载，释迦佛出生时，一手指天，一手指地，作狮子吼，云："天上地下，唯我独尊。"獬豸据《异物志》载，是公正的象征。"狻猊"是龙子之一，非龙似狮又似马，因它形象似雄狮，所以用作镇兽。狎鱼是海中异兽，传说它是兴云作雨、灭火防灾的"能手"。斗牛是古代传说的一种虬龙，它是一种除祸灭灾的吉祥动物。行什，因排列在第 10 个，故称行什，是个猴子的形象。宫殿垂脊兽的装饰是有严格等级区别的，只有"金銮殿"顶上垂脊兽十样俱全。"中和殿"及"保和殿"只有 9 样，其他宫殿的垂脊上虽然亦有走兽，但是都要按级递减。

龙是中华民族的图腾崇拜，龙的形象在中国古代各民族的图案中，都含有吉祥和驱邪的寓意。龙与凤被中国封建统治者所专用，是汉代以后的事，在司马迁的《史记》中，曾有这样一个故事：汉高祖刘邦在出生之前，其母刘媪曾梦与神游，是时雷电大作。刘媪的丈夫在闪电光中见一蛟龙伏于妻身上，后刘媪有孕生刘邦。刘邦当皇帝后，国号称"汉"，说自己是龙的儿子。皇帝自称"真龙天子"，就附会于此说。普通臣民所用的龙爪图案是 3 只，而皇帝所用的图案中龙爪是 5 只。这样天子和臣民在使用龙的图案时，就有区别了。凤的图案在明清时被皇帝的后妃专用。

龙凤成为中国皇家建筑、衣物、用具上的重要装饰图案。皇宫被称为"凤阙"，宫里有镏金蟠龙大柱，御道上铺有龙凤石雕，照壁上有彩色琉璃九龙。最著名的要数故宫内的九龙壁。

故宫九龙壁建于清乾隆三十八年（1773 年），位于故宫内皇极殿前，是一座长 29.47

米、高 3.59 米的高大琉璃照壁。九龙壁的正面共由 270 块烧制的琉璃拼接而成，照壁饰有九条巨龙，各戏一颗宝珠；背景是山石、云汽和海水。我国现存有三处九龙壁——故宫九龙壁、北海九龙壁和山西大同九龙壁。故宫的九龙壁，是其中最精美的一处，堪称我国古代城市雕塑的典范。

九龙壁上面的九龙，形体有正龙、升龙、降龙之分，每条龙都翻腾自如，神态各异。为了突出龙的形象，工匠们采取浮雕技术塑造烧制，富有立体感，并采用亮丽的黄、蓝、白、紫等颜色，使得九龙壁的雕塑极其精致，色彩甚为华美。专家认为，故宫九龙壁之所以看起来活灵活现，是因为工匠们在配制色调的时候，采用了色彩补偿的原理，令人赞叹不已。

九龙壁设计与装饰或明或暗地蕴藏着象征皇权和天子之尊的九五之数。因为九是阳数的最高数，五是阳数的居中数，所以九五之数就成了皇权和天子之尊的代表。九龙壁的主体有九条龙，庑殿顶设有五条脊，当中正脊上也有九条游动的行龙；斗拱之间采用五九四十五块龙纹垫拱板；整个壁面用的塑块为 270 块，也是九和五的倍数。

中国古代宫殿建筑反映了当时朝代的社会政治、经济、文化的发展水平，是一个时代的历史写照。现在尽管很多宫殿已经不复存在，但我们从历史的喧嚣中仍可感受到中华民族的伟大，感受中国文化的博大精深。

第三节　中国民间建筑文化

一、中国民间建筑构成

（一）先秦时期的民间建筑构成

西周时期有些建筑的夯土墙外皮已使用包面砖，砖的背后四个角都有乳丁，是为了附着于墙面而设计的。这样，墙体可以防止风雨的侵蚀。

在陕西岐山凤雏村还发掘出了迄今为止已知的中国最早的一座四合院遗址，并在建筑东南角发现有用陶管或卵石砌成的排水管道，这种在住宅东南隅设排水出口的做法一直流传到明清。从周代文献和《周礼》《诗经》《尚书》等的记载以及发掘的实物上，可以知道春秋战国时宅第宫室已有相当大的规模，并设有门楼、重檐等装饰成分，窗户也有丫字楞格的纹样。那时的建筑多半属于干栏式结构，室内地板距室外地面有相当高的距离。登堂入室必先在门外脱履，入门即是席位，人们席地跪坐。在竹席下面，还都铺有竹编的筵，筵已成为当时建筑计算面积的基本单位之一，如《周礼·考工记》中就有"王室，凡室二筵"的描写。

战国时，住宅又有了进步，人们已普遍使用床来坐卧休息。那时，睡觉的床很矮而且很大，最为特殊的是四周绕以栏杆。云南祥云大波那村出土的战国时期的两个干栏式小铜房神韵惟妙，下层空敞，上层挑出，有窗洞，悬山顶，飞动灵秀，豪迈俊逸。其缠绕穿插的装饰风格也与当时文学的格式有着异质同构的共同之处。

（二）秦汉两晋时期的民间建筑构成

秦朝住宅没有战国以前那样形式灵活、平面多样。汉族房屋制度，如前堂后寝、左右对称、主房高大、院落组织等，从汉代至今无多大变化。

汉代最常用的住宅单位，尤其是西汉，即是所谓"一堂二内"的制度，也是一般平民所最喜爱采用的制度。"内"之大小是一丈见方。后世所谓"内人"即是内中之人的意思，亦即是家庭主妇的别称。堂的大小等于二内，所以宅平面是方形的，近于田字。这种双开间的宅制在汉明器、祠堂、崖墓上是非常多的。

汉代规模较小的住宅平面为方形或长方形，屋门开在房屋一面的当中或偏在一边。房屋的构造除少数用承重墙结构外，大多数采用木构架结构。墙壁用夯土筑造。窗的形状有方形、横长方形、圆形等多种。屋顶多采用悬山式或囤顶。规模稍大一点的住宅，无论平房或楼房都以墙垣构成一个院落。

汉代楼居的风气很盛，是与后世住宅大不相同的地方（今天西南、东南一带仍多有楼居，不过北方多为平房）。楼居的盛行显然是将干栏式建筑的下段略为提高作堂室之用，而人们仍居楼上。汉代宅第另有一种楼的建筑，在乡村的大地主富豪们可以说每家必有一座，这既是望楼，也是谯楼，楼顶上可以瞭望，遇到紧急情况，便"登楼击鼓，警告邻里"，使之前来救助。在汉墓内常有这类的陶制谯楼。这种楼的式样很多，三层、四层或五层，多为双开间，或单开间式。每层常是上有屋檐，下有平坐栏杆，有的壁上满施彩绘，后世木塔的结构即由此发展而成。

汉代较好的住宅全有左、右阶，左阶是主人上下用的，右阶是客人用的。汉代登堂入室仍同春秋战国，盛行脱履的制度，入堂室即席地而坐。

（三）唐宋时期的民间建筑构成

唐代有里坊制度，"坊"即一个四面为高墙，民宅建在墙内，墙外是大街的街区。大坊四面开门，而小坊只在东、西两面设两门。新疆交河古城遗址由于当地雨水极少，因而至今保存着唐代古城的模样。街道两旁都是高大的土墙，只有小巷内才有"坊"的大门。从门里进去，才能找到窑院的门户。北宋汴京因商业过于繁盛，无法限制夜市才将其废除。每个里坊的宅第又各有高大的院墙围起。所以那时一个人的家宅，至少有三重墙包围保护着，即城墙、坊墙、宅院墙。而院墙之内又不知经几道院庭门墙，如大门、中门、厅堂等，才能到寝室部分。所以从此建筑看，一方面是为了可以有许多不同性质的安适幽静的院庭供人休息，另一方面则是为了防御。墙院的建置，确实给整个城市增添了许多壮丽严肃的面貌，因此也更使自然式的园林树木在坊内愈显美丽可爱。

宋代张择端的《清明上河图》是描绘北宋汴京城内外的一幅画卷，表现逼真。图中所绘城外的农宅比较简陋，有些是墙体低矮的茅屋，有些以草葺、瓦葺混合构成一组房屋。城市住宅屋顶采用悬山或歇山顶，除茅葺瓦顶外，正面的披檐多用竹棚，使得屋面形式既有锋利挺拔之峻利，又有空灵飞动之绰约。房屋转角处的结构十分细密精巧，往往将房屋两面正脊延长，构成十字相交的两个气窗。四合院的门屋，常用勾连搭的形式，屋面曲线如珠走盘，有自然流转之致。院内栽花植树，流露出悠然自得和闲适舒坦的气氛。

北宋王希孟的《千里江山图》所绘乡村景色中有许多住宅，一般都有院落，多用竹篱木栅做院墙，设有各种形式的大门，并设左、右厢房，而民间住宅的主要部分一般都为由前厅、穿廊和后寝所构成的工字屋，不过这种形式现在已极少见到。有的住宅大门内建照壁，前堂左、右附以夹屋，展露出悠然的韵味和不尽的意蕴。

（四）明清时期的民间建筑构成

明代出现了已知我国最早的单元式楼房。福建省华安县沙建乡上坪村的齐云楼，是一座椭圆楼，建于明万历十八年（公元 1590 年）；花岗石砌筑外墙的圆楼升平楼，建于万历二十九年。这两座楼都是大型土楼，中心为一院落，四周的环形建筑被划分为十几个和二十几个单元，每个住宅单元都有自己的厨房、小天井、厅堂、卧室、起居室、楼梯，独立地构成一个生活空间。据宗族谱记载，齐云楼的历史可以追溯到明洪武四年（公元 1371 年）。换言之，我国早在 600 多年前就出现了单元式楼房，中国民间住宅完全可以和欧洲传统住宅相媲美。明代住宅现存的类型很多，主要有窑洞、北方四合院、南方封闭式院落、福建土楼、南方干栏楼居和云南一颗印式住宅等。

清代康熙、雍正年间，民间住宅家具装饰风气浓厚，豪华宅邸从额枋到柱础都有雕刻。硬山式建筑山墙上的山花镂刻精美，且图案复杂，檐下走廊的两端一般都设水磨砖墙；南方民间住宅甚至在封火山墙的变化上大做文章，使建筑产生瑰丽荣华的气势。北方四合院的垂花门为浓墨重彩的图画，缠绵悱恻，风流蕴藉。清式家具结合民间住宅的室内装修，烦琐华贵的艺术风格强烈而统一，使人目不暇接。

二、中国民间建筑特点

中国建筑文化在历史长河中表现出阶段性特点，民间建筑更是具有时代特征。从先秦至今，无论是建筑形制还是建筑材料都发生了深刻的变化。

（一）先秦时期的民间建筑文化特点

我们的祖先在原始社会极度艰难的生活条件下，经过长期艰苦奋斗，共同劳动，创造了著称于世的远古建筑文化。虽然各地区的文化不尽相同，发展也不平衡，但它们都各自以独特的风格散发着艺术的光彩。

距今 7000—6000 年时，我国的母系氏族社会发展到兴盛时期，出现了氏族成员共同居住的大型建筑。

1. 以仰韶文化建筑遗址为代表的北方建筑特点：半穴居建筑

半穴居建筑主要分布在黄河中下游地区，其中又以发现较早的西安以东的半坡村遗址最著名。据考古学家考证，半坡遗址距今已有六千年以上。"半坡型"住宅分布在黄河中下游地区，平面有圆形和方形。其中半地下的浅穴建筑较多，浅穴一般是在黄土地面上掘出 50—80 厘米深，门口有斜阶通到室内地面。浅穴四周的壁体内是木柱编织排孔的墙面，有的还用火烤得非常结实。室内地面用草泥土铺平压实，中部挖一弧形浅孔作火墙，供做饭取暖用。屋面是依靠中部的柱子支撑。地下建筑四周也有柱子，不仅支撑屋面，也构成墙体。屋顶为茅草或草泥土铺敷。

2. 以河姆渡文化建筑遗址为代表的南方建筑特点：干栏式建筑

河姆渡文化是长江中下游新石器时代的一种早期文化，距今约七千年。考古学家在河姆渡文化遗址发现了"干栏式"建筑遗址和干栏建筑构件。干栏式建筑是用木或竹为构架，底层架空，楼上住人的一种建筑形式。河姆渡人的干栏建筑为木构架，树皮屋面梁柱间用榫卯结合，木构架的燕尾榫和带梢钉孔的榫，可以防止构架受拉脱榫。地板用企口板拼。这体现了相当成熟的木构技术。

到了距今五千年的父系氏族社会时期，房屋已经从母系氏族社会集体居住的大房子，变为以父系家庭为单位的小房子。在众多的小型房屋中，常伴有少量大型住房，显示人们的生活已有了贫富之分。除了半地下建筑外，地面上的建筑也日渐多起来。随着土木混合结构的技术提高，当时的人们已经知道挖槽筑基，墙体有土坯、版筑和石砌等多种形式。室内的墙壁已普遍采用石灰类物质涂抹，并开始注意装饰。

先秦的建筑已有了相当高的成就，在木构架造型和表达情感上已达到相当高的水准，显示出与西方古希腊不同的独特的东方风格，非常强烈地体现了这一历史时代的审美意识和审美理想。

（二）秦汉两晋时期的民间建筑特点

秦朝统一六国，虽然仅二世而亡，但却是很重要的一个朝代，其间建筑取得了飞跃的进展。秦始皇统一全国对于当时全国的建筑式样产生了很大的融合促进作用。秦汉之际，是阴阳五行和风水术成形的阶段。此时的风水术融合易经八卦、阴阳五行等理论学说，形成了一种中国古代关于择居、营居的学问。到汉武帝时，"罢黜百家，独尊儒术"，在住宅的立面、布局上非常注意整体的秩序礼仪制度，住宅不再像战国以前那样形式灵活、平面构图多样了。汉族房屋制度已基本成型，如前堂后寝、左右对称、主房高大、院落组织等，从汉代至今无多大变化。

汉代的住宅风格具有古拙、朴直的特点。但古拙而不呆板，朴直而不简陋；空间紧凑而不繁缛，结构充实而不堆砌。在艺术风格上，有许多新的创造，取得了较高的成就。

魏晋时期，玄学盛行，一些士大夫标榜旷达风流，爱好自然，这种思想也反映到了住宅上。南北朝时期，在我国民间建筑史上，上承两汉，下启隋唐，是一个重要的过渡时期。在此期间，朝代更迭频繁，战争不断，烽火连天，人们困苦不堪，于是讲究解脱、四大皆空的佛教自然成为人们的精神寄托。佛教在美学上崇尚清淡，超然物外，这同样反映到建筑上面。因此，此时期住宅的艺术风格同样具有玄虚、恬静、超脱的特色，清秀、空疏是其主要特点。

（三）唐宋时期的民间建筑

隋、唐、五代是建筑得以发展的时期，民间建筑也得到空前繁荣。隋代展子虔的《游春图》中描绘了乡村住宅建筑。唐代的建筑艺术非常发达，是民间住宅的全面繁荣时期，在艺术上、技术上和规模上都远远超过前代，达到高度成熟，清新活泼、富丽丰满的住宅形式，使人感到自由、舒展、耐人寻味。

北宋废除里坊制度，但宅制上仍限制随便营造。《宋史·舆服志》上规定："私居执政亲王曰府，余官曰宅，庶民曰家。"由于宋画的遗存，我们可以看到更多住宅的具体形象。宋代民间住宅和唐代推崇的气势刚健的民间住宅比较起来，虽没有以前那种宏大的气魄和力量，但极尽平淡天然之美，可以看出人们对于"萧条淡泊"之意、"闲和恬静"

之心的追求。

（四）明清时期的民间建筑特点

明代民间建筑的规模远胜前人，由于宗法制度盛行，大家庭很多，如三世同堂、四世同居共财者的确不少，一切家族纠纷由宗祠处理。明代民间住宅至今仍有许多实例存在，有些规模的确很大。明代由于制砖手工业的发展，砖结构的民间住宅比例大为提高，许多民间住宅虽仍是大木结构，但砖砌墙体把木柱都包在墙体内，使民间住宅的外部造型发生变化。立面由突出木结构的美转向突出砖结构的美。

明代虽仍继承过去传统，制定严格的住宅等级制度，但不少达官富商和地主不遵守这些规定，屋宇多至千余间，园亭瑰丽，宅院周匝数里，文献上有不少实例记载。安徽歙县、黟县现存一批住宅以精丽著称，装修缜密，彩画华艳，完全超出《明史·舆服志四·室屋制度》上的有关规定。

明代建筑恢宏清丽，较前代远为进步，各地民间住宅的基本形式已经形成，强调平淡天然之美，重视人们内在心灵的自由，是民间住宅的主要特点。在当时制度所准许的范围内，民间住宅使个人审美的情趣和要求获得较为自由的发展，而且或多或少地突破了当时伦理道德的束缚。明代民间住宅的艺术特色是造型洗练、端庄敦厚、庄穆质朴，可以用素雅豪放、情致雅逸来做概括，极具抒情性。

清代的夯土、琉璃、木土、砖券等技术都得到很大的发展，但民间住宅在建筑形式上没有大的突破和创造。自明代中叶至鸦片战争期间，资本主义萌芽开始出现，虽然仅限于东南地区少数地方，而且发展缓慢，但终究对中国社会特别是意识形态产生深刻影响。随着商品经济的发展，平民阶层不断地扩大和活跃，社会生活的风尚和爱好也发生明显的变化，贵族正统意识开始受到怀疑和冲击。人们追求生活的富足、艺术的美丽，表现在民间住宅上就是注重装饰，有些装饰甚至走向过分繁缛。清代民间建筑的艺术特点是形式绚丽多彩、技艺纤巧精湛，装饰的重点在门窗、额枋、柱础、山花等处，其雕琢气较重，有时难免产生繁缛堆砌之感，但其建筑技术水准远远超过前代。

总之，我国民间建筑从先秦发展到清末民初，其基本特点始终是以木构架为结构主体，以单体建筑为构成单元。尽管随着历史的推移，在不同的朝代、不同的地区具有不同的风格和特点，但总体而言，住宅的这种格调没有太大的变化和突破，形成不同于西方传统住宅的独特体系。民间住宅具有浓郁的中国传统文化特色，显露出中国哲学思想的内涵。

此外，中国民间建筑对中国官式建筑的发展产生了很大的推动作用。官式建筑的许多设计手法，都是直接从民间住宅设计中吸取的。民间住宅由于受到"法式""则例"的限制较小，所以能不断创新，在功能上注意明确性，在布局上采取灵活性，在材料上具有伸缩性。

我国民间建筑由于历代人民的不断创造、发展，才有今天这样丰富的内容和多姿的面貌，其经验是十分宝贵的。我们必须不断地努力发掘古代遗产，虚心研究，使中国民间建筑的艺术手法和文化传统，进一步得到继承和发扬。

三、中国民间建筑中的民居建筑类型

民居是中国民间建筑中最常见、最实用的一种。中国的传统民居有着鲜明的地方特色，使我国不同地域的民居呈现出独特的个性和丰富的内涵。我国的民居大体上分为：院落式民居、穴居式民居和楼居式民居。

（一）院落式民居

院落式民居是中国最普遍的一类民居。它最主要的特征是封闭而有院落，中轴对称而主次、内外分明。主要分布在华北、中原、山东半岛与华南的平原和沿海地区，少数分布在西南的盆地、平原地区，以及台湾岛的平原地区。

院落式民居的形态最早出现在秦汉之际。"秦砖汉瓦"为院落式民居提供了技术支撑，封建农耕家庭模式的完善及礼制的普及，为院落式民居文化的普及创造了条件。院落式民居分四合院、三合院、二合院。其中北京四合院是院落式民居的典型代表。正规四合院一般坐北朝南，中轴对称，左右平衡，四面由房屋围合成一个庭院，对外封闭，对内向心。北京四合院的房间一般由正房、耳房、厢房、后罩房及倒座房组成。正房在院中所处的地位最高，正房的开间、进深和高度等方面的尺度都大于其他房间。正房的开间一般为三间，中间为祖堂，东侧次间为祖父母住处，西侧次间为父母住处。位于正房之前，相对而立的房子叫厢房。厢房一般为三间，供晚辈居住。耳房建在正房的两侧，一般有门与正房的次间相通。一些文人也将书房设在耳房。正房后面的一排房屋叫后罩房，一般是女儿及女佣所住的地方。由于后罩房位于院落的最后，所以最为私密。女儿居住在这里，进出都要经过父母亲居住的正房，所以行动上受到父母的监视。与后罩房相对应的是院子最南端的一排回门房间，叫倒座房，一般用作私塾、客房和男仆居室等。

（二）穴居式民居

穴居式民居和楼居式民居有着极其鲜明的地域性特征，它是我国保存原始建筑特征最多的民居建筑模式。中国西南的亚热带山区和西北黄土高原干旱地区是这两类民居最集中的区域。

考古和人类学研究成果表明，"穴居"是人类初始的民居，早在公元前8000多年前旧石器时代晚期黄土高原的先民就掘土而居。早期穴居分为两类：一是利用天然洞穴而居，主要流行在旧石器时代。二是在新石器时代人类定居后而形成的"穴居"建筑，如西安半坡仰韶文化遗址，其房屋多呈方形或圆形半地穴模式。这表明人类脱离天然洞穴不久，由山地"野处"聚集到平原定居，由洞穴向地面过渡。

穴居式民居最典型的代表是"窑洞民居"，是以前黄土高原地区普遍使用的一种特殊民居形式。我国的豫、晋、陕、甘等地仍保存有大量的窑洞民居。窑洞分为崖窑、地窑和锢（箍）窑。"崖窑"是在黄土山坡的沟崖地带开挖的窑洞，沿直立的崖面横向挖掘，往往数穴相通，并可在窑外以土坯围合成坊院。崖窑式民居以河南巩义市的康百万窑洞庄园和陕西米脂县姜耀祖窑洞最为著名。在缺少天然崖壁的地方较多采用地窑的形式，如陕西礼泉县，至今仍完整地保留有这种模式的窑洞民居。"锢（箍）窑"，不是真正的窑洞，是以砖或土坯在平地上仿窑洞形态箍砌的建筑。

（三）楼居式民居

楼居式民居中最典型的代表是干栏木楼。它集中分布在西南亚热带的少数民族山区，如广西北部、贵州东部、湖南西部的苗、侗、壮、瑶等少数民族地区。在壮族语言中，"栏"或"干栏"都是"家"和"屋"的意思。干栏的演变与发展已有几千年的历史，是最古老、最原生的巢居体现。浙江余姚河姆渡新石器时代遗址中的木构干栏遗迹，距今有 7000 余年。古代中国南方大多数领域属于越族地区，从浙江到广西、云南的大片山区、丘陵地带，干栏民居较多。由于生产力的发展、社会的变迁、技术的进步，在平原地带和发达地区，这种干栏木楼逐渐演变，被砖木混合结构的种种民居模式所取代。而山区少数民族聚居地，至今仍然保存着大片的干栏木楼，保留了各民族独具特色的生活习俗和民族风情。典型的干栏木楼全身是木，木构架、木檩椽、木板墙、树皮瓦，连接处用榫头穿卯，甚至没有一根铁钉、一件铁钩。一般以"三间四架"（为中国传统建筑，正面为三开间，沿进深方向屋架上有四列椽子）的矩形平面为基础，根据家庭人口、楼基地形与道路关系等不同，派生出"L"形、"凸"形、"凹"形。干栏式民居又由于多建于山坡地，为节约土地，结合地形，多为两三层矩形单元体，在矩形平面内常常错层、跳层，屋顶为双坡大"悬山式"，屋顶主要材料是青瓦，山高林密的木楼也有用木板瓦的。此外，四川的西南、重庆、湖南的西部等地的山区和滨水地区的"吊脚楼"，台湾阿里山区的"圆竹楼"等也属于楼居式民居。

阅读材料：西塘

西塘地处浙江省嘉兴市嘉善县境内，位于苏、浙、沪金三角腹地，占地面积 1 平方公里。西塘历史悠久，早在唐开元年间就有了村落，元代初步形成市集，至明清时期已成为江南手工业、商业重镇。地势平坦，河道密布，古镇有 9 条河道，把小镇分为 8 个小区。西塘有 27 座古桥，如始建于宋代的望仙桥，始建于明代的环秀桥、五福桥、卧龙桥、送子来凤桥等，因而"桥多、弄多、廊棚多"是其重要特色，其中廊棚和古弄堪称"西塘双绝"。全镇有长短不一的弄 122 条，弄弄相通，有"雨天不湿鞋，照样走人家"的美名。石皮弄是西塘最有特色的露天弄，此弄仅容一人行走，是王家子孙两宅第之间形成的弄，地面由 216 块石板铺成，全长 68 米，最窄处仅 0.8 米。所谓廊棚，就是带屋顶的街。廊棚的顶有"一落水""二落水"，也有过街楼形成廊棚的屋顶。西塘最有名的一道风景就是千米廊棚，造型古朴，让人在此体味绵延了若干个世纪的朴实和恬静。

西塘另一个引人注目的是民居建筑上的瓦当。瓦当由瓦片发展而来，屋面瓦垄下端兼有装饰和护橼功能的特殊瓦片就称为瓦当，其花形图纹最初出现的是万年青，承袭了老瓦当的"延年""万岁未央"的文化内涵，后出现莲花、芙蓉等图案。莲花瓦当多用于寺庙和坟屋，芙蓉多用于一般民居。西塘民居瓦当中典型的有四梅花檐头瓦当、蜘蛛结网檐头瓦当、民国开国纪念币瓦当等。瓦当不同的图案、纹花、形状、材质有着不同的文化内涵，是社会历史文化的浓缩和积淀。

重点概念

宫殿建筑；左祖右社；前朝后寝；干栏式建筑

复习思考题

1. 简述中国古代建筑的发展历程。
2. 简述中国古代建筑的总体特征。
3. 简述中国古代建筑的基本要素。
4. 简述中国古代建筑的主要类型。
5. 简述中国宫殿建筑的布局。
6. 简述中国古代的宫殿建筑文化。
7. 简述中国民间建筑在不同时期的特点。

第六章　中国旅游园林文化

学习目标

1. 了解中国园林的起源与发展
2. 掌握中国园林的构景要素
3. 理解中国园林中的中国文化
4. 掌握重要的中国园林及其体现的中国文化

重点与难点

1. 中国园林的特点与构景要素
2. 中国园林中体现的中国文化

第一节　园林的起源与发展

园林是我国文化四绝之一，它在一定的地段范围内，利用并改造天然山水地貌或人为开辟山水地貌，结合植物的栽植和建筑的布局，构成一个供人们观赏、游憩和居住的环境。园林融建筑、绘画、雕塑、文学、书法、金石等艺术为一体，集中国传统文化于一身，具有很高的观赏游览价值和文化价值。

中国园林艺术具有悠久的历史，蕴涵中华民族的人文观与美学理想的追求，以东方文化精神的独特性与辉煌的艺术成就为世界瞩目，在世界园林艺术中颇负盛名，被公认为世界园林之母、世界艺术之奇观，成为人类文明的重要遗产。

中国是世界园林艺术起源最早的国家之一，中国古典园林是中国五千年文化史造就的艺术珍品，它深浸着中华文化的内蕴。在中国、欧洲、阿拉伯世界三大园林体系中，中国园林历史最悠久，内涵最丰富，中国古典园林是把自然的和人造的山水及植物、建筑融为一体的游赏环境，以追求自然精神境界为最终和最高目的，体现了山水诗画的意境与情调，从而达到"虽由人作，宛自天开"的审美情趣。

一、园林的起源

（一）远古至战国时期

早在黄帝时代的我国已有园林的雏形。中国园林的出现可以追溯到殷商时代，在殷商甲骨文的卜辞中我们能够寻找到有关园林的最早记述。商纣王"益广沙丘苑台，多取野兽飞鸟置其中"（《史记·殷本纪》），在苑中放养很多的野兽飞鸟以供狩猎，属于人工猎场的性质。台是人工筑成的高台，供观察天文气象和四时游乐眺望之用。除沙丘苑台以外，纣王还有一座以猎鹿为乐的王苑，称为鹿台。到了西周，苑称为"囿"。有专门官吏"囿人"来"掌囿游之兽禁，牧百兽"（《周礼·地官》），出现过方圆70里的"文王之囿"，建造这些"苑""台""囿"的目的是供帝王狩猎游乐。

春秋战国时期，各诸侯国竞相建苑囿，如魏国的温囿、鲁国的朗囿、吴国的长州苑、越国的乐野苑等。有的还争筑高台作为临眺之所，如吴王闺阁的姑苏台和越王勾践的齐台、燕台及楚灵王的章华台等。这些台多选择居高临下以利眺望之处。在台上建造宫室者，则称"台榭"。"台榭"的观赏功能突出，具有景观建筑的性质，是后世风景名胜地楼、亭、阁、榭等登临远眺建筑的发端。这时苑囿中出现了土山、池水和高台等成组的风景，并且继续圈养各种猎兽，开始有目的地种植很多树木花草。

（二）秦汉时期

先秦时期是我国园林艺术形成的萌芽阶段。在这一阶段，整个社会已进入以农耕为主的时期，奴隶主和贵族依靠手中占有的生活、生产资料，在满足其基本的物质需求后，开始注重生活空间的质量。他们利用天然景色，划地种植植物和圈养动物，用来狩猎取乐，或作为礼仪和娱乐的场所。这种园林的雏形被称为"囿"。

到了秦汉时期，园林演变为专供帝王理朝和生活游乐之地。宫殿建筑和园囿组合成一体成为宫苑。这一时期所建宫苑多时达300多处。最有名的如秦始皇建的"上林苑"，其"作长池，引渭水，东西二百里，南北二十里，筑土为蓬莱山"，并在园中建阿房宫。汉武帝在秦旧苑基础上又"北绕黄山，濒渭水而东，周围三百里"，扩建成多种功能的园林结构——苑中有苑，宫中有观，有池有沼，有山有石，专供帝王游玩、生活居住、文化娱乐等需要。

在帝王大兴土木建筑园林的同时，王公贵族、富绅官僚等也兴起建造私家园林之风。据记载，茂陵富绅袁广汉的私家园林"徘徊连属，重阁修廊"，且"东西四里，南北五里，激流水注其内，构石为山，高二十余丈，连延数里"。由此可见当时私家园林的宏大。

园林发展到秦汉时期，在造园风格和艺术表现手法上已有较大的进步，中国园林的基本模式逐渐形成，并出现中国园林史上第一个造园高潮。秦汉宫苑运用蓬莱神话所提供的仙海神山的想象景观，确立了"一池三岛"的造园模式，山、水、建筑和植物成为中国传统的造园四要素。汉朝政治稳定，经济繁荣，王侯达官、富商巨贾为显示其社会地位和财力，纷纷营造私园，其内容和形式主要是效仿皇家宫苑，同时融入个人喜好，在一段时期内促进了私家园林的发展和造园艺术水平的提高。

（三）魏晋时期

魏晋南北朝时期，很多文人雅士为逃避现实、远离是非，纷纷寻山问水，礼佛养性，崇尚清淡，追求返璞归真，留恋自然山水。这一时期，山水诗、山水画等文学艺术盛极一时，受此影响，一些人虽居闹市而恋自然山林野趣，于是仿山凿水而居，极力营造仿自然的景观，山水园林逐渐形成。

山水园林和以往包罗万象的帝王园林及富豪乡绅的私园有很大差异，它以人工山水作为造园的主体，凿池构山，最大限度地表现自然山水，这也成为后来我国造园家们营造园林的基本原则。

魏晋南北朝时期，是园林艺术蓬勃发展的时期。佛教的流行带来了寺庙园林。社会动荡使许多文人士大夫产生"及时行乐"和隐逸的风尚，寄情山水、超脱尘世的思想广泛流行，园林艺术开始向寻求自然情趣的方向发展。文人的诗画意境丰富了造园艺术的表现手法，由他们所提供的构图、色彩、层次和意境往往成为造园的艺术借鉴。在这一时期，园林的发展开始受到社会意识、文学、绘画和宗教等各方面的影响，艺术形式更趋向于与自然和谐，园林设计中也越来越多地融入了中国传统文化。

（四）唐宋时期

造园艺术成熟是在唐宋时期。这时，园林建筑物样式逐渐定型、定制。中国山水诗、画对造园艺术影响深远，出现了将诗情画意"写"进园林的写意山水园。这些写意山水园，既反映了当时社会统治阶层和地主阶层诗意化的生活要求，也展示了这类园林在叠山、理水等体现自然美的造园技巧上所取得的成就。当时北方是政治中心，有记载的名园大都在京城附近，如唐长安的华清宫、芙蓉苑，宋汴梁的金明池、琼林苑、艮岳等。北宋的徽宗为建艮岳，搜罗天下的奇木异石，所建山石景观前所未见，然而这名噪一时的园林景观仅存在四年，让人惋惜。

这个时期是园林的成熟阶段，官僚及文人墨客参与造园，把诗画意境作为造园主题，同时渗入了主观的审美理想；构图不但曲折委婉，而且讲求趣味。这一时期以山水写意园林为主，主题鲜明，富有性格，注重发掘自然山水中的精华，并加以提炼；同时大量经营名胜风景区和邑郊园林，把私家园林的艺术手法运用到公共性比较强、尺度比较大的风景区中。中唐初始，文人的山水园林已经大量存在，"壶中洞天"这一中国传统造园手法被广泛接受。其中，白居易最先开启江南文人写意园林的先河。同时，美学发展呈现出三教合流的态势，园林艺术受到禅宗所强调的主观感应的影响，在审美尺度上向着"小型化"方向发展，园林艺术逐渐失去盛唐时期阔大的气魄和力量。

隋唐至两宋是中国园林艺术的成熟时期，隋至盛唐是中国封建社会的繁荣鼎盛时期，这一时期园林的艺术类型和风格基本定型并日趋成熟：皇家园林表现出恢宏的气魄与光彩；私家园林力求达到园中有画、园中有诗的艺术境界；寺庙园林具有了明净、流动和静谧的气韵，获得了长足的发展。两宋山水文化繁荣，能诗善画者大多经营园林。他们具有独特的鉴赏能力，置石、叠山、理水，花和植木都十分考究，构景日趋工整精致，提高了技术水平。缩小了园林规模，空间变化越来越丰富，进一步加强了写意山水园林的创作意境。

（五）元明清时期

元明清时期，造园技艺达到了历史的巅峰。一大批文人画家，由于写意山水画的创新，参与造园，促进了诗、画、园的融合，使园林建筑充满雅趣和诗情画意，园林荟萃，盛极一时。皇家园林的"三山五园"（香山静宜园、玉泉山静明园，以及万寿山颐和园、畅春园、圆明园）是我国园林发展繁荣时期的标志。以江南为代表的私家园林也处于鼎盛时期，出现了无锡的寄畅园、苏州的拙政园和留园、上海的豫园等一大批私家园林佳作。

明清时期，园林艺术进入精深发展阶段，北方的帝王宫苑和江南的私家园林，在设计和建造上，都达到了高峰。园林数量急速增长，造园成为独立的技艺，园林成为独立的艺术门类。造园法则成熟，出现了许多造园理论著作，出现了许多造园艺术家。现代保存下来的园林大多属于明清时代所建，这些园林充分表现中国古代园林的独特风格、高超的造园艺术。在江南，私家园林数量骤增，皇家园林效仿私家园林，成了私家园林的集锦。

明清时期也是我国园林艺术集大成时期。皇家园林的造园艺术不但继承传统，而且出现了一次飞跃，并达到皇家园林艺术的顶峰。这时出现的名园有北海、圆明园、颐和园和避暑山庄等，这些名园在选址、立意、借景、山水构架的塑造、建筑布局与技术、假山工艺、植物布置和园内路道铺设方面，都让人叹为观止。私家造园的风气兴盛，虽然此时私家园林多是城市里的宅园，面积不大，却小中见大，托物言志，朴实自然，充满诗情画意。南方私家园林著名的有扬州的个园、无锡的寄畅园，以及苏州的拙政园、网师园、留园、环秀山庄、狮子林等。北方著名的私家园林有半亩园、勺园等。这一时期，写意山水园林的发展达到高潮，造园艺术更加成熟、完美。不管是帝王将相还是文人士大夫，都在园林中追求更真实的生命体验，寄托更多的审美情怀。

在不同的历史时期，社会政治、文化对园林艺术的影响非常显著，我国古代园林植根于中国这片土地上，和中国的传统文化紧密相连。中国园林的发展好似我国的传统文化一样，千百年来，经过世世代代的摸索、探求、总结而逐渐积累，在与外部世界交流较少的环境里，在相对稳定、近乎保守的渐进式发展过程中逐渐成熟起来，创造出了与其他民族迥然不同的、具有浓重民族特征的园林风格。这种独特的中国园林文化对世界产生了巨大的吸引力。

二、中国造园构成要素

（一）筑山

为了更好地表现自然，筑山成为造园的最重要的因素之一。造山先例始于秦汉的上林苑，用太液池所挖土堆成岛，象征东海神山。

东汉时期，梁冀的园林模仿伊洛二峡，在园中堆土构石为山，由对神仙世界向往转向对自然山水的模仿，这是艺术以现实生活作为创作起点的标志。魏晋南北朝时期的文人雅士，多采用概括、提炼手法，将造山的真实尺度缩小，但是力求体现自然山峦的形态和神韵。比起单纯自然主义模仿，写意式的叠山又前进了一步。唐宋以后，由于山水诗画及玩赏艺术的发展，叠山在艺术层面更为讲究。历史上的宋徽宗爱石成癖，从而筑成了历史上以石为主的规模最大、结构最奇巧的假山——艮岳。明代的造山艺术，比以前更为成熟和普及。明人计成在著名的《园冶》一书中的"掇山"一节，就列举了厅山、园山、阁山、楼山、书房山、内室山、池山、峭壁山、金鱼缸、山石池、峰、峦、岩、洞、涧、曲水、瀑布 17 种形式，系统总结了明代的造山技术。清代造园家创造了穹形洞壑的叠砌方法，该方法可用大小石钩带砌成拱形，顶壁一体，和天然峭壑非常相似，甚至可以建造喀斯特溶洞和叠山倒垂的钟乳石，这比明代以条石封合收顶的叠法更为合理和高明。这些都可以在明清时代园林造山的佳作——拙政园、燕园、豫园等园林中体现出来。

（二）理池

理池也是表现自然的造园因素之一。园林中无水不活，水是最富有生气的因素。自然式园林经常以静态的水景为主，多表现为水面平静如镜或烟波浩渺般寂静深远。人们可以观赏山水的倒影，也可以观赏水中怡然自得的游鱼，或是观赏水中芙蕖睡莲、皎洁的明月……有的自然式园林也表现水的动态美，但不像西方采用喷泉和规则式的台阶瀑布，而多是自然式的瀑布。在池中有自然的矶头、矶口，能够表现出经人工美化的自然。也正因为如此，园林必须要建池引水。一般有以下 3 种方法理水。

1. 掩。这种方法用建筑和绿化掩映曲折的池岸。为突出临水建筑的地位，除主要厅堂前的平台，其余不论亭、廊、阁、榭都采用前部架空挑出水上，水好似自建筑下流出，这样就打破了岸边的视线局限；也有的在水边布蒲苇岸和杂木，通过掩映效果造成池水无边的视觉印象。

2. 隔。在园林中，有时会筑堤将水面截断，也可以在水上建廊道，或是架曲折的石板小桥、步石等隔开水面，计成曾在《园冶》中说："疏水若为无尽，断处通桥。"这样一来则可增加景深和空间层次，可以使水面有幽深之感。

3. 破。当水面很小时，例如曲溪绝涧、清泉小池，则可用乱石为岸，摆出怪石纵横、犬牙交错的样子，再种植以细竹野藤，放置朱鱼翠藻，也可以在有限的水面造成似有深邃山野风致的景象。

（三）植物

无论中西方园林，植物都是园林中不可缺少的因素，影响着园林的美感。自然式园林着意表现自然之美，需要对花木进行选择。一是讲究颜色美，要求树叶、树干、花都具有各种自然的色彩美，如红枫、翠竹、白色广玉兰及紫色的紫薇等都是造园常用植物；二是讲究姿态美，即树冠的形态、树枝的疏密曲直、树叶的形状、树皮的质感，都着意追求自然优美；三是讲究味香，最好是自然淡雅、清幽之香，最好可以做到四季常绿、月月花香，所以蜡梅的淡雅、兰花的清幽最受欢迎。花木种植既起到对园林山石景观的衬托作用，又常常和园主追求的精神境界有一定的关系。种植植物多和中国传统文化有关，如利用竹子象征人品清逸和气节高尚，以松柏象征坚强和长寿，借莲花象征洁净无瑕，兰花用来象征幽居隐士。造园中还用牡丹、玉兰、桂花象征荣华富贵，种植石榴以期盼多子多孙，紫薇则象征高官厚禄。

古树名木可以创造园林气氛。通过古木繁花可以形成古朴幽深的意境。所以如果建筑物与古树名木出现矛盾时，宁可挪动建筑以保住大树。例如计成在《园冶》中说："多年树木，碍筑檐垣，让一步可以立根，斫数桠不妨封顶。"除了花木外，平坦或起伏或曲折的草皮也是十分重要的，可以用来表现自然。

（四）建筑

古典园林也非常注重建筑风格。古典建筑飞檐起翘、斗拱梭柱，往往还具有庄严雄伟、舒展大方的特色。它不仅仅以自身形体美被游人所欣赏，还起到与山水林木相配合形成古典园林风格的作用。

古典园林里大体上都是以一个建筑为主体，附属上一个或几个副体建筑，中间往往用廊连接，构成一个建筑组合体。这种手法既能够突出主体建筑，还能够强化主建筑的艺术感染力，并且有助于形成景观，一般都具有使用和欣赏两种功能。常见的建筑物有殿、楼、厅、堂、阁、轩、馆、斋，它们都可以作为园林中的主体建筑。以皇家园林为例，宫殿是供帝王园居时使用的。它金碧辉煌、气势巍峨，但为了适应园苑的宁静、幽雅气氛，其建筑结构一般要比皇城宫廷简洁许多，平面布置也相对灵活。

园林建筑物除去使用功能，一般还有美学方面的要求。这些楼台亭阁、轩馆斋榭，经过建筑师们巧妙的构思，再运用设计手法和一些技术处理，就可以把结构、功能、艺术统一于一体，从而成为古朴典雅的建筑艺术品。它的魅力一方面来自体量、外形、色彩、质感等，另一方面来自古色古香的室内布置陈设。整体建筑和外部环境的和谐统一，也加强了建筑美的艺术效果，彼此相互依托而构成佳景。明代人文震亨曾说："要须门庭雅洁，室庐清靓，亭台具旷士之怀，斋阁有幽人之致，又当种佳木怪箨，陈金石图书，令居之者忘老，寓之者忘归，游之者忘倦。"

园林建筑采用小体量分散布景，并不像宫殿庙宇那般庄严肃穆。尤其是私家庭园里的建筑形式活泼、装饰性强，采用因地而置、因景而成的方式建造。在总体布局上，皇家园林和私家园林有所不同，为了体现封建帝王的威严，都是采用中轴线布局，体现了美学上的对称、均衡的艺术效果，显得高低错落、主次分明、疏朗有致。但是私家园林突破了严格的中轴线格局，往往比较灵活，而且富有变化。通过呼应、虚实、映衬等一系列艺术手法，可以造出充满节奏和韵律的园林空间，观看这些建筑和周围环境浑然一体，居于其中可以观赏景色。虽然布局自由，但并非不讲章法，只是相对来说突破了中国传统建筑的严谨的中轴线格局。例如，主厅是全园的活动中心，常是园主人宴聚宾客的地方，作为全园的主要建筑，都是建在地位突出、景色秀丽的地方，往往是影响整体园林的紧要处所。以苏州拙政园中园部分为例，以"远香堂"为主体建筑，在厅前凿池，隔池堆山作为对观景，左右布置曲廊回环，再与大小院落穿插渗透，构成一个完整的艺术空间，形成了一个明媚、幽雅的江南水乡景色。

（五）书画

书画墨迹在园林中有润饰景色、揭示意境的作用。中国古典园林喜欢在幽静典雅当中显示出物华文茂，以至于"无文景不意，有景景不情"。园中以书画墨迹点缀，并恰到好处地运用，才可以"寸山多致，片石生情"。借助书画墨迹把以山水、建筑、树木花草构成的景物形象提升到更高的艺术境界。

墨迹在园中有多种表现形式，包括题景、楹联、题刻、碑记、匾额和字画。楹联是门两侧柱上的竖牌，匾额指悬置于门振之上的题字牌，刻石是指山石上的题诗或刻字。园林中的匾额及刻石的内容，直接引用前人已有的现成诗句，略做变通或即兴创作。有一些园景题名出自名家之手，如苏州拙政园的浮翠阁就是引自苏轼诗中的"三峰已过天浮翠"。园林中的书画墨迹不仅可以起到陶冶情操、抒发胸臆的作用，也能够点景，起到为园中景点增加诗意、拓宽意境的作用。

书画在园林中也比较重要，主要是用在厅馆布置。在厅堂里张挂书画，自成清逸高雅、书郁墨香的气氛。一般情况下，笔情墨趣与园中景色可以浑然交融，从而使园林更加典雅完美。

第二节　中国园林与中国文化

一、中国园林体现的"天人合一"思想

中国园林经过数千年的发展，逐渐形成了师法自然，融入和顺应自然，并表现自然，这一点体现了中国民族文化"天人合一"，这使得中国园林独具特色，屹立于世界之林，也是这些园林永具艺术生命力的根本原因。

（一）在造园艺术上师法自然

师法自然的造园艺术包含两层内容：一是在总体布局、组合方面要合乎自然规律。山水及假山中涧、峰、坡、洞各种景象因素的组合，和自然界生成的山水一致。二是每一个山水景象要素的组合也要合乎自然规律。例如，假山峰峦是由许多小的石料拼叠而成，叠砌时也要仿天然岩石的纹脉，并且要尽量减少人工拼叠的痕迹。水池则常造成自然曲折、高下起伏状，和自然景观类似。花木布置则疏密相间，保持天然形态。乔灌木也是错杂相间的，以追求天然野趣。

（二）在分隔空间上融于自然

中国古代园林采用种种办法来分隔空间，其中最主要就是用建筑来围蔽和分隔空间。在分隔空间时要力求从视角上能够突破园林实体的有限空间，使之可以表现自然，融于自然。所以，在造园时必须处理好景与情、形与神、虚与实、动与静、因与借、真与假、意与境、有限与无限、有法与无法等种种关系。如此一来，就把园内空间与自然空间融合且扩展开来。比如漏窗，就可以使空间相通、视觉流畅，实现隔而不绝，从而在空间上互相渗透。漏窗本身具有玲珑剔透的花饰及丰富多彩的图案，体现了浓厚的民族风味和美学价值；透过漏窗观赏园中景色，竹树影影绰绰，亭台楼阁时隐时现，还可以远观蓝天中白云飞游，从而造成了幽深宽广的空间境界和意趣。

（三）园林建筑体现了顺应自然的风格

中国古代园林中山水皆备，人工的山水石纹、石洞、石阶、石峰和曲折自如、波纹

层层的水都显示自然的美色。建筑中的堂、亭、廊、榭、阁、楼、台、馆、舫、斋、墙等所有建筑，其形与神都与天空及地下自然环境相吻合，同时又可以使园内各部分自然相接，以使得园林体现自然、恬静、淡泊和含蓄的艺术特色，获得中国园林独具特色的移步换景、渐入佳境和小中见大等观赏效果。

（四）树木花卉也力求表现自然

中国古代园林在对树木花卉的处理和安设与西方系统园林截然不同，更是讲究表现自然。花草树木都模仿自然而栽植，树枝弯曲自如，树冠并无规则形状，花朵低垂及地，无论形神、意境都十分着重在表现自然上。

二、中国园林体现的哲学思想

中国古典园林最终能够"模仿自然而高于自然"，其艺术形式的形成和发展受到了中国传统文化里三种最重要的意识形态方面的精神因素的影响，即崇拜自然思想、君子比德思想和神仙思想。

（一）崇拜自然思想

人与自然的关系十分密切。中国先民在漫长的历史过程中，对山水文化非常关注，较早地积累了种种与自然山水、日月星辰息息相关的精神财富，尤其是"山水文化"十分丰富，在我国古代文化史中一直占有重要的地位。

我国古代人将自然作为人生的思考对象（或称为"哲学命题"），从理论角度对此加以阐述和发展的是春秋战国时期道家学派的创始人老子和后来集大成者的庄子，这种思想在他们构建的哲学观念中提出来并完成。在老子时代，哲学家们已经注意到了人与自然的关系，首先是面对自身赖以生存的大地，自然山水常能影响到人们的悲喜哀乐之情。山岳河川是大地呈现在人们面前的鲜明形象，因此老子从自己对自然山水的认识去解释、预测宇宙间的种种奥秘，也用此去反观社会人生的纷繁现象，从而感悟出"人法地，地法天，天法道，道法自然"这一朴素的万物本源之理。他认为"自然"是无所不在并且永恒不灭的，因而提出了崇尚自然的哲学观。庄子则进一步发挥了这一哲学观念，他认为人只有顺应自然规律才能达到自己的目的，主张一切纯任自然，并提出"天地有大美而不言"的观念，即所谓"大巧若拙""大朴不雕"，崇尚不露人工痕迹的天然美。

老庄哲学的影响非常深远，几千年前提出自然山水观不仅极大地影响了中国传统文化，而且在后来成为中国人特有的观赏价值观和对美的追求目标。

（二）君子比德

"君子比德"思想是以孔子为代表的儒家哲学的重要内容。孔子进一步突破自然美学观念，将人的品性与自然山水相联系，提出"智者乐水，仁者乐山"这种"比德"的山水观，反映出儒家的道德感悟，通过引导人们将对山水的真切体验，去反思"仁""智"这些人类社会品格的意境与蕴含。"仁"是孔子的核心哲学思想，这种哲学注重内心的道德修养，无论对人对事都要恪守仁爱的美德。这种博爱思想几乎贯穿于孔子哲学的全部。孔子自己也是一个对山水情有独钟的人，"登东山而小鲁，登泰山而小天下"，巍巍高山培植了他博大的胸怀；"君子见大水必观焉"，浩瀚江河孕育了他高深的智慧。孔子也因此把厚重不移的山作为他崇拜的"仁者"形象，周流不滞的水则引发了他无限的哲理情思，触发了他深沉的哲学感慨。他认为有智慧的人通达事理，所以喜欢流动之水；而有仁德的人安于义理，因此喜欢稳重之山。这种将山水比德的哲学思想对后世产生了非常深广的影响，深深融入了中国传统文化。人们习惯以山水来比喻君子德行，"高山流水"早就成为品德高洁的象征和代名词。自然山水人化的哲理又使人们对山水非常尊重，从而形成中国独有的山水文化。

这种山水文化，无论是在积极层面还是在消极层面，都带有"道德比附"这类精神体验和品质表现，后来对文学、诗词、绘画、园林等艺术表现形式也产生了影响。尤其在园林建造中，从一开始便十分重视筑山和理水，除模仿自然外，精神因素也是主要原因，成为中国园林发展中不可缺少的要素。

（三）神仙思想

大约在公元前五千年至公元前三千年的仰韶文化时代，我国先民就从万物有灵观念中生发出对自然山水的崇拜，并引发出原始宗教意识，成为原始宗教活动的重要内容。古人认为，有些不受现实约束的"超人"自由自在，神通广大，他们或飘忽于太空，或栖息于高山，或卧游于深潭，均在自然山水中。他们早就发现自然界种种人力不能及的现象，都把此归结于神灵的主宰，并由此创造出众多的山水之神，还把自然美景虚构出种种神仙境界。神仙思想产生之后广泛流传，人们从崇拜、敬畏到追求成仙，神仙思想渗透到社会意识形态并影响着社会生活的方方面面。在我国的早期文献中，关于山川之神的记载比其他自然神要多，有关的活动也比较早。传说舜帝曾巡视五岳（《尚书·舜典》），在殷墟卜辞中也已有确凿的祀山记录。在战国时期的楚国，每年都要举行大规模的祭典，祭祀包括天神、地祇（山川之神）、人鬼三大类，如现存《楚辞·九歌》即是当时用以娱神的乐歌。"天子祭天下名山大川"是古代帝王的"八政"之一，自原始社会至封建社会都是如此。

在社会生活中，古人由于种种原因，如生活艰辛、对现实不满、理想破灭等，都通过乞求神仙或得道升仙来摆脱困境和寻求解脱。因此，自然界的名山大川成了方士和信徒们养心修炼、求神访仙的地方。在早期园林建造中也出现了以传说中的蓬莱、方丈、瀛洲东海三仙岛为蓝本的山水景观，后来成为皇家园林的主要标志之一。私家园林也通过营造仙境气氛表现园主的避世心态、求仙思想，或是表现园主飘飘欲仙的人生理想。

（四）中国诗文与中国园林艺术

中国园林与中国文学，一直在相互影响。研究中国园林，首先应该从中国诗文入手。这样就能追本溯源，许多问题便可迎刃而解。中国园林是非常有书卷气的园林。谈论中国园林不能不了解中国诗文和绘画，正所谓"诗中有画，画中有诗"，中国造园的主导思想归根到底与山水诗画是融为一体的。

在魏晋南北朝时期，士大夫躲避世俗而寄情于山水，这一时期的诗画也集中体现了这种思想。这个时期园林也开始和诗画相结合，出现模仿自然而高于自然的情况。在之后的隋唐两宋和元代，直至明清，这种手法都是一脉相承的。园林一直和诗文相辅相成，互为促进。

园林水平高低也反映了园主之文化水平。自古以来，文人画家拥有颇多名园，其立意构思出于诗文。除了园主本人，造园必有清客。所谓清客有多种类型，有文人、画家、笛师、曲师等。他们往往相互讨论，与主人共商造园。不仅如此，在建成以后，还组织文酒之会，聚集名流，赋诗品园，还会有所拆改，也因此使中国园林有诗情画意之感。如果游者文化修养较高，也必然能吟出几句好诗来，画家也必然可以画上几笔清逸的园景。汤显祖所作《牡丹亭》而"游园""拾画"诸折，不仅是戏曲文学，而且是园林文学，可以教人怎样领会中国园林的精神实质。

清代钱泳曾在《覆园丛话》中说："造园如作诗文，必使曲折有法，前后呼应。最忌堆砌，最忌错杂，方称佳构。"一言道破园与作诗文并无二致，从诗文之中可悟造园法，而园林又可以兴游以成诗文。诗文与造园都要通过构思，而且其中还要能表达意境。中国美学非常看重意境，同一意境可以不同形式之艺术手法表达。诗词、书画和音乐，无一不体现意境，园林也要求有一定的意境体现。

（五）中国园林中的宗教精神

在中国文化中，儒、道、佛影响最大，而且出现了"三教合流"的现象。这一现象同样体现在中国园林中。中国园林文化以道家思想为底蕴，融合了儒教、佛家禅宗等中国主要思想流派的精华。

1. 中国园林中的道家思想

中国园林是一种自然山水园林，由于其山水艺术风格主要形成于魏晋南北朝时期，这一时期道家隐逸思想盛行，因此在儒、道、佛三大思想流派中，中国园林受道家思想影响最为深远。

道家思想的渊源十分复杂，许地山曾说："道教是混合汉族各种原始的思想所成的宗教。"在道家的发展史上，最能体现道家思想的当推老子及其《老子》（也称《道德经》）和庄子及其《庄子》（也称《南华经》）。《老子》的"道论"是道家全部思想的根源，而"道"的中心含义就是"无为"，即任其自然的意思。他认为"治人事天莫如啬""人法地，地法天，天法道，道法自然"，也就是指一切都顺应自然法则。

在中国历史上，魏晋时期是政治最混乱、思想却最活跃的时代。由于战争的频仍、政局动荡及门阀制度的实行，中央集权瓦解，权威信仰开始动摇，儒家经学处于弱势，道家思想开始逐渐深入人心。人们开始接受和推崇道家的"道法自然""无为而治"的观念，开始崇尚隐逸、隐居山林，希望能有陶渊明笔下所描绘的"桃花源"式的生活。也正因为如此，人们通过接近大自然、欣赏大自然，进而喜爱大自然和模仿大自然。于是，山水诗和山水画的艺术形式大量涌现。这一时期，人们"不专流荡，又不偏华上；卜居动静之间，不以山水为忘"，为了能时时享受山林野趣，社会上开始掀起了构筑庭园的热潮。在这种艺术氛围里，中国园林自然就初步形成了自然山水式园林的艺术格局。山水园林也一改过去"单纯地模仿自然山水进而至于适当地加以概括、提炼，但始终保持着'有若自然'的基调"，虽然以山水为园林的基本构架，但对山水的欣赏提高到审美的高度。也就是说，我国古典园林初步确立的基本艺术原则为再现自然山水，是与魏晋时期道家隐逸思潮的流行有很大关系的。中国园林大体包括四类：皇家园林、私家园林、寺观园林及风景名胜区园林。这四类园林风格虽有差异，它们却都属于自然或人工山水园林。明代造园大师计成曾在《园冶》中总结的"虽由人作，宛自天开"，即是中国园林的最高境界。这也是道家的"师法自然"在造园中的最直接的体现。

不仅如此，中国园林的许多艺术手法都和道家思想有着深厚的渊源。老子说："道常无为。"（《老子》第三十七章）无为是道家最为根本的人生态度，它要求人们要遵循事物的自然状况，顺应万物的本性及其内在规律。"无为"观念体现在统治中是"无为而治"，而"无为"观念折射到造园中，便有了"宜亭斯亭，宜榭斯榭""高方欲就厅台，低凹可开池沼"等，都顺应原有的自然条件及自然规律。"无为"观念也折射到生活态度上，一些文人们退隐山林，持有淡泊中和的出世人生观。历代中国造园都大有文人参与，于是园林文化中渗透着许多道家情怀与思想。从景园的题名上就可看出端倪，如"拙政园""网师园"，甚至皇家园林中都有暗示隐逸的"濠濮间"。从造园的要素中，舫或舟这一构景要素的反复出现等，都意在营造园林的隐逸氛围。因此，中国园林"虽由人作"，由于哲学与美学底蕴源于道家的无为思想，所以出现了"宛自天开"的神韵。

老庄哲学的另一重要思想是贵柔、尚静。老子曾多次强调"天下之至柔，驰骋天下之至坚"，另一位道家重要人物王弼则认为"动起于静"，认为静是动之本。从这个角度看我国园林，无论是平面布局、空间造型还是叠山理水，均讲究曲致，甚至连完全的人工建筑也可以达到"如翚斯飞"（《诗经·小雅·斯干》）的效果。与道家之虚静观相呼应，中国园林文化也主静，水景的营造最能充分说明这个问题。在我国古典园林中讲究以静态的水面作为园林布局中心，从而形成质朴淡雅、含蓄深沉的园林氛围，如苏州拙政园；而西方规则式园林却是以"动"水为美，注重水流动的千奇百态，以喷涌、流动的水体为构园重心，也因此形成热闹、活泼的园林环境。中国园林中这些构园手法无不印证着道家思想，其中私家园林主人多为文人雅士，也因此最能体现道家思想。

2. 中国园林中的儒家文化

儒家发端于华夏上古文化，确立于孔子。儒家思想为官方哲学，一直被历代统治者尊崇，为中国封建社会的统治思想，在中国历史上影响最为深刻。相对于道家的"无为而治"，儒家的人生态度是积极入世的，不仅推崇"学而优则仕"，还主张以礼制来维系社会。"礼"主要是指社会的法律规定、等级制度及伦理道德规范。在中国漫长的封建社会里，礼无所不在，渗透于一切人生领域。

自周朝起开始重"礼"，讲究"名位不同，礼亦异数"。这个时期，都城、诸侯城与王城的规模各不相同，根据《考工记》中记载："天子城方九里，公盖七里，侯伯盖五里。"即使是园林，周朝也规定了囿（园林的最初形式）的等级，天子之囿百里，诸侯之囿四十里。社会一切都需恪守礼制。

园林建筑最能体现中国礼制，其体量与用材，也须依礼而定。《明史》中曾记载："一品二品厅堂五间九架""三品至五品厅堂五间七架""庶民庐舍不过三间五架"。在园林装饰艺术方面，根据礼制也有诸多约束，例如《礼记》中有"楹：天子丹，诸侯黝，大夫苍，士黄主"，不同身份颜色不同。至明清时期建筑装饰也用色按等级来定，明黄是最为显贵的颜色，为皇室所独有，而黑、灰、白则成为民居的专用色。此外，尽管园林是较为自由的表现形式，为体现森严的礼制观念，在园林建筑中，自古以来仍强调"尊者居中"、皇权至上，因此要做对称均衡布置的中轴线，如颐和园仁寿殿建筑群中轴线。儒家重礼之倾向最为充分地体现在中轴线上。

同时，作为官方哲学及封建统治者所推崇的思想工具，比起私家园林等其他类型园林，儒家思想在皇家园林中有更充分的体现，私家园林如苏州的拙政园、留园等庭园平面布局中很少有中轴线，而避暑山庄和颐和园虽在整体上也是自然式山水园林，但其宫殿区由于是皇帝理政的要地，具有政治功能，因此均采用中轴对称、数进院落布局，以此体现封建礼制中的皇权独尊。

3. 中国园林中佛家文化

佛家文化对中国园林的影响有两方面：一是形成了一个园林类型——寺庙园林；二是佛家最主要的宗派——禅宗影响了中国园林艺术。

禅宗是佛教传入中国之后，与中国本土的老庄思想及魏晋玄学相融合而形成的宗教流派。禅宗正式形成于唐高宗时期，以慧能呈偈为标志。禅在梵语中是沉思的意思，中国的禅宗不仅保留有印度佛教"梵我合一"的世界观——"本心论"，还发展了一套自心觉悟的解脱方法，这就是可以通过直觉观察、沉思冥想、瞬间顿悟来达到"梵我合一"、物我交融的境界。同时，禅宗文化宣扬适意人生哲学及自然淡泊、清静高雅的生活情趣以追求自我精神解脱。禅宗在传播教义时提倡"以心传心，兼不立文字"。因此禅者在谈禅论道时或拈花示众，或羚羊挂角，引导谛听者在清静本心中寻觅真意，通过物来感悟其中道理。

禅宗追求的核心是自我精神的解脱，通过直觉的静默观照和沉思冥想，达到"梵我合一"、心物交融的境界。苏轼深得禅宗之妙，有诗云："欲令诗语妙，无厌空且静。静故了群动，空故纳万境。"可见，禅宗的思维方式早已深入到文人的创作境界。在这种空心澄虑、心物交融之际，心中已是万象奔腾、联想万千，所有的象外之意、景外之致尽数陈列于前。于是，中唐以后尤其是宋代的中国艺术，不再重物象的再现，而是重内在情感的表现，重主观情感与客观景物之间交融互渗，即着重表现意境。于是，宋代文人写意园开始产生和兴盛。这是继魏晋南北朝之后，造园风格的再一次大转变，开始注重完整"意境"的营造。

第三节　中国著名园林

一、颐和园

颐和园在北京市西郊，原为清代的行宫花园，其名为"颐养太和"之意，主要由昆明湖、万寿山两大部分组成，总面积 290 公顷，其中水面约占 3/4，有不同形式的建筑3000 多间，建筑规模巨大，艺术价值极高，蜚声国内外。

早在金、元时期，这里就是风景胜地。1153 年在此设行宫，名金山，后改称瓮山。

明代在瓮山建园静寺，名"好山园"。乾隆十五年（1750 年）为庆祝皇太后六十诞辰，建清漪园，在园静寺原址建大报恩延寿寺，次年改名为万寿山，并疏浚瓮山泊，改名为昆明湖，大规模的园林建设由此开始，竣工于 1764 年。1860 年，英法联军侵入北京，毁坏了颐和园。1888 年，慈禧挪用海军军费兴建，但 1900 年又遭八国联军严重破坏，1903 年慈禧再次修复。慈禧病死后，隆裕皇后宣布关闭颐和园。但辛亥革命后，颐和园仍属清皇室所有，末代皇帝溥仪在此居住。1924 年溥仪离开北京，颐和园辟为公园。

乾隆时所建清漪园，以杭州西湖作为蓝本。采用借景手法，扩大了景区的规模。湖的东、南、西三面不设宫墙，园内园外有开有合，连成一体，使景观富有层次感，气势恢宏，令人震撼。

按原来的功能，全园可分为政治活动区、生活居住区和风景游览区。

政治活动区以庄重威严的仁寿殿为中心。慈禧和光绪在仁寿殿处理政务、召见群臣、接待外国使节。殿面阔七间，内设御案宝座，大殿与殿前仁寿门及两侧配殿构成一庭院，院内有松柏古槐、奇石假山，还有龙头、狮尾、鹿角、牛蹄、遍体鳞甲的铜麒麟，彰显皇室威严。

在仁寿殿后，是用五六十间游廊咯连缀起来的三座大型四合院的生活居住区。由前向后分别是光绪居住的玉澜堂、光绪的皇后隆裕居住的宜芸馆和慈禧居住的乐寿堂。其中乐寿堂是生活居住区的主体建筑之一。前临昆明湖，背倚万寿山，东有高 21 米的德和园大戏楼衬托，西接长廊入口。正厅设有宝座、屏风、御案等，堂内还有珍珠、玛瑙、翡翠制成的多宝花篮，彰显富丽堂皇。整个乐寿堂内陈设之华丽，令人震惊。堂阶两侧对称排列铜铸（梅花）鹿、（仙）鹤和大瓶，谐音"六合太平"，寓意吉祥、太平。此外，庭院中栽培玉兰、海棠、牡丹，寓意"玉堂富贵"。

风景游览区在生活居住区以西，按景区位置可分为万寿山前山、昆明湖、后山后湖三部分。

万寿山前山是指颐和园面向昆明湖的南坡，园内很多建筑都集中在这里。自湖边"云辉玉宇"牌楼，经排云门、二宫门、排云殿、德辉殿、佛香阁至山顶智慧海，形成一中轴线。所有的建筑沿轴线对称分布，气势宏伟，金碧辉煌。其中，排云殿和佛香阁最有特点。排云殿是为慈禧庆寿的地方，也在这里举行盛大的典礼，接受臣民的朝拜。排云殿富丽堂皇，殿旁还有紫霄、玉华、芳辉、云锦四配殿，这四配殿彼此间有游廊相接，上覆黄琉璃瓦，与排云殿和谐统一。佛香阁是全国最高大的古建筑物之一，也是山前造园布局的中心，佛香阁高 41 米，下有 20 米高的石台基。佛香阁为八面三层四重檐，气势恢宏，前面东侧有转轮藏和由整块巨石雕造、高 9.87 米的"万寿山昆明湖"石碑；西侧有五方阁和重达 207 吨的铜铸宝云阁。智慧海雄踞万寿山顶，全用巨石砌成，亦称"无梁殿"，殿内供观音菩萨，四面墙壁镶嵌琉璃佛像，上层 440 个，下层 670 个，共 1110 个。前山西坡还有很多楼阁亭台，如听鹂馆、画中游等。前山湖岸有一条彩色画廊，贯穿西东，它与上述中轴线将前山建筑连成一起，壮丽，优美，就像一副流动的画卷。

昆明湖曾名"大泊湖""翁山泊"，是北京西郊众多泉水汇聚成的天然湖泊。在颐和园南部，面积约 220 万平方米（3300 余亩）。元朝时，经水利专家郭守敬主持，开发上游水源，引昌平神山泉水及沿途流水入湖，当时成为大都城内接济漕运的水库。清乾隆时开拓此湖，建成今天这样的规模，因取汉武帝在长安开凿昆明池操演水战的故事，所以命名为昆明湖。在昆明湖，湖临山，湖映山，山水相映，风景秀丽，充满诗情画意，仿佛流动的山水画卷。西堤仿杭州苏堤而建。堤上有六桥，即界湖桥、豳风桥、玉带桥、镜桥、练桥、柳桥，其中除玉带桥外，均为仿自扬州的亭桥。玉带桥的桥身、桥栏选用青白石和汉白玉雕砌，洁白如玉，宛如玉带，所以得名。玉带桥造型优美，拱高而薄，形成流畅挺拔的曲线。湖面平静宽阔，其间有三岛点缀，是皇家园林"一池三山"的传统模式的体现。湖东南部的南湖岛上绿树郁郁葱葱，亭台楼阁掩映其中，水面波光粼粼，与绿树亭台相映成趣。在岛北假山上有岛中的主体建筑涵虚堂，原是三层望蟾阁，到了清光绪时改为单层。在涵虚堂上远眺，可见万寿山、玉泉山蜿蜒起伏，近望，昆明湖水波浩渺。岛上还有龙王庙、广润祠、鉴远堂、月波楼等建筑。岛与东堤之间由一造型优美的十七孔桥相连。这座桥建于清乾隆时，长 150 米。桥型如长虹卧波，气势雄伟壮观，桥栏望柱上雕有石狮 544 个，惟妙惟肖，形态各异。廊如亭屹立于桥东端，面积居国内各亭之首，达 130 多平方米。建筑设计为八角重檐，由内外三圈 24 根圆柱和 16 根方柱支撑，气势雄伟。

在东堤之上有一只铜牛，铸造精美，昂首竖身，卧伏岸边。至于为何在此置一铜牛，文元、蒋彬撰文提出，昆明湖西侧有"耕织图"碑，其柱记的年号与铜牛只差二年，说明它们是同时代的产物。铜牛既是园内的人造景观，又是人世间生活的反映。男人驾牛耕田，牛是男性的代表；妇女织布，织者又是女性的代表。"耕牛"和"织女"既是天上星宿名称，又是人间生活的体现，它们之间这种深邃的寓情，正是表现出我国古典园林含而不露的特色。"牛郎""织女"被湖面相隔，昆明湖就成了天上的银河了。文章进一步指出，把昆明湖表现为天河，并不是设计者的最高意图，作为天河的昆明湖又烘托了作为天子的皇帝。周维权亦认为，铜牛、耕织图成隔水相对之势"源出于古老的'天人感应'思想和牛郎织女的神话"。

沿湖及湖中岛上有许多建筑，如东堤北端有文昌阁、南端的绣漪桥、岛上知春亭、西堤景明楼等。湖之西北有白石雕造的石舫，名清晏舫。

后山后湖面积约占全园面积的 12%，环境幽静，远离尘嚣，却富山村野趣。

后山即万寿山北坡，山势蜿蜒起伏。主体建筑为四大部洲。这是一组宗教建筑，由东胜身洲、南赡部洲、西牛货洲、北俱卢洲、八小部洲、日台、月台，以及红、绿、黑、白四座梵塔共 18 座建筑组成，系乾隆年间仿西藏桑鸢寺形式建造。四大部洲的建筑平面分别呈正方形、三角形、圆形、半圆形，以对应地、火、水、风。依山而建，融汉、藏建筑风格于一体，色彩鲜艳明丽，气势宏伟磅礴。1860 年被英法联军烧毁，1984 年修复。此外，香岩宗印之阁为四大部洲建筑群之中心，又名后大庙，始建于乾隆年间，原为一座三层的巨型楼阁，是西藏三摩耶式，也在 1860 年被英法联军烧毁，光绪时在其基础上改建的藏传佛教寺庙。为一层的佛殿，仍沿用旧名。现庙内供有三世佛及十八罗汉。

后湖俗称苏州河，绕流万寿山北坡而下，系清乾隆时人工凿成，集劳动人民血汗与智慧于一体，长约千米。北岸土山是浚湖之土堆筑而成，其岸脚凹凸，山势起伏，均与南岸万寿山呼应。河面随山势弯转，时而开阔，时而狭窄，给人以开合变化之感。后湖中段的买卖街为乾隆年间仿苏州水街而建，俗称"苏州街"，长 270 米，有河水穿过，两岸店铺林立，异常繁华。相传，当年帝后泛舟游逛时，以宫监扮作店伙顾客，水上岸边人来人往，川流不息。熙熙攘攘，热闹非常。1860 年，该街被英法联军烧毁，现已修复开放。设店铺 64 间，有牌楼 19 间，小桥 8 座，各店伙计一色身着清朝服装，街内通用古铜钱。游人至此，可用人民币兑换古铜币，然后凭古币在商铺购物，与知己好友论诗把酒，品评香茗，赏听评弹，还可泛舟湖面，流连水间，于轻松愉悦间领略江南古市风貌。后湖东端的谐趣园原名惠山园，构思精巧，极富情趣。清乾隆 1751 仿无锡惠山寄畅园建造。1811 年重修，取"以物外之静趣，谐寸田中之和"之意改称今名，1860 年被英法联军烧毁，1892 年重建，相传慈禧在此观荷垂钓。园中一池碧水，环岸有用曲折的百间游廊连接，还有小桥、流水、飞瀑、苍松、翠柏、山石点缀其间。布局巧妙，富有江南园林情趣，是著名的"园中之园"。

二、承德避暑山庄

避暑山庄在河北省承德市区北部，始建于 1703 年，建成于 1790 年，面积 564 万平方米，是我国现存最大的皇家园林。四周庄墙长达 10400 米，是我国最长的庄墙。山庄设计独特，融合南北园林特点，集中国胜景于一身。依山傍水，群峦起伏，苍松翠柏，湖沼岛屿，星罗棋布，此外园内还有其他各种建筑 100 余处。

康熙始建承德避暑山庄，其目的有三：怀柔、肄武、避暑。怀柔，即用政治手段笼络其他民族，以巩固大清的统一。1681 年康熙在平定了南方的"三藩之乱"之后，立即把政治注意力转向北方，因为向东方扩张的沙俄势力收买蒙古上层人物，企图分裂我国的北部边疆。为维护国家的统一，康熙坚决铲除了蒙古贵族中的分裂势力，同时摒弃了前代王朝兴修长城、分兵戍守的军事隔离政策，而取怀柔政策，以联络、团结少数民族，使蒙古各部心悦诚服，一心归顺，从而形成"众志成城""边疆自固"的安定统一局面。康熙和以后的乾隆曾在避暑山庄多次召见蒙古王公，以及藏族、哈萨克族、维吾尔族、柯尔克孜族等少数民族的上层人物，并通过宴请、赏赐、封赠等活动来团结和笼络他们，成效很大。肄武，即严格训练八旗部队。1681 年在塞外的木兰地区建立了周长千余里的木兰围场，作为习武的禁苑和练兵场。八旗子弟在此激烈搏杀，以锻炼意志。并且，康熙每年率领满蒙八旗军到围场举行"秋狝大典"，借以提高部队的军事技能，提升作战能力。避暑山庄则是为举行这个大典服务的众多行宫中的一座。避暑是当时建园的目的之一，因为清帝不堪北京城干燥炎热的盛夏气候。而承德避暑山庄由于山峦起伏、林木茂密，加之大量湖泊的调节，园内气温比北京低，适合他们纳凉度夏。

康熙时，园内有其以四字题名的 36 景。它们是：延熏山馆、水芳岩秀、云帆月舫、澄波叠翠、芝径云堤、长虹饮练、暖流喧波、双湖夹镜、万壑松风、曲水荷香、西岭晨霞、锤峰落照、芳渚临流、南山积雪、金莲映月、梨花伴月、莺啭乔木、石矶观鱼、甫田丛樾、烟波致爽、无暑清凉、松鹤清樾、风泉清听、四面云山、北枕双峰、云山胜地、天宇咸畅、镜水云岑、泉源石壁、青枫绿屿、远近泉声、云容水态、澄泉绕石、水流云在、濠濮间想、香远益清。雍正在位期间，忙于应付政治上的皇室派系斗争，避暑山庄未有大的建设活动。乾隆继位后，于 1751—1790 年大规模扩建避暑山庄，历时 39 年。仿康熙帝，乾隆以三字题名景。其中有十六景是康熙题名而归入的，它们是：水心榭、颐志堂、畅远台、静好堂、观莲所、清晖亭、般若相、沧浪屿、一片云、苹香沜、翠云岩、临芳墅、涌翠岩、素尚斋、水恬居、如意湖。有七景是康熙已题名，乾隆易名的，它们是：采莲渡、澄观斋、凌太虚、宁静斋、玉琴轩、绮望楼、罨画窗。有三景是康熙时已具备，乾隆补题的，它们是：万树园、试马埭、驯鹿坡。有十景是新增加的，它们是：丽正门、勤政殿、松鹤斋、青雀舫、冷香亭、嘉树轩、乐成阁、宿云檐、千尺雪、知鱼矶。但实际上乾隆时兴建的景点远非此数，但因康熙题名 36 景在先，故乾隆命名之景不能超过此数。

山庄分宫殿区和苑景区两部分，按"前宫后苑"的规制布局，正门设在南端，名丽正门。

宫殿区在山庄南部，原包括正宫、松鹤斋、万壑松风、东宫四组建筑，现东宫已不存在。正宫在丽正门之后，前后共九进院落，南部五进为前朝，正殿澹泊敬诚殿为楠木结构，故俗称楠木殿，古木青砖，不施彩绘，殿基亦不用须弥座，古朴端庄、芳香清雅，殿额系康熙所题。殿前有午门、朝房、乐亭等建筑。院内古松参天，清雅幽静。此殿是皇帝举行各种隆重大典、接见文武大臣和外国使节之地。北部四进为内廷，烟波致爽殿为皇帝寝宫正殿，室内布置富丽堂皇，西太后发动的祺祥政变即策划于此。殿后为两层阁楼云山胜地，内无楼梯，旁有假山，可依山上石磴上下，设计别致。松鹤斋在正宫东侧，包括门殿、松鹤斋、绥成殿、乐寿堂、畅远楼等，是皇太后和嫔妃居住的地方，乾隆帝取松鹤益寿延年之意题名。楼后有垂花门，门北即"万壑松风"建筑群，由正殿万壑松风及附属建筑鉴始斋、颐和书房、静佳室等组成，四周古松如林，故名。

苑景区包括湖泊、平原、山岳三个景区。

湖泊景区在宫殿区东北方，包括人工开凿的湖泊及湖中之岛、湖间之堤及沿岸地带，面积大约 43 公顷。湖区又称塞湖，包括如意湖、澄湖、上湖、下湖、镜湖、银湖、长湖、半月湖等水域，其中前两者面积较大。湖泊景区建筑众多，景观丰富，层次多变。芝径云堤为湖区主要风景观赏线。堤建于 1703 年，由康熙帝亲自设计，仿杭州西湖苏堤而筑。堤穿湖而行，分东北、中路、西北三条路径，将湖区主要景点贯通一体。东北路通月色江声岛，中路通如意洲，西北路通采菱渡。堤上遍植杨柳，人行其间，犹如漫步于苏堤。因康熙、乾隆多次下江南，喜爱江南园林的秀丽多姿，湖区建筑多有仿江南胜景布置，如如意洲之北青莲岛上的烟雨楼系仿嘉兴烟雨楼而建，文园狮子林仿苏州名园狮子林而建，澄湖东侧的金山仿镇江金山而建。镇江金山面对长江，邻中泠泉，山上有慈寿塔等建筑；这里的金山东对武烈河，北有热河泉，山上有上帝阁等建筑。故康熙曾说，他登上帝阁仿佛登镇江金山慈寿塔一样，"仰接层霄，俯临碧水，如登妙高峰上，北固烟云，海门风月，皆归一览"。

平原景区南临湖区，西北依山，畅旷之景与湖区的秀丽、山区的雄浑形成鲜明的对比。东半部的"万树园"有榆树数千株，当年麋鹿成群。西半部的"试马埭"绿草如茵，上有蒙古包点缀，一派塞外草原风光。

山岳景区在山庄西北部，西积约占全园面积的 2/3，峰峦叠起，山体连绵起伏。山峰一般高出平原数十米到一百米，最高峰达 150 米。山峦间有松云峡、梨树峪、松林峪、棒子峪等山峪通向平原湖泊。谷中清泉石上流，汇成潺潺小溪，具高山流水的雅趣。

山区树木繁密茂盛，如松云峡一带松林成片，青山滴翠，碧波万顷，松涛阵阵，使人心旷神怡。亦有人工植树成林构景的，如梨树峪的梨树林、榛子峪的榛树林。为突出其天然野趣，山岳景区建筑的布局求疏不求密，求隐不求显，显露的点景建筑仅有以亭子形式出现在峰头的南山积雪、北枕双峰、四面云山和锤峰落照，而寺庙古刹和其他一些斋、轩、楼阁多建置在幽谷深壑的隐蔽地带。

在避暑山庄外，还有棒槌山、罗汉山、僧冠峰等奇峰异山和气魄宏伟、造型丰富、辉煌壮观的外八庙。避暑山庄和它们一起构成一个宽广辽阔的文物风景旅游胜地。

三、拙政园

拙政园为全国四大名园之一（其他三园为颐和园、避暑山庄、留园），与留园、网师园、狮子林并称苏州四大古典名园，在苏州市娄门内。初为唐陆龟蒙的住宅，元代为大宏寺。明正德年间御史王献臣因官场失意，卸任还乡，买下寺产，历时五年改建成宅园。王献臣以西晋文人潘岳自比，并借潘岳《闲居赋》中"庶浮云之志，筑室种树，逍遥自得；池沼足以渔钓，春税足以代耕；灌园鬻蔬，以供朝夕之膳……此亦拙者之为政也"的语意，命名为"拙政园"。当时规模很大，富有自然之趣味，以植物之景最为著名，水石之景取胜。园内有大片松林、竹林和花圃，有 31 景，其中建筑构成景仅有梦隐楼、若墅堂、倚玉轩、尔耳轩、小沧浪亭、净深亭、待霜亭、得真亭、槐雨亭、嘉实亭，即一楼、一堂、二轩、六亭。王献臣死后，园林屡易其主，后来分为东、中、西三部分，或兴或废，又经多次改建。乾隆时，改名为复园。太平天国占据苏州期间，西部和中部作为忠王李秀成府邸的后花园，东部的"归田园居"则已荒废。1871 年改为奉直会馆，仍名"拙政园"。光绪年间，西部归张履泰，为补园，中部的拙政园归官署所有。

现在全园仍包括三部分，即东部在归田园居旧址上修建的新园、中部的拙政园和西部的补园。东部新园为 1959 年重建，是大片草地，主要建筑有兰雪堂、芙蓉榭、天泉亭、秫香馆等。

中部拙政园是一典型的多景区复合的大型宅园，是全园的主体和精华。中心区是一大水池，池中有东、西两个岛山，系垒土石构而成，山上树木郁郁葱葱，池中水清澈见底。两山之间有小桥相连，建筑物多临水而建，西山上有雪香云蔚亭，西南山脚有"荷风四面亭"。远香堂为园内主体建筑，其所在地为建园初的若墅堂旧址。堂前假山高低略有起伏，多配合竹子花木，让人觉得身在山间。北面临水筑台，立于平台之上可隔水远望池中小山，垒石玲珑，林木葱郁，小亭屹立，景色秀丽。夏日满池荷花，万柄摇风，清香远溢。堂名远香取自周敦颐《爱莲说》中"香远益清"句意。在池沼中常常有金鱼戏于莲叶间。此外，还有见山楼、小飞虹、小沧浪、得真亭、玲珑馆、香洲等建筑，都以小巧玲珑、精巧秀丽见长。

西部补园是由秀山、丽水、花木与人工建筑交相辉映构成的，主要建筑鸳鸯厅是由三十六鸳鸯馆和十八曼陀罗花馆合成，四角有耳室。此外还有水廊、与谁同坐轩、倒影楼、宜两亭、留听阁等建筑。水廊为池面上的水上游廊，由折起伏，任其自然。倒影楼在水廊北端，临水而立，楼倒影水面，自成一景。与谁同坐轩位于池中小岛东南角，是一扇面形小亭，亭名取自苏轼"与谁同坐？明月清风我"之词意。宜两亭在水廊南端，关于其得名，有人认为"亭名寓意自白居易的'绿杨宜作两家春'的诗句"；有人认为"此亭建在假山之顶，与倒影楼隔池相峙，互成对景；既可俯瞰西部园景，又能邻借中部之景，故名"。留听阁临水而立，此处水面当年遍植荷花，阁名取自唐诗人李商隐"留得残荷听雨声"之诗意。

拙政园以水为主，水面约占全园面积的 3/5，但有分有聚，宛然有江南水乡之韵。亭台楼阁好似出自小家的碧玉，玲珑小巧，嵌于其中。假山叠石，竹木掩映，石头花草，随意点缀，秀丽多姿，无不皆美，又极富自然情趣，堪称苏州园林中的瑰宝。

四、留园

苏州四大名园之一，在苏州市阊门外。初名东园，为明徐时泰所建。清嘉庆三年刘姓园主在东园旧址上筑寒碧山庄（亦作涵碧山庄），俗称刘园。光绪初年园为大官僚盛康购得，又加以改建扩大，更名为"留园"。

园区面积 50 多亩，分西、中、东、北四个景区。西部景区以假山为主，其特点是土石相间，叠砌自然，每到秋日，红枫遍野，煞是好看。山上有枫林，中部景区以山水为胜，水池居中，西、北两面是假山。临池假山是用太湖石间以黄石堆筑而成，山间小路随山势蜿蜒起伏，山上桂树丛生，古木修竹苍翠欲滴。水池东、南面为建筑物所环绕，主体建筑为"明瑟楼"和"涵碧山房"，建筑物间有长廊贯通，廊壁上嵌有历代书法家石刻 300 余方，被称为"留园法帖"。东部景区以建筑为主，布局紧凑，精美典雅。主体建筑为五峰仙馆和林泉耆硕之馆。前者的梁柱构件全为楠木，亦称楠木厅，室内宽敞，厅前置太湖石五峰，象征五岳，馆名亦源于此。厅后有很多院落，垒石玲珑，透过花窗，可见竹树葱茏，相映成趣。林泉耆硕之馆是我国古典厅堂之精品，厅北庭院中有留园三峰，皆为巨型太湖石，其中冠云峰高约 9 米，为北宋花石纲遗物和江南最大湖石。东部景区著名建筑还有冠云楼和书斋性质的"还我读书处"、揖峰轩及游赏建筑石林小屋等。众多的建筑物间以游廊相连，回环曲折，给人以幽深之美，似山穷水尽，又能使人移步换景，而柳暗花明。景致变幻无穷。北部景区有小竹林、桃树、杏树、葡萄架，好一派田园风光。

留园面积虽不大，但通过建园匠师的自出心裁，利用各种建筑巧妙地将有限的空间分割成各具特色的景区，结构严谨，变化多端，形成丰富的园林空间，冠压群园，在同一时期全国范围的私家园林中亦属罕见。

五、网师园

苏州四大古典名园之一，在苏州市葑门内。南宋绍兴年间侍郎史正志建"万卷堂"，园名"渔隐"。后来荒废。清乾隆年间宋宗元重建，借"渔隐"之意名网师园。光绪年间园主人李鸿裔重加修建，成今日规模。

园在宅邸西侧，分南、中、北三部分。南部是昔日园主宴饮聚会的地方，主要建筑有小山丛桂轩、蹈和馆和琴室。其中小山丛桂轩取庾信《枯树赋》中"小山则丛桂留人"之句而题名，以喻迎接、款留宾客之意。北部是以书斋为主的几组庭院，有五峰书屋、看松读画轩、集虚斋、殿春簃等建筑。庭院内或叠石造山，或移花栽竹，幽静秀雅。殿春簃庭院内当年曾遍植芍药，每逢晚春时节，唯这里"尚留芍药殿春风"，故以此命名。美国纽约的中国古典庭院"明轩"即以殿春簃为蓝本。中部以水池为中心，配以山石、花木、小桥、游廊、水榭、亭台、楼阁，为主要景区。水池面积虽仅半亩，但构思精巧，池岸曲折有致，石矶突兀水边，山上藤萝倒挂，树木茂盛，如自然形成，未加雕饰。沿池有射鸭廊、濯缨水阁、月到风来亭、竹外一枝轩及小石桥等建筑，且有曲折游廊相连。射鸭廊为水池东岸的小水榭，既是点景建筑，游人也可凭栏而倚，赏评佳景。月到风来亭与射鸭廊隔池相望，是水池西岸的一座八方亭，它临于池水之上，是游人小憩、赏景之处。池西南岸的濯缨水阁和东北岸的竹外一枝轩隔池相应，构成对景。池周建筑皆低临水面，在池小、建筑物多的客观环境中能使游人产生水面开阔、心旷神怡之感，造园技艺巧夺天工，别具匠心。

六、狮子林

苏州四大古典名园之一，在园林路。1342年名僧天如禅师为纪念其师中峰禅师建菩提正宗寺，寺后建花园。后因中峰禅师曾结庐天目山狮子岩，并取佛经中"狮子座"之义，寺易名狮林寺，寺后花园名狮子林。又因园中曾有古松五株，亦称五松园。明、清以来屡经兴废。后为贝氏私园，1918—1926年经重修始成现状。园以湖石假山著称，东南部多山，西北部多水。假山多以湖石叠成，洞壑曲折幽深，宛如迷宫，山上奇峰突兀，怪石嶙峋。园中有狮子峰、含晖峰、吐月峰、玄玉峰、昂霄峰等山峰，其中狮子峰为诸峰之冠。主要建筑有燕誉堂、五松园、小方厅、见山楼、问梅阁、卧云室、扇子亭、湖心亭、真趣亭等，多依山傍水而建，错落有致。园中长廊高低屈曲，若隐若现，贯通主要建筑，廊壁上有石刻60余块，内有宋代四大家苏轼、黄庭坚、米芾、蔡襄的手迹及文天祥的《梅花诗》。据传当年建园时，天如禅师曾请著名画家倪云林、朱德润等参与设计，故园中布局颇具匠心，有诗情画意，是元代园林的佳作。

七、萃锦园

萃锦园即恭王府花园，在北京西城区前海西街。恭王府是清道光帝第六子、恭忠亲王奕䜣的府邸。前身为乾隆年间大学士和珅的宅邸。嘉庆四年（1799年）和珅获罪，宅第入官，嘉庆帝将其一部分赐给其弟僖庆王永璘，是为庆王府。后咸丰帝收回，转赠其弟奕䜣，为恭王府。咸丰、同治年间曾整修府邸，并在府后建花园，即萃锦园。光绪年间再度重修，时园主人为恭亲王之子载滢。

园分三路。东路以建筑为主，且分布密集，景门景洞造型设计优美，游廊贯通，曲折蜿蜒。大戏楼是包括前厅、观众厅、舞台及扮戏房的建筑群，规模宏大，装饰华丽，为东路主体建筑之一。西路是以水景、山景为主的风景区。中有长方形水池，池中小岛上的观鱼台为一敞厅建筑，游人可在此观景、歇息。池的东面、西面被土山环绕，东面是一游廊，北路沿面散置一些建筑物。景区面积虽不大，但叠石玲珑，花草掩映，似大自然灵秀集于其中。园中按中轴线对称分布，包括园门及其后的三进院落。园门为西洋拱券式。园门内"垂直樾""翠云岭"两座青石假山分列东西两侧，虽不高耸入云，隐天蔽日，但也峰峦起伏，重岩叠嶂，状似自然。它们与园东西两边的土山相接，构成园林三面群山环抱之势。翠云岭与西部土山之间建有一处城墙关隘，名"榆关"，象征山海关，隐喻恭王的祖先从此入关，建立大清基业。垂直樾与翠云岭间有一小径，"飞来石"迎面耸峙，此景名"曲径通幽"。飞来石后为三进院落，由若干建筑组成。第一进院落由若干建筑物分隔组合而成。进院落有安善堂、东西厢房、沁秋亭等建筑，其中安善堂为正厅。堂东"菽蔬圃"土地平坦，绿树葱茏富田园风光。第二进院落呈四合式，院内有太湖石叠筑而成的大假山"滴翠岩"，山中有秘云洞，壁上嵌康熙手书"福"字石刻。山上建盝顶敞厅"绿天小隐"，其前为邀月台，厅之两侧有爬山廊及游廊连接东西厢房。东西各有一门，出门各有径通东路大戏楼及西路水池。山后为第三进院落，北为蝠殿，因其平面形状似蝙蝠，同时取"福"字谐音而名。

　　由于旧时萃锦园主人为皇亲国戚，使得萃锦园成为一个具有几分皇家气派的北方私家园林。园内建筑宏伟壮丽，色彩浓艳富丽堂皇，风景幽深秀丽，一向被传为曹雪芹笔下的"大观园"。因此，它不仅以其园林风姿吸引着游人来此，而且成为红学研究文化旅游中的一处胜地。

重点概念

　　中国园林；天人合一；君子比德；神仙思想；道教；儒教；禅宗

复习题

1. 中国园林发展经历了哪几个阶段？
2. 中国园林中的主要造景要素是什么？
3. 你认为，中国传统文化中的哪些要素可以在园林中得以体现？
4. 以某一园林为例，指出其中蕴含的中国文化。
5. 阅读相关材料，指出中国园林与西方园林的不同。为什么会有这种不同？

阅读材料：西方园林的产生及主要流派与风格

一、西方园林的主要流派

　　西方园林的产生受古代亚述帝国和巴比伦时期园林的影响很大，那个时候建造园林的目的主要是供有权势者观赏用。到希腊时代，公共设施之一的神殿周围有当作圣林的树木园林。罗马时代，出现了私家园林，特权阶层建筑别墅、园林的风气盛行。中世纪时，城郭园林以英法为中心、修道院园林以意大利为中心已十分发达。在文艺复兴时期的意大利，最初田园风格园林的流行是以佛罗伦萨为中心。其后，由布拉曼得或拉斐尔设计的罗马台坛式园林成为欧洲园林的一种典型样式。17世纪末，法国人勒诺特设计了气势雄伟的平面法式园林，并设计了凡尔赛宫殿园林等。进入18世纪后，欧洲式园林一反创意性、人工性的风格，以赞美自然为基本观念的风景式园林在英国日渐发达，重视风景写实再现的布朗凡，以及点缀异国式建筑物以求绘画美的却帕斯等设计人才也相继出现。经过历史的筛选，最终在西方园林中，形成了最有影响的三种园林建造形式。

（一）意大利式传统园林

意大利式园林又叫台地建筑式园林。这是因为早期意大利的园林选址一般都建在山坡上，必须要设计台地，根据斜坡的长度，堆成几个台地，故有此名。一般它是由三层台地和一个花园组成，从细部看，台阶、园亭、花坛、池泉、雕塑等布局强调对称。台地是设置建筑物、池泉、喷泉、树林的场所，也是欣赏园外景色和下面花坛的瞭望台。台地水池上的喷泉是意大利的象征，用石作为材料，用雕像作为装饰。庭园主轴建筑物严整对称，植物用柏树和伞松为多。这是因为两者在当地生长普遍而且形状特异。

（二）法国传统园林

法国园林深受意大利园林的影响，都是一种整体对称形式，均有台地设计。不过法国台地几乎在同一平面上，主轴都是由建筑物直线延伸，以此轴为中心，对称配合，整体统一。17世纪下半叶，法国因为君主集权发展到最高峰，所以改造了从意大利传来的造园艺术。法国造家家勒诺特为增加园林典雅庄重的特性，在局部处理上进行了改造。如花坛都做得非常精美，有刺绣花坛、英国花坛、区划花坛、间隔花坛、柑橘花坛、水花花坛6种。喷泉和飞瀑比以前更多，凝聚和利用各种技巧，显现出活水的美。河渠是具有勒诺特式特征的最重要设施。它的设置可以让庭园显得广阔，并且在水上划船演奏，很大程度上提高了音乐的音响效果。

（三）英国传统园林

英国早期园林艺术也受到了法国古典主义造园艺术的影响，但由于唯理主义哲学和古典主义文化在英国的根子比较浅，英国人更崇尚以培根为代表的经验主义。所以，在造园上，他们怀疑先验的几何比例的决定性作用。

进入18世纪，英国造园艺术开始追求自然，有意模仿克洛德和罗莎的风景画。到了18世纪中叶，新的造园艺术成熟，叫作自然风致园。全英国的园林都改变了面貌，几何式的格局没有了，再也不搞笔直的林荫道、绿色雕刻、图案式植坛、平台和修筑得整整齐齐的池子了。花园就是一片天然牧场的样子，以草地为主，生长着自然形态的老树，有曲折的小河和池塘。18世纪下半叶，浪漫主义渐渐兴起，在中国造园艺术的影响下，英国造园家不满足于自然风致园的过于平淡，追求更多的曲折、更深的层次、更浓郁的诗情画意，对原来的牧场景色加工多了一些，自然风致园发展成为图画式园林，具有了更浪漫的气质，有些园林甚至保存或制造废墟、荒坟、残垒、断碣等，以造成强烈的伤感气氛和时光流逝的悲剧性。

二、西方园林的风格

西方园林的发展深受地域文化影响，奉行的是"天人对立，改造自然"的哲学观。

因此在园林建造中表现出完全排斥自然，力求体现严谨的理性。在线条中推崇直线，认为直线代表人的意志，以直线为美。因此园林建造中的基本原则是"强迫自然接受匀称的法则"。在这个原则影响下，西方园林表现出以下风格：

1. 主轴是矗立于园林中轴起点之上的巨大建筑物，整个园林以此建筑作为基准而散布开去；

2. 中轴线上伸出几条副轴，置宽阔的林荫道、水池、喷泉、花坛、河渠、雕塑等；

3. 在园林中开辟笔直道路，在纵横交叉点上形成小广场，呈点状分布水池、喷泉、雕像或小建筑，整个布局呈现几何图案；

4. 园林花木严格剪裁成锥体、圆柱体、球体，草坪、花圃则勾画成矩形、菱形、圆形，完全按几何图形剪裁，杜绝自然生态；

5. 水面被限制在整齐的池子里，其他被砌成圆形、矩形、方形或椭圆形，池中布局喷泉和人物雕塑；

6. 追求整体对称、一览无余；

7. 追求形似、写实。

（根据《旅游文化》以及百度百科编写。）

第七章 中国旅游饮食文化

学习目标

    1. 了解中国饮食文化的内涵与发展

    2. 掌握中国饮食文化的理论基础

    3. 熟悉中国的十大菜系

    4. 了解茶的分类，掌握茶艺与茶道的内涵

    5. 了解酒的起源与分类，掌握中国酒文化的表现形式

重点与难点

    1. 中国饮食文化的理论基础

    2. 茶的分类、茶艺的内涵

    3. 中国酒文化的表现形式

在旅游业蓬勃发展的今天，大众旅游在世界范围兴起并不断向前发展。一方面，游客在游览名山大川、欣赏名胜古迹之余，品尝地方特色饮食成为旅游过程中的一大享受。另一方面，中国自古以来就有"民以食为天"的说法。中国人在饮食上追求美感与愉悦感，讲究色香味形俱佳。中国饮食不仅内容丰富，其背后蕴含的文化也非常丰厚。这些世世代代传承创新的饮食文化是饮食传承的根基，同时也成为重要的旅游资源，吸引着众多旅游者。

第一节 中国饮食文化概述

"民以食为天"，饮食是人类生存和发展的第一要素，人类的文明进步也始于饮食。随着人类社会的不断发展进步，人们的饮食日益多样化，饮食的文化内涵不断丰富，已成为人类社会文化的重要组成部分。作为世界四大文明古国之一，中国饮食文化的历史几乎与中国的文明史一样悠长，可谓是历史悠久，丰富多彩，源远流长，博大精深，且具有鲜明的地域性和民族性。经过几千年的不断发展和完善，中国饮食已经发展成为一种内涵丰富、独具特色的饮食文化体系，以其食材广泛、佐料众多、工艺精湛、烹饪方

法复杂多样等特点在世界烹饪史上独树一帜。中式烹饪先后推出 6 万多种传统菜点，五光十色的筵宴和流光溢彩的饮食风味流派，使中国拥有"烹饪王国""美食王国"之美誉，是中华民族历史文化宝库中一颗璀璨的明珠。基于此，中国饮食已成为与法国烹饪为代表的西方菜系和土耳其烹饪为代表的清真菜系的世界三大饮食文化体系。

一、饮食文化的内涵

饮食文化是指食物原料开发利用、食品制作和饮食消费过程中的技术、科学、艺术，以及以饮食为基础形成的习俗、传统、思想和哲学等各个方面的文化，即食生产和食生活的方式、过程、功能等组合而成的全部食事的总和。其具体内容包括三方面，分别为烹饪文化、餐桌文化和饮食哲学。其中，烹饪文化主要包括食源的开发与利用、食具的运用与创新、食品的生产与消费等内容；餐桌文化主要包含餐具搭配、饮食环境、饮食审美、饮食民俗与礼仪等；饮食哲学主要由饮食与国家制度、饮食与文学艺术、饮食与人生境界的关系等组成。烹饪文化是基础，餐桌文化是形式，饮食哲学是最终体现并指导我们的日常饮食生活。因此，在理解饮食文化的内涵时不能割裂以上三部分内容。

二、中国饮食文化的理论基础

中国人历来重视饮食，形成了以养为目的、以味为核心的核心理念。在长期的实践中经过历代学者的总结形成了"医食合一、饮食养生、本位主张、孔孟食道"的基础理论。世世代代的中国人正是依靠这些理论凝聚力量指导饮食生活，才使得古老的中华饮食文明延续至今，并在世界范围内广泛传播。

（一）医食合一

猿猴在进化成人的过程中为了生存和繁衍形成杂食的特性。食物也不像今天如此固定，且不知道贮藏食物，"饥即求食，饱即弃余"是其典型特征。在此漫长的过程中，人类（猿猴）逐渐积累经验，知道某些植物可以多吃，某些不可妄食，并形成了广为人知的"神农尝百草"传说。人类还逐渐发现，某些特定的植物还有一定的药用效果，通过对其逐渐开发利用，形成了中国早期的中草药。历代的经史典籍中对此记载颇多，其中最明显的体现是周代的医食制度。唐代孙思邈的《千金要方》《千金翼方》中均对此有颇具匠心的见解，用大量事例精辟阐释论证了以食代药康复疾病、延年益寿的观点，后代的李时珍等人对此延续和创新，形成了医食合一的四种主要观点（如表 7-1）。

表 7-1　医食合一的主要观点

主要观点	释义	案例
以食配药	以食物为主料，配以与食物属性相适应的药物，达到以食代药、愈病康复的目的	参肚赢气膏：猪肚配人参主治身体虚弱、气血不足
以药配食	用能食用的中药为主料，配以相应食物，达到以药代食、扶正祛邪的目的	薏米饼：薏米配面粉可利水除湿、轻身益气
药药相配	药性相似、相补互促的中药配伍食用，达到养生补气、延年益寿的目的	公英地丁绿豆汤：蒲公英、紫花地丁和绿豆共炖有清热解毒之功效

主要观点	释义	案例
食食相配	搭配具有食用价值和药用价值的食物，达到饱腹和健身的双重目的	乌雌鸡：乌雌鸡腹内装薏米、香菇，炖煮食用，有滋养补虚的功效

资料来源：根据相关资料整理。

（二）饮食养生

随着医食合一的发展，医食制度逐渐在统治阶级中得到认可，以食物促进身体康健的观点逐渐受到重视。与此相对，道教思想的兴起（追求长生不老）对养生思想越来越推崇，注重通过日常的饮食调理身心。因此，"养生之道，莫先于饮食"成为中国饮食思想的重要内容，体现在多个方面：第一，注重荤素搭配。我们的祖先很早就认识到饮食荤素应该合理调剂，在《周记·天官》食医一节中提到各种动物性原料应搭配植物性原料，"会膳"而食，周代八珍中也均为荤素原料的合烹。第二，讲究食物多元化。《黄帝内经》素问篇中提到"五谷为养，五果为助，五畜为益，五菜为充"的观点，强调膳食营养均衡，今天的膳食宝塔就是基于此而提出的。第三，主张时令配合。季节变化对人体影响巨大，可以通过顺应自然规律食用应季食物养生。《礼记》中提到春天做鱼要用发于地下的葱配伍，秋天要用成熟果实做的酱料为调味品。第四，强调五味调和。传统养生观点认为，味道不同作用不同，五味调和方能身体康健、延年益寿。因此要做到浓淡适宜、协调平衡，才能达到养生的目的。

（三）本味主张

注重原料的天然味性，讲究食物的隽美之味，是中华民族饮食文化很早就明确并不断丰富发展的重要基础理论。所谓"味性"，具有"味"和"性"两重含义，"味"是人的鼻、舌、手等器官可以感觉和判断的食物原材料的自然属性，如酸甜苦辣咸、硬软脆干黏等；而"性"则是人们无法直接感觉的食物原材料的特点，如寒凉温热平等。数千年来中国人对食物味道的追求创造了中国饮食文化的特色，并在此基础上形成了中国饮食哲学思想，如调味品的相互作用和变化、水火对味道的作用、人们对调和味道的接受程度等均被赋予哲学意义，形成了"治大国如烹小鲜"的说法。"和"文化在饮食的本位主张中体现明显，不同性味的食物在配伍中只有相配得当才能维持生命体的平衡，保证人体的健康。如果过量食用某一性味的食物，就会导致疾病。此外，根据中国传统五行理论，酸甜苦辣咸五味和五脏关系密切，因此只有五味相宜方可身体健康。

（四）孔孟食道

孔孟食道，是指孔子和孟子的饮食观点、思想、理论及其食生活实践所表现的基本风格与原则性倾向。"食不厌精，脍不厌细。食饐而餲，鱼馁而肉败，不食。色恶，不食。臭恶，不食。失饪，不食。不时，不食。割不正，不食。不得其酱，不食。肉虽多不使胜食气。唯酒无量，不及乱。沽酒市脯，不食。不撤姜食。不多食。"这是孔子主要观点，可概括为"二不厌、三适度、十不食"，最具代表性的就是"食不厌精，脍不厌细"八个字，强调饮食追求美好，加工烹制力求恰到好处，遵时守节，不求过饱，注重卫生，讲究营养，恪守饮食文明。孟子的主要思想为仁、义、善，饮食见解也从仁爱的角度出发强调："君子之于禽兽也，见其生，不忍见其死；闻其声，不忍食其肉，是以君子远庖厨也。"他与孔子对饮食的观点是一脉相承的，同时强调食治（不碌碌无为白吃饭）、食功（以等值或足当量的劳动成果换来养生之食的过程，即没有"素餐"，"士无事而食，不可也"）、食德（坚持吃正大清白之食和符合礼仪进食的原则）等方面。

三、中国饮食文化的发展

饮食文化是随着人类社会文明的出现而产生、发展的，并且在发展的过程中不断丰富着自己的内涵。关于饮食文化的发展历史，在我国古代的书籍中没有系统的记载。根据考古发掘和各种书籍的记载，大致可把中国饮食文化的发展历史分为六个不同的历史时期。

（一）萌芽

根据考证，我们的祖先早在四五十万年前，就已经懂得用火烧烤食物，开始吃熟食。但在这以前，他们基本还是处于"茹毛饮血"的阶段，基本上还是以生食为主。大约在1万多年前，人们学会了人工取火，并学会了驯养家畜，当时的家畜有马、牛、羊、鸡、犬、猪等。后来，河姆渡人学会了种植水稻等粮食作物和蔬菜。在五六千年前，学会了用海水煮盐。但是在这一阶段，人们也只会"烹"，还不会"调"，还只是一种低级阶段的饮食文化。据考古证实，中国人远在北京猿人阶段就已用火烧熟食，直接把食物放在火上烤。在距今八千年的裴李岗文化时期，人们已经学会了用陶器煮食物。当时的煮器有鼎、鬲、甑、釜等。从一些历史传说、文献记载中也可以看到当时饮食文化发展的概貌，如燧人氏教人钻木取火，以化腥臊；伏羲氏教人结网捕鱼，从事渔猎畜牧；神农氏尝百草，制作耒耜，教人种植五谷杂粮；黄帝教民烹饪，燔肉为炙等。这些传说和考古相印证，大体上是一致的。

（二）初步形成

夏朝时期的饮食内容已比较丰富。根据史书的记载，我国夏朝已有韭、瓜、梅、杏、枣、桃、黍、稻、麦等。在夏朝前后，我们的祖先已学会了用粮食造酒。到了商代，食品就更加丰富了。根据对甲骨文的考证，有一次祭祀活动，就用了上百坛酒。而且在这一时期，一些用来煮食品的钟、鼎等器皿的做工也越来越精美。到了周代，仅《诗经》中提到的食品，植物性的就有130多种，动物性的有200多种。当时人们在吃上已非常讲究。在上层社会，已有专管饮食的官员，如膳夫、庖人、鱼人、兽人、盐人等。

春秋战国时期的500多年间，不仅饮食上进一步丰富，而且在饮食和饮食礼仪上也十分讲究。孔子就主张"食不厌精，脍不厌细"。这既是孔子饮食主张的表述，也是这位先贤对当时已有饮食思想的历史性总结，对我国以后饮食文化的发展影响深远。

（三）融合发展

秦汉魏晋南北朝时期是我国饮食文化迅速发展和各民族乃至与外国饮食文化的大交融时期。汉代经济繁荣，使饮食文化得到了迅速的发展，烹调技术已达到相当的水平。当时的炖、炒、煮、酱、腌、炙等烹调手法已被充分掌握。根据文献记载，西汉时期，精美的菜肴已有上百种。由于经济的发展，中国人饮食也由原来的一日两餐变成一日三餐。在汉代，随着对外交往的增加，如张骞、班超通西域，为我国开辟了新的食物来源。我们今天普遍食用的西瓜、胡萝卜、石榴、菠菜、葡萄等，都是从西域传入中原的。魏晋南北朝时期，随着各民族之间的交流与融合，中原地区的饮食传到四面八方，与此同时其他民族的饮食也传入中原内地。我们现在所食用的大部分食品，在当时都已出现。

（四）快速发展

这一时期，饮食文化的发展主要表现为：在技艺上日趋成熟和完善，在文化上则是全方位、深层次的积累。突出的成就表现为精湛的加工技术。我国唐代的食品，已经非常丰富多彩了。盛唐时期人均粮食占有量已达到 1000 斤，当时不仅"饭"名目繁多，而且食品也是五花八门，如饼、酥、糕、凉面、馄饨等食品皆已出现。仅馄饨一项就有 24 种馅，制成 24 种样式。当时还出现了不少饮食专著，如韦巨源的《食谱》、杨晔的《膳夫经》等。

到了宋代，据孟元老《东京梦华录》记载，当时北宋的都城开封，已是"集四海之珍奇，皆归市易，会寰宇之异味，悉在庖厨"。从张择端的《清明上河图》来看，街的两边饭店林立，有的饮食店已非常讲究，这些店铺不仅白天经营，而且还开"夜市"，种类十分丰富。据《武林旧事》介绍，当时街市上日常供应的食品有：面食 41 种、果子 42 种、蔬菜 21 种、粥 9 种、糕 19 种、冷饮 80 种、酒类 54 种。可以说，名点佳肴，应有尽有。

（五）成熟定型

在明清两代，农业有了更大的发展，食品资源更加丰富，手工业食品作坊有了较大的发展，在烹调方面积累了以前历代的经验，种类更加规范。在《古今图书集成》的饮食类中，将各类饮食分为米部、糠部、饭部、粥部、糕部等 29 大类，各分部又分列种名，并考其来源做法，实可谓集饮食文化之大成。

此外，其他一些关于烹调的技术和食品加工的著作也纷纷出现，其中最有代表性的为清代文学家袁枚的《随园食单》，记载了从明到清流行的 326 种食品，而且对烹调技艺也提出了许多高明的见解。

经过几千年的演变与发展，我国的饮食按各地饮食习惯和食物条件，形成了各具特色的菜系，如鲁菜、川菜、粤菜、苏菜就是人们公认的四大菜系。

（六）繁荣创新

中华人民共和国成立至今，中国的饮食文化繁荣昌盛，在原材料、烹饪技法、茶酒炮制加工、饮食著述（哲学）等方面进行了各种创新，体现文化、新奇、精细、生态等特质的饮食及其相关文化备受消费者欢迎。食物原材料方面，新型优质原料的引进与开发、珍稀原料的种植和养殖、传统优质原料的再开发和利用日见成效。传统的烹饪方法被保留的同时，新的烹饪技法和加工工具在家庭、餐饮企业等广泛利用，促进了菜品和饮品的创新发展。各民族各地区的交流更加广泛，如四川引进生猛海鲜结合川菜特色创新菜肴，借鉴广东煲法制作各种煲，借鉴山东的脆酱炸制法制做出炸烹菜、炸熘菜。和国外的交流交流也日益频繁，从食物原材料、烹饪技法、菜点到生产工具、生产方式、管理营销等均有涉及，各国特色菜点纷纷登陆中国并和中国菜系进行融合创新。不胜枚举的饮食类著述，如茶、酒、面包等方面的专业书籍相继出版发行。

第二节　丰富多彩的食文化

据统计，中国的菜系不下数十种，得到公认的四大菜系为：鲁菜、川菜、苏菜、粤菜。这四大菜系加上浙菜、闽菜、湘菜、徽菜，构成中国的八大地方菜系。此外，再加上京菜、沪菜，合称十大菜系。它们各具特色，风味鲜明，是中国菜系的杰出代表。能够形成如此丰富多彩的食文化（八大或十大菜系）的具体原因和中国历史久远、地域辽阔、民族众多、风俗迥异、气候环境及各地物产的差异、各地的饮食习惯、烹调方法和口味爱好等息息相关。

一、丰富多彩的食文化的形成原因

第一，在原材料方面，中国地大物博，从海南岛到黑龙江跨越了多个气候带，植物、动物、矿产原料千差万别，"西北多牛羊，东南多海鲜"是最明显的体现。各地风俗迥异，少数民族众多，即使对同一种原材料的初加工、分档取料也大有不同，在中国古代典籍中体现明显，《红楼梦》一书中把猪分为汤猪、龙猪、暹罗猪、野猪等不同种类。烹饪不同菜品分档取料各有特点，如东北菜中多炖菜则五花肉选料较多，江浙菜多细腻温婉则选取精瘦肉为宜。

第二，刀工是形成食文化的重要步骤。根据原料属性、构造特点及菜肴制作的要求，运用不同刀具，使用各种刀法，将原料加工成一定规格形状的操作技艺是刀工的具体体现，常见的直刀法、斜刀法、片刀法、剞刀法在各个菜系中应用各有不同，既方便了食用，又呈现了不同的造型，促进了各大菜品的分化。

第三，调味是形成菜系的重要元素。中国肴馔历来把"味"作为核心，调味既是烹饪的技术手段，也是烹饪成败的关键，所以有人说中国的烹饪艺术实际是味觉的艺术。各大菜系调味方式多样，使用加热前、加热中、加热后乃至复合的调味方法，造就了中国丰富多彩的食文化。

第四，制熟方法多种多样，粤菜闽菜蒸、煮、煲较多，最大程度上保留了食材的原汁原味；苏菜浙菜多炖、焖、蒸、炒，重视调汤，保持原汁，风味清鲜，浓而不腻，淡而不薄；鲁菜擅长炒、溜、炸、熏、焖等，善于制汤和利用各种调料；其他菜系也各有特色并在传承中创新，形成多种多样的食文化。

第五，食物的香气能增加进食者的愉悦感和食欲，间接增加人体对营养成分的消化和吸收，是衡量食物质量的重要标准之一。烹饪中的香气，构成菜肴的独特风味，代表食品特色，在烹饪中主要有花果香、鱼肉香、奶香、焦糖香、酱香、发酵食品的发酵香、蔬菜清香、香辛料的辛芳香等。虽然部分菜系中通过对食物发酵可能形成让人不是特别愉悦的气味，但也是食文化的重要组成部分，吸引着旅游者的关注。

第六，声音、触感、色彩、温度、形态、餐具等也是菜系的重要组成部分，共同构成了中国丰富多彩的食文化。

二、中国的十大地方菜系

（一）鲁菜

鲁菜，又称山东菜，是我国八大菜系之首，起源于春秋战国时的齐国和鲁国，形成于秦汉。南北朝时期，山东菜已初具规模，北魏贾思勰在《齐民要术》一书中就总结了山东菜为主的北方菜品多达百余种之多，成为我国目前所知最早的菜谱。宋代以后，鲁菜就成为"北食"的代表。明代以后，鲁菜成为宫廷御膳的主体，是我国影响最大的菜系之一。

鲁菜的形成有着良好的物质基础和文化积淀。齐鲁大地自古以来区域辽阔，经济、文化发达，依山傍海，地广物博，海鲜水产、粮油畜禽、蔬菜果品、山珍野味、粮油糖茶、干鲜果蔬、五味调料一应俱全，所有这些都为烹饪文化的发展提供了丰富的物质基础，为山东菜系的形成提供了良好的条件。而孔子"食不厌精，脍不厌细"的饮食观为鲁菜的发展也指明了方向，制作精细的鲁菜以其精湛的烹饪技艺走向全国，享誉海内外。

鲁菜选料考究，刀工精细，烹饪技法多样，尤擅长爆、炒、烧、炸、熘、焖、扒。鲁菜以擅长制汤、长于用汤久负盛名，鲁菜有用鲜汤、奶汤提鲜而不用味精的技术要求，烹制海鲜有独到之处，尤其长于海鲜珍品和小海味的烹制。此外，鲁菜还善于用葱香调味。宴席装盘丰满，造型大方重规格和礼仪，敦厚庄重。鲁菜烹调技法全面，风味上讲究鲜咸适口、清爽脆嫩、汤醇味正，保持原汁原味。

鲁菜在长期发展过程中，主要由济南菜、胶东菜和孔府菜三大地方菜发展而形成。

济南菜以炸爆炒著称，刀口、火候要求非常严格，菜品清、鲜、脆、嫩、色、香、味、形俱佳。虽然菜肴千变万化，但各具特色。济南菜以清汤菜和奶汤菜最有名气，尤其是奶汤菜，色白而味道异常鲜美，其中奶汤蒲菜、清汤银耳、九转大肠、糖醋鲤鱼、蒜爆羊肉、锅塌豆腐等是济南菜的主要代表。

胶东菜，源于福山，又称烟台菜或福山菜，已有800多年的历史。擅长爆、炸、扒、蒸、熘烹调技术，口味以鲜为主，偏重清淡，注意保持原料的鲜味，注重原汁原味。葱爆海参、扒原壳鲍鱼、炸蛎黄、干蒸加吉鱼是胶东菜的代表。

孔府菜在中国名菜系的发展中经历年代最久远，而且深受孔子"食不厌精，脍不厌细"思想的影响，食精脍细，典雅华贵，规格严谨，寓意深刻，内涵深厚。在宴席类别上，有寿宴、喜宴、家宴、便宴等，在规模上有不同档次的燕窝席、海参席、如意席、全素席、全羊席、清真席及多达196道菜的"满汉全席"等。孔府菜的特点是用料广泛，上至山珍海味，下至普通瓜果；制作精细，讲究刀工精细，调味得当，工于火候；讲究滋补，高热量、高蛋白菜居多；极其讲究菜名与造型，当朝一品锅、御带虾仁、诗礼银仁等是孔府菜的著名菜品。

（二）川菜

川菜，又称四川菜，我国的四大菜系之一。西汉两晋时已初具轮廓，唐宋时发展迅速，明清之际川味因为辣椒的传入进一步形成稳定的味型，影响了西南云贵及周边省区临界地带风味的形成。

川菜发展至今，具有用料广博、味型多、适应面广三大特点，其中尤其以味型多样、变化巧妙而著称，素有"一菜一格，百菜百味"之美誉。故烹饪界有"食在中国，味在四川"之说。川菜味型众多，常用的味型有20多种，且大多与麻辣沾边，其中家常、鱼香、怪味、椒麻、麻辣诸味是川菜独有的味型。川菜虽以麻辣见长，但其辣而不燥，辣得适口，轻重有别，正因为其辣得有风韵，使得川菜享誉世界。

川菜主要由成都（上河帮）、重庆（下河帮）、自贡（小河帮）三大分支菜系组成，还包括乐山、江津、合川等地方菜。

川菜选料讲究，操作精细，品种繁多，风味独特，以麻辣见长，原料中鸡、鸭、肉类多，鱼类较少。素以豆瓣酱、糟辣椒、花椒、红油、蒜泥、陈皮、香醋为主要调味品，烹制技法擅长于烤、干烧、干煸、蒸。口味的基本特点是酸、甜、麻、辣、香，油重味浓，具有浓厚的四川乡土气息。

川菜的名菜有鱼香肉丝、宫保鸡丁、麻婆豆腐、灯影牛肉、夫妻肺片、怪味鸡块、樟茶鸭子、毛肚火锅等。

阅读材料：麻婆豆腐

麻婆豆腐是四川名菜之一。相传，清同治年间，四川成都万福桥集市上，有一位陈氏老太婆卖便饭和茶水。那时常有挑担子的脚夫在此店休息，他们常花几个零钱买点牛肉，又在油篓子里舀点儿菜籽油，请陈氏太婆与豆腐一起烹制。她做出来的这种烧豆腐格外嫩鲜，很快就出了名。后来，一位客商见陈氏太婆脸上有些麻子，便取名为"麻婆豆腐"。麻婆豆腐选料十分讲究，豆腐要用细嫩清香的"石膏豆腐"，辣椒要用"红辣椒"，花椒要用又香又麻的"背子椒"，牛肉要用净瘦肉，成菜后具有麻辣、香嫩、鲜烫等特点，色泽红亮，豆腐嫩而有光泽，红黄色的碎牛肉末附在豆腐上，表面浮起一层红油，达到了色、香、味俱佳的境地，其风味特点是麻辣红亮、豆腐细嫩、牛肉酥香，是一款体现川菜麻辣味的地方特色菜。

（三）苏菜

苏菜，又称江苏菜，主要由淮扬菜（扬州、两淮）、江宁菜（镇江、南京）、苏锡菜（苏州、无锡）、徐海菜（徐州、连云港）四大地方菜发展形成的。

苏菜是长江下游地区的著名菜系，始于春秋，兴于隋唐，盛于明清，素有"东南第一佳味""天下之至美"之誉，享誉海内外。1949年，中华人民共和国开国大典周恩来总理招待中外来宾的第一次国宴，选用的就是苏菜。

苏菜以清淡雅致著称，是"南食"的代表，以烹制河鲜、湖蟹、菜蔬见长。主要特点是取料不拘一格而物尽其用，特别讲究鲜活、鲜嫩，制作精细，讲究刀工，刀法精细，善用火候，烹调方法擅长炖、焖、煨、蒸、烧、炒等，着重用汤，讲究原汁原味。风味特点是清鲜、滑嫩、爽脆，肥而不腻，淡而不薄。

苏菜的著名代表菜有淮扬狮子头、松鼠鳜鱼、荷包鲫鱼、拆烩鲢鱼头、碧螺虾仁、煮干丝等。

（四）粤菜

粤菜，又称广东菜，是我国四大菜系之一。粤菜历史悠久，源起于岭南，最早可上溯至秦始皇南定百越之际，历经发展，南宋以后初具雏形，具有"南烹""南食"之称。随着明清时期的海运大开，口岸开放，粤菜终于形成融南北风味于一炉，集中西烹饪于一身的独特风格，清中叶以后，形成帮口，在各大菜系中脱颖而出，饮誉四海，故清末有"食在广州"之说。

粤菜以广州菜、潮州菜、东江菜三地风味组成，并以广州菜为代表。粤菜博采众长，选料广博，调料选用和烹调方法具有浓厚的地方色彩，调味多用蚝油、虾酱、梅膏、沙茶、红醋、鱼露等，烹调方法多而善于变化，讲究鲜、嫩、爽、滑，长于炒泡、清蒸、煲，尤其独擅焗、烩、软炒等。粤菜口味多样，素有"五滋（香、松、脆、肥、浓）六味（酸、甜、咸、苦、辣、鲜）"之说。

粤菜的代表菜有脆皮乳猪、东江盐焗鸡、红烧大群翅、五蛇羹等。

（五）浙菜

浙菜，也叫浙江菜，具有悠久的历史，主要有杭州菜、宁波菜、绍兴菜和温州菜四地菜肴发展而成，其中最负盛名的是杭州菜。

浙菜选料多为鱼类河鲜，肉、禽、笋兼顾。菜式小巧玲珑、清俊秀丽，擅长爆、炒、烩、炸等烹调技法，注重原汁原味。口味特点是清、香、脆、嫩、爽、鲜。

浙菜的名菜有西湖醋鱼、东坡肉、龙井虾仁、绍虾球、三丝敲鱼等。

（六）闽菜

闽菜，又称福建菜，主要有福州菜、闽南菜（以厦门、泉州为中心）、闽西菜（客家话区）三部分组成，其中福州菜为其代表。三大分支菜肴的口味相差较大，福州菜偏酸甜，闽南菜多香辣，闽西菜偏浓香。闽菜整体特点是色彩美观、滋味清淡。烹调方法以炒、蒸、熘、煨见长，尤以"糟"最具特色。在菜品方面，以烹制海鲜最为著名，讲究汤的制作，有"无汤不行""一汤十变"之说。味清、香醇、口淡、质嫩为其特色。

闽菜的名菜有淡糟鲜竹蛏、佛跳墙、醉糟鸡、烧片糟鸡、荔枝肉等。

阅读材料：佛跳墙

佛跳墙为闽菜首席传统名菜，肇始于宋，定型于清道光年间。当时福州扬州巷官钱局一官员，在家宴请布政使周莲时由其妻亲自下厨烹制了一道菜，系选用鸡、鸭、猪肚、猪脚、羊肉等20多种原料，一并盛入绍兴酒坛煨制而成的。周莲尝后赞不绝口。事后，周莲携衙厨郑春发登门求教官员夫人，领悟烹调的奥秘。在仿效其法时，郑在用料上加以改革，多用海鲜，少用肉类，使菜肴愈加荤香可口，不油不腻。1877年，郑春发与人合伙开办"聚春园"菜馆（其前身是三友斋茶馆、聚春茶园），将此菜及时应市。一天，几位高官显贵、文人墨客会聚该店饮酒品菜，郑春发即奉此菜上桌。坛盖揭开，满堂荤香，令人陶醉。有人忙问此菜何名，回答是：尚未命名。于是，有位秀才即兴赋诗道："坛启荤香飘四邻，佛闻弃禅跳墙来。"众人应声叫绝，拍手称奇。从此，这一诗意的缩写"佛跳墙"便成了此菜的正名，距今已有120多年的历史。

（七）湘菜

湘菜，又称湖南菜，以湘江流域、洞庭湖区和湘西山区的菜肴为代表发展而成的。湘江流域以长沙为代表，洞庭湖区以常德、岳阳、益阳为代表，湘西山区以吉首、怀化、张家界为代表。

湘菜的特点是用料广泛，油重色浓，多以辣椒、熏腊为原料，口味注重香鲜、酸辣、软嫩，烹调方法擅长熏、煨、蒸、炖、炸、炒。著名菜肴有冰糖湘莲、麻辣仔鸡、腊味合蒸等。

（八）徽菜

徽菜，又称安徽菜，主要有沿江菜、皖南菜、淮北菜之分，其中皖南菜是主要代表。

徽菜的特点是选料朴实，讲究火功，重油重色，味道醇厚，保持原汁原味。徽菜以烹制山珍野味闻名，擅长烧、炖、蒸。徽菜的名菜有符离集烧鸡、葡萄鱼、火腿炖甲鱼等。

（九）京菜

京菜，也叫北京菜。现在的北京菜已发展成为融汉满蒙回等民族的烹饪技艺，集鲁菜、清真菜、宫廷菜、官府菜和江南风味于一体，形成了自己的特色。京菜以油爆、酱爆、白扒、烤、涮等烹调方法见长，菜品质地讲究酥、脆、鲜、嫩；取料广泛，花色繁多，调味精美，口味以咸、甜、酸、辣、糟香、酱香为特色。擅长烹制羊肉菜肴，如涮羊肉等。

京菜的代表菜有贵妃鸡、白煮肉、酱爆鸡丁、北京烤鸭、涮羊肉、黄焖鱼翅等。

（十）沪菜

沪菜，也称上海菜。它以当地菜为基础，兼有京鲁苏川闽徽湘等菜系及素菜、清真菜、西餐等特色风味，形成广采博收、淡雅鲜醇的海派风格。

沪菜特点是选料严谨，制作精致，菜品口味追求清淡，款式新颖秀丽，形式高雅脱俗，刀工精细，配色和谐，滋味丰富，口感平和。沪菜的菜品多样，主要以烹制河鲜、海鲜、禽、畜和时令菜蔬著称。其烹饪工艺主要以滑炒、生煸、红烧、清蒸见长。

沪菜的主要代表菜有清蒸鲈鱼、清蒸大闸蟹、生煸草头、脆皮乳鸽等。

三、中国地方风味小吃

除了上述十大地方菜系外，我国各地都有自己地方特色的小吃，成为吸引游客的另一道亮丽风景线。下面对全国各省市区的特色小吃简单概述。

北京小吃：北京小吃非常多，其中老北京小吃十三绝可为其代表，包括豆面糕、艾窝窝、糖卷果、姜丝排叉、糖耳朵、面茶、馓子麻花、萨其玛、焦圈、糖火烧、豌豆黄、豆馅烧饼等，口味与众不同，各有特色，成为北京小吃的亮点。

天津小吃：天津的民间小吃不下千余种，除了被誉为"津门三绝"的狗不理包子、桂发祥麻花、耳朵眼炸糕之外，还有芝兰斋糕干、锅巴菜、明顺斋什锦烧饼、石头门坎素包、天津果仁张等特色小吃。

河北小吃：如棋子烧饼、驴肉火烧、抓炒全鱼、鲜花玫瑰饼、承德驴打滚、白运章包子、血馅饺等。

山东小吃：如单县羊肉汤、烟台焖子、周村烧饼、济南油旋、煎饼、油炸螺丝糕、红烧兔头、蓬莱小面、海鲜小豆腐等。

黑龙江小吃：如哈尔滨红肠、秋林大面包、黄米切糕等。

吉林小吃：如大凉糕、玻璃叶饼、延吉冷面、打糕、朝鲜咸菜、李连贵熏肉大饼等。

辽宁小吃：如老边饺子、马家烧麦、沈阳西塔冷面、白肉血肠等。

河南小吃：如合记烩面、第一楼小笼包、葛记焖饼、炒凉粉、粉浆面条、炸油馍头、逍遥镇胡辣汤等。

安徽小吃：如徽州饼、大救驾、乌饭团、一品玉带糕、三河米饺、五城茶干等。

陕西小吃：如锅盔、牛羊肉泡馍、岐山臊子面、腊汁肉夹馍、魔芋豆腐、凉皮等。

山西小吃：如揪片、刀削面、莜面窝窝、剔尖、黄米面炸糕等。

内蒙古小吃：如手把肉、稍美、滑炒飞龙丝、酸奶子等。

甘肃小吃：如兰州拉面、搓鱼面、天水凉粉、千层牛肉饼等。

宁夏小吃：如糖茶菜、燕面揉揉、烩羊杂碎、粉汤水饺、回族麦芽糖等。

青海小吃：如尕面片、羊肉炒面片、甜醅、狗浇尿等。

新疆小吃：如油塔子、羊肉串、手抓饭、拉条子、馕等。

西藏小吃：如酥油茶、酥油糌粑等。

四川小吃：如川北凉粉、龙抄手、三大炮、赖汤圆、担担面、烫面油糕、灯影牛肉、鸡丝凉面、酸辣豆花、莲蓉层层酥等。

贵州小吃：如肠旺面、牛肉粉、丝娃娃、恋爱豆腐、荷叶糍粑等。

云南小吃：如过桥米线、滇八件、大理饵块、菠萝饭、路南乳饼等。

湖南小吃：如米粉、口味虾、荷兰粉、潇湘五元龟、洪江鸭血粑、腌萝卜干、火宫殿臭豆腐、红烧猪脚等。

湖北小吃：如东坡饼、豆皮、热干面、云梦鱼面等。

江西小吃：如蛋味香、风味烤卤、贵溪灯芯糕、包米果等。

福建小吃：如手抓面、鼎边糊、光饼、土笋冻等。

浙江小吃：如绍兴臭豆腐、酥油饼、虾爆鳝面、湖州大馄饨、嘉兴肉粽、八宝饭等。

江苏小吃：如黄桥烧饼、鸭血粉丝汤、五丁包子、苏州汤团、藕粉圆子等。

上海小吃：如蟹壳黄、南翔小笼包、青团、小馄饨、大馄饨等。

广东小吃：如鸡仔饼、裹蒸粽、酥皮莲蓉包、薄皮鲜虾饺、蟹黄灌汤饺、广式月饼、千蒸烧卖、粉果、蒸肠粉、龟苓膏、炒田螺、荷叶饭、艇仔粥、及第粥、沙河粉、马蹄糕等。

广西小吃：如桂林米粉、梧州龟苓膏、吉列栗子卷、干捞粉、老友面等。

海南小吃：如椰子饭、竹筒饭、海南粉、椰丝长粑、椰汁板兰糕等。

台湾小吃：如担仔面、卤肉饭、嘉义鸡肉饭、黑桥香肠、蚵仔面线、台湾涮涮锅、莲子凉粉、糯米鸭等。

第三节　源远流长的茶文化

茶与咖啡、可可并称世界三大饮料。茶在中国并不仅仅是解渴的饮料，已超越了固有的物质属性，融入中国文化之中，成为中国人的一种生活方式。

一、茶的源流发展

中国是茶的故乡，因为中国是世界上饮茶最早、业茶最先的国家。茶的发现和利用，相传起源于神农时代，距今已有四五千年的历史。中国西南地区是茶树的原产地。人们起先是把茶作药用或食用，后来才逐渐发展为饮用。

饮茶始于巴蜀，一直到西晋，巴蜀还是我国茶叶的主要中心。秦一统中国后，茶和茶的知识才由巴蜀地区向东南和中原地区逐渐传播开来。

在西汉时期，茶叶已成为流通的商品，西南地区饮茶已很普遍。人们经过长期饮用，认识到茶既可治病，又可清热解渴，于是饮茶渐成风气。

魏晋以后饮茶风气渐盛。南方的吴国把茶作为宫廷饮料，贵族宴会皆设茗饮。南齐永明年间，饮茶已为南朝朝野所普遍接受，并深入到寻常百姓家。后来，又缓慢地传入北朝，北朝士大夫把饮茶作为"华夏口味"，从鄙薄、抑制到认同。隋统一南北朝之后，南北经济文化交流更加密切。由于隋文帝爱好饮茶，上行下效，饮茶风尚终于在北方传播。

唐代是中国茶文化的辉煌时期。公元758年，陆羽撰成了中国历史也是世界历史上第一部茶叶专著《茶经》，改变了自西周初期以来茶的记载只是只言片语、简单零碎的状况。《茶经》第一次全面总结了唐以前我国在茶叶生产方面取得的成就，较系统地介绍了茶叶的科学知识，对茶叶的生产、茶事的兴起产生了积极的作用。《茶经》的出现是茶史上最引人注目的事件，它开启了此后茶文化异彩纷呈的局面，使中国茶进入了一个新的境界，"茶"字正式取代了此前一直使用的"荼"字。中唐以后，陆羽被奉为茶神，茶作坊、茶库、茶店、茶馆都有供奉，有的地方还以卢仝、裴汶为配神。陆羽的名字被写入额幢、楹联，如"陆羽谱经卢仝解渴，武夷选品顾渚分香""活火烹泉价增卢陆，春风啜茗谱品旗枪"等，陆羽在茶业经营者的心目中是足以保佑他们财运亨通的。

唐代饮茶习尚的广为流传，还得益于佛教的盛行。僧人坐禅皆以饮茶驱除睡魔，提神清心，几乎寺必有茶，僧必善茗，而且僧人传教也常宣以饮茶之效，于是茶以佛传，茶随佛香。陆羽正是受寺庙茶文化的熏陶，进而潜心研究，竖起中国茶学丰碑的。陕西扶风法门寺地宫出土了大量唐代茶具，这些茶具又分为煮茶用的、点茶用的、碾茶用的、贮茶用的和饮茶用的共五类茶具。这足可证明当时僧人之饮已相当讲究。

值得一提的是，唐人对茶的用水较为注重，在此之前还没有人提到茶的用水问题。"从来名士能评水，自古高僧爱斗茶"，烹茶鉴水是中国茶文化的一大特色，论茶者，无一不极重水品，"水是茶之母"。古人把宜茶之水分为天水、地水两大类，如今还有加工水。天水也称"无根水"，即雨、雪、霜、露、雹；地水即泉水、江水、河水、湖水、井水等；加工水则指"太空水""纯净水""蒸馏水"等。宜茶之水的标准是"清、轻、甘、冽、活"，即"水质要清、水体要轻、水味要甘、水温要冽、水源要活"。茶圣陆羽在《茶经》中对宜茶之水作了详述："其水，用山水上，江水中，井水下。"据说陆羽还曾口授列定天下二十名水，如今看来虽不足为据，但足以说明古代茶人对水之重视。在宜茶之水中，茶人对泉水都情有独钟。也正因如此，在中国广袤的土地上，古往今来演绎出了五个"第一泉"、一个"第二泉"。五个"第一泉"分别是：陆羽赞赏的第一泉——庐山康山谷"谷帘泉"，又称之"叠泉"，当地百姓还称为"渊明醒酒泉"；扬子江心第一泉——镇江中冷泉，又称中零泉、中濡水；乾隆御封第一泉——玉泉，此泉位于北京颐和园以西的玉泉山南麓，以水清而碧、澄洁如玉而得名；大明湖畔第一泉——趵突泉，乾隆也曾赐封为"天下第一泉"；峨眉"神水"第一泉——玉液泉，古人誉此泉为"饮之诧得仙"，并把这口泉誉为"神水"。一个"第二泉"是被世人公认的惠山泉，陆羽曾亲品此泉，著有《惠山记》，故又名"陆子泉"。此外《中国茶经》列举的五大名泉是镇江中冷泉、无锡惠山泉、苏州观音泉、杭州虎跑泉、济南趵突泉。

在唐代，除了陆羽提到宜茶之二十名水外，唐人张又新在所著的《煎茶水记》中，专门叙述了茶汤品质高低与泡水有关系，提出水的性质不同会影响茶汤的色香味，进一步丰富和补充了《茶经》关于煮茶用水的内容。

进入宋代，宫廷兴起的饮茶风俗极大地推动了茶业发展，茶更成为人民生活的必需品。茶叶栽培也非常普遍，产量不断增长。茶叶流通非常兴盛，大中城市茶坊林立，小市镇也有茶坊、茶铺，甚至在茶叶运输线上兴起若干商业都市。宋王朝还与周边政权及少数民族广泛进行茶叶贸易，如宋辽、宋金边界的榷场贸易和西北地区的茶马贸易。茶的税赋收入已成国家财政的重要组成部分。广袤的产茶地域、精湛的品质特色、高额的茶利收入，促使宋代茶业蓬勃地继续向前发展。

随着茶业的兴盛，饮茶风习深入到社会的各个阶层，渗透到日常生活的各个角落。当时茶宴遍及朝野，寺院中也广泛流行，不少学者名流慕名前往，传为盛事。"斗茶"之习唐已有之，只是到了宋代由于皇室的提倡而越发张扬。斗茶又称茗战，是以竞赛的形态品评茶质优劣的一种风俗。斗茶具有技巧性强、趣味性浓的特点。斗茶对于用料、器具及烹调方法都有严格的要求，以茶面汤花的色泽和均匀程度、盏的内沿与汤花相接处有没有水的痕迹来衡量斗茶的效果。为"斗茶"之需，宋代窑场普遍生产宜于"斗茶"的黑瓷碗。宋徽宗尤爱此道，常与臣下"斗茶"取乐。"斗茶"之风在茶叶产地和文人士大夫中非常流行。通过"斗茶"，一定程度上促进了制茶技艺的提高和品茗艺术的发展。在宋徽宗的《大观茶论》中就详细记述了宋人斗茶对于茶饼、茶具、用水、程序和效果的具体规定。在蔡襄的《茶录》中主要围绕斗茶过程，以色香味观照各环节，将民间与宫廷的不同方法及用器进行对比，提出了斗茶胜负的评判标准，追求整合技巧和审美内涵的统一。其论述的重点，上篇提出茶需色、香、味俱佳，指出饼茶以珍膏油面，于色不利；饼茶入龙脑，夺其真香；茶无好水则好茶亦难得正味。下篇专讲煮水、点茶的器皿，特别强调茶碗色泽应与茶汤色泽协调，追求色真、香真、味真，推崇建安民间试茶的功夫。

由于宋代皇宫、官府对斗茶、茗战如痴如醉，乐此不疲，使饮茶风习进一步普及各个阶层，渗透到日常社会生活的每个角落。茶税成为封建王朝的重要经济来源之一，又反过来促使最高统治者重视茶业。宋徽宗赵佶的《大观茶论》虽然只有 2800 多字，内容却非常广泛，依据陆羽《茶经》为立论基点，结合宋代的变革，详述茶树的种植、茶叶的制作、茶品的鉴别。对于地宜、采制、烹试、品质等，讨论相当切实。由于统治阶层的大力提倡，茶书开始从低贱的地位升到高贵的祭坛。宋徽宗还常以茶宴请大臣，并亲手烹制。

制茶方式也有所改变：一是改唐茶的团饼巨串为小巧、雅致的龙、凤团茶，并命以雪英、云叶、蜀葵、玉华、寸金、嘉瑞之类的美名；二是开始用木樨、茉莉、玫瑰、蔷薇、兰蕙、菊花、水香梅花等与茶叶拌和，制出花茶。饮茶也一反唐人加盐及香料的陈规，逐渐改为纯茶清饮。

"诗因茶而诗兴更浓，茶因诗而茶名愈远"，随着茶风的兴盛，宋代有关茶的吟唱诗文也空前增多。宋代茶书的编撰也超过了唐代，已知的近 30 种，如陶谷的《荈茗录》、丁谓的《北苑茶录》、蔡襄的《茶录》等。

尤其值得一提的是茶法专著在宋代首先出现。茶法是指封建政府为控制茶叶的生产和运销，加强对茶叶生产者、交换者、消费者的剥削，以垄断茶利及"以茶治边"而实施的有关法令、政策和制度。大体包括茶叶的岁贡、课税、禁榷、茶马互市，以及与此相关的茶禁政策等方面的内容。由于盛唐以后茶叶生产的发展、饮茶风俗的普及和茶叶贸易的活跃，中唐之际茶法就已经出现，但尚无专门的茶法专著问世。最早出现的茶法专著是沈立于宋仁宗嘉祐二年（公元 1057 年）左右撰写的《茶法易览》，这是目前所知的第一部茶法。除茶书外，宋代还有大量的其他著作记述了茶事，如乐史的《太平寰宇记》、欧阳修的《归田录》、陆游的《入蜀记》、孟元老的《东京梦华录》，以及大量的诗文都从不同侧面、不同程度对宋代茶文化进行了记载和总结。

到了元代，制作精细、成本昂贵的团茶数量大减，而制作简易的末茶和直接饮用的青茗与毛茶已大为流行。在元代饮茶简约之风的影响下，元代茶书也难得见到。

明代是中国茶文化的转折期。其一，表现在罢造饼茶、团茶，大量制作和普及散茶。制作中完成了炒青工艺，刻意追求茶叶特有的造型、香气和滋味。于是绿茶、青茶、黑茶、白茶的精品纷纷登场。其二，表现在茶的饮法由煮饮改为冲泡，从而将饮茶从烦琐的制作中解放出来，使人能品尝茶的天然滋味，并促使茶叶生产呈现出千姿百态的繁荣局面。其三，表现在紫砂茶具的兴起，一改宋代崇金贵银的习气，转为推尚陶质、瓷质。于是宜兴的紫砂壶，在供春大师和"四名家"（董翰、赵梁、元畅、时鹏）的刻苦钻研下，迎合了席卷一时的审美趣向，得到蓬勃发展。以其体小壁厚、保温性能好、透气性强而又耐高温，有助于保持茶香，外观古朴典雅，而成为中国茶文化的重要标志之一。

清代对茶文化的突出贡献，首推红茶的制作与风行。红茶以汤红味香引起国内外青睐。外商争来订购，红茶从此风靡一时，逐渐发展为畅销国内外的"工夫红茶"，在茶文化中独树一帜。另外，清代盛行以茶向皇上进贡，各地培植了众多的名茶，这对茶文化的发展也算功德无量。如龙井茶是因为乾隆帝访龙井村，封胡公庙前 18 棵茶树为"御茶"，而声名远播的；"碧螺春"茶原名"吓煞人香"，康熙南下巡视时觉其不雅，始据其产地和茶型赐名碧螺春，由此才名列国内高级名茶之首。其他如六安瓜片、铁观音、武夷大红袍等都与争做贡品、精心培植有关，都成名于清代，不能不说是清代对茶文化的又一突出贡献。

清代茶书的编撰并没有随着茶业的发展与转型、品饮艺术与茶馆文化的深入民间而崛起，反而明显地缺乏生命力。迄今所知的茶著只有 10 多种，其中有的还有目无书。清代的痴茶、爱茶、醉茶之士对茶学的真知灼见，大多融会到诗歌、小说、笔记小品和其他著述之中。如高鹗的《茶》、乾隆皇帝的《观采茶作歌》、蒲松龄的《聊斋志异》、李汝珍的《镜花缘》、吴敬梓的《儒林外史》、刘鹗的《老残游记》、文康的《儿女英雄传》、西周生的《醒世姻缘传》、袁枚《随园食单》一书的"茶酒单"、曹雪芹的《红楼梦》等著名作品，无一例外地写到茶事。

载录清代茶事较多的书，还有《清稗类钞》。该书中关于清代的茶事记载比比皆是，如"京师饮水""烹茶须先验水""以花点茶"等，成为清代茶道与清人"茶癖"的全景观照。清代的茶书，既有理论，又有实践经验的当推震钧所撰《天咫偶闻》一书，卷八的《茶说》，全文 1800 多字，前有导语，后分五节：一是"择器"，论烹茶与饮茶的器具；二是"择茶"，论茶的品第及贮藏方法；三是"择水"，谈煎茶用水的鉴别；四是"煎法"，主张唐代的煎茶法，对煎水记述尤为详尽；五是"饮法"，讲品饮之雅趣。

陆羽《茶经》提倡煎饮之法后，唐代有煎茶法，宋代有"斗茶"，明代有瀹茶法，至清代，煎水烹茶发展到一个新阶段，其集大成和最具特色者，是流行于闽粤一带的工夫茶。最基本的茶具组合为潮汕洪炉（茶炉）、玉书碨（煎水壶）、孟臣罐（茶壶）、若深瓯（茶盏）。所用茶炉以细白泥制成，壶以宜兴紫砂为最佳，杯、盘多为花瓷，杯、盘、壶典雅精巧，十分可爱。

二、茶的分类

茶类的划分可以有多种方法。有的根据茶叶的生产制作方法不同，将茶叶分为绿茶、红茶、乌龙茶（即青茶）、白茶、黄茶和黑茶六大类。有的根据我国茶叶加工分为初制、精制两个阶段的实际情况，将茶叶分为毛茶和成品茶两大部分，其中毛茶分绿茶、红茶、乌龙茶、白茶和黑茶五大类；成品茶包括精制加工的绿茶、红茶、乌龙茶、白茶和再加工而成的花茶、紧压茶和速溶茶等类。还可以按其生长环境来分：平地茶、高山茶、丘陵茶。将上述几种常见的分类方法综合起来，中国茶叶则可分为基本茶类和再加工茶类两大部分。

（一）基本茶类

1. 绿茶。又称不发酵茶，是我国产量最多的一种茶叶，通过杀青、揉捻、干燥三个基本工艺流程生产而成，具有"色绿、香幽、味甘、形美"的特点。由于其干茶色泽和冲泡后的茶汤、叶底以绿色为主调，故名。绿茶较多地保留了鲜叶内的天然物质，其中茶多酚、咖啡因保留鲜叶的85%以上，叶绿素保留50%左右，维生素损失也较少。最近的科学研究结果表明，绿茶中保留的天然物质成分，对防衰老、防癌、抗癌、杀菌、消炎等均有特殊效果，为其他茶类所不及。绿茶按其干燥和杀青方法的不同，一般分为炒青、烘青、晒青和蒸青绿茶。绿茶中的名茶最多，其中以西湖龙井茶、太湖碧螺春茶、黄山毛峰茶最为著名。

（1）西湖龙井。西湖龙井因产于杭州市西湖龙井村及其附近而得名。其中尤其以狮子峰所产为最佳，被誉为"龙井之巅"，每年清明节前采摘的芽茶称"明前茶"，也称为"莲心"，极为名贵。龙井茶具有干茶扁平挺直，大小长短匀齐，色泽绿中透黄，茶香清高鲜爽，宛如茉莉清香，味甘而隽永，泡在玻璃杯中，清汤碧液，可见茶芽直立的特点，世人誉为"色绿、香郁、味甘、形美"四绝。以虎跑泉水冲泡，号称杭州"双绝"。

（2）太湖碧螺春。太湖碧螺春产于江苏苏州太湖上的洞庭山区，又名洞庭碧螺春。原名为"吓煞人香"，后经康熙皇帝改名为"碧螺春"茶。碧螺春茶以产于碧螺峰茶质绝佳而闻名。其特点是条索纤细，卷曲成螺，绒毛遍布，色丽香清。

（3）黄山毛峰。产于安徽黄山市，是毛峰茶中之佳品。其特点是芽叶肥壮，大小均匀，银毫形如雀舌，油润光滑绿中微黄，冲泡入口醇香鲜爽，回味甘甜沁人心脾。特级黄山毛峰，又称黄山云雾茶，产量极少。

2. 红茶。红茶出现于清朝，用全发酵法制成。红茶与绿茶的区别在于加工方法不同。红茶是鲜茶叶经萎凋、揉捻、发酵、干燥等工艺流程精制而成，具有叶红汤红的特点。红茶香甜味醇，具有水果香气和醇厚的滋味，还具有耐泡的特点。红茶是世界茶叶贸易的大宗产品，主要有小种红茶、工夫红茶和红碎茶三大类，多以产地命名，以安徽祁红、云南滇红尤为出众。

（1）祁红。祁红又称祁门红茶，是祁门工夫红茶的简称。主要产于安徽省祁门县及附近的东至、黟县等县。1875年黟县人余干臣从福建罢官回原籍经商，便仿效福建"闽红"制法，在至德县（今东至县）尧渡街设立茶庄试制红茶，成功后扩大红茶经营，别人亦效仿之。于是很快祁红声誉超过闽红，1915年获巴拿马国际博览会金奖。祁红条索紧细秀长，色泽乌润，毫色金黄，汤色红艳透明，叶底鲜红明亮，入口醇和，回味隽厚，味中有浓郁的既似果香又似兰花香的香气，清鲜持久，国外誉为"祁门香"。祁红在国际市场上与印度大吉岭茶、斯里兰卡乌伐茶齐名，并称为世界三大高香名茶。

（2）滇红。滇红外形条索紧结、肥硕雄壮，干茶色泽乌润、金毫特显，汤色艳亮，香气鲜郁绵长，滋味浓厚鲜爽。

3. 青茶。青茶又称乌龙茶，属半发酵茶，其工艺流程有晒青、摇青、轻发酵、杀青、揉捻、干燥等，冲泡后既具有绿茶的清香，又有红茶的醇厚，是介于绿茶与红茶之间的一种茶类，始出现于清朝。制作采用独特的"做青"工序，使鲜叶不充分氧化。特点是叶色青绿，汤色金黄，绿叶红镶边，香气芬芳浓醇。乌龙茶的药理作用突出表现在分解脂肪、减肥健美等方面，在日本被称为美容茶、健美茶。乌龙茶的产地主要集中在福建、广东、台湾一带，名品有福建的武夷岩茶、安溪铁观音和广东的凤凰单枞、台湾乌龙等。其中，武夷岩茶中的大红袍被誉为"中国茶王"，是茶中极品，"台湾乌龙"有"东方美人"之称，"铁观音"是因为"美如观音重如铁"而得名。

铁观音，产于福建省安溪等县，因树种而得名，也称为安溪铁观音。茶叶色泽褐绿，重实如铁，香气特异，因传为观音所赐，便取名铁观音。外形条索壮结，呈螺旋形，身骨沉重；色泽砂绿翠润，红点明显，内质香气清高，持久馥郁，滋味醇厚甘鲜，有天然的兰花香，俗称"观音韵"。汤色金黄明亮，叶底肥厚软亮、边缘略向背面卷曲，耐冲耐泡，要冲泡二三次才能品出茶的香气滋味来。饮时入口微苦，瞬即回甘，带有蜜味等特点。

4. 白茶。白茶属轻微发酵茶，是我国的特产。白茶白色茸毛多，色白如银，汤色清淡、素雅，初泡无色，滋味鲜醇，毫香明显。它加工时不炒不揉，只将细嫩、叶背满茸毛的茶叶晒干或用文火烘干，而使白色茸毛完整地保留下来。白茶主要产于福建的福鼎、政和、松溪和建阳等县，名品有白毫银针、白牡丹等。

（1）白毫银针。白毫银针又名银针白毫，也简称银针或白毫，因色白如银、形状似针而得名。采下的茶芽要及时加工，只有萎凋和干燥两道工序。白毫具有外形美观、芽肥壮、茸毛厚、芽长近寸、富光泽、汤色碧青、香味清淡、滋味醇和等特点，主要产于福建的政和、福鼎等地。

（2）白牡丹。白牡丹以绿叶夹银白色毫心，形似花朵，冲泡后绿叶托着嫩芽，宛如蓓蕾初放故名。成品毫心肥壮，叶张肥嫩，呈皱纹隆起，叶缘向叶背卷曲，芽叶连枝，叶面色泽呈深灰绿，叶背遍布白茸毛；香毫显，味鲜醇，汤色杏黄或橙黄清澈；叶底浅灰，叶脉微红，其性清凉，有退热降火之功效。

5. 黄茶。黄茶属轻微发酵茶，在加工过程中采用杀青、闷黄方法，使鲜叶进行非酶性氧化，特点是叶黄汤黄，香气清悦醇和。黄茶按芽叶嫩度分为黄芽茶、黄小茶和黄大茶。黄芽茶如湖南洞庭湖君山银芽、四川雅安名山的蒙顶黄芽等；黄小茶如湖南宁乡的沩山毛尖、浙江平阳的平阳黄汤、湖北远安的鹿苑等；黄大茶有安徽的霍山黄大茶等。

黄茶中以君山银针最为知名。君山银针产于湖南省岳阳市洞庭湖中君山岛。该茶的特点是芽头茁壮紧实，挺直不曲，长短大小匀齐，茸毛密盖，芽身金黄，称为"金镶玉"。汤色浅黄，叶底明亮，滋味甘醇，香气清雅。若以玻璃杯冲泡，可见芽尖冲上水面，悬空竖立，下沉时如雪花下坠，沉入杯底，状似鲜笋出土，又如刀剑林立。再冲泡再竖起，能够三起三落。

6. 黑茶。黑茶属后发酵茶，是我国特有的茶类。黑茶原料粗老，制作过程中因堆积发酵时间较长，叶色呈黑褐色而得名。它是藏族、蒙古族、维吾尔族等少数民族不可缺少的日常生活必需品。久负盛名的黑茶有云南普洱茶、四川的"西路边茶""南路边茶"和湖南黑茶等。

（二）再加工茶

再加工茶品是以各种毛茶或精制茶再加工而成，包括花茶、药茶、紧压茶、速溶茶等。

1. 花茶。花茶由茶叶和香花拼和窨制，利用茶叶的吸附性，使茶叶吸收花香而成。这种茶有茉莉花茶、珠兰花茶、白兰花茶、玫瑰花茶、桂花茶等。窨制花茶的茶坯，主要是烘青绿茶及少量的细嫩炒青绿茶。加工时，将茶坯及正在吐香的鲜花一层层地堆放，使茶叶吸收花香；待鲜花的香气被吸尽后，再换新的鲜花按上法窨制。花茶香气的高低，取决于所用鲜花的数量和窨制的次数，窨次越多，香气越高。市场上销售的普通花茶一般只经过一两次窨制，花茶香气浓郁，饮后给人以芬芳开窍的感觉。

2. 药茶。将茶叶与某些中草药拼合配制成药茶，以发挥和加强药物的功效，利于药物的溶解，增加香气，调和药味，如"姜茶散""益寿茶""减肥茶"等。

3. 紧压茶。明代以前，我国饮用的团饼茶就是茶树鲜叶经蒸青、磨碎，用模子压制成型烘干而成的紧压茶。现代的紧压茶以制成的绿茶、红茶或黑茶的毛茶为原料，经蒸压成圆饼形、正方形、砖块形、圆柱形等形状，其中以黑茶制成的紧压茶为大宗。

4. 速溶茶。速溶茶是以成品茶、半成品茶或茶叶鲜叶、副产品通过提取、过滤、浓缩、干燥等工艺过程加工而成的一种易溶于水而无茶渣的颗粒状、粉状或小片状的新型茶品饮料，具有冲饮携带方便、不含农药残留等优点。我国速溶茶的主要品种有速溶红茶、速溶绿茶、速溶乌龙茶、速溶保健茶。

三、茶具

品茶之趣，不仅注重茶叶的色、香、形、味和品茶的心态、环境、茶友、话题，还要讲究用什么茶具加以配合。茶具艺术本身也是一门发展中的学科。

陆羽《茶经》中专门讲到了茶具，把采茶、制茶的工具称为"具"，把煮茶、饮茶的工具称为"器"，和我们现在的称呼不同。我们所说的茶具，是指煎煮、品饮茶的各式器具。

茶具与陶瓷的发展有着密切的关系。从晋代开始，南方出现青瓷茶具；北方则出现了白瓷茶具。在宋代出现了茶盏，而且是斗茶品评的重要茶具。当时，烧瓷技术有了很大的提高，全国形成了官、哥、汝、定、钧五大名窑。元代，青花瓷茶具声名鹊起，因为在白瓷上缀以青色纹饰，既典雅又漂亮，和茶文化内涵的清丽恬静很一致，故备受青睐。青花瓷茶具在艺术造型上不断追求，把流嘴从宋代的肩部移至壶腹部，受到了国内外的推崇。从元到明这一时期中，与瓷茶具同时发展的就是至今不衰的宜兴陶。由于明代把宋以后的茶叶"蒸青"进一步改为"炒青"，饮茶方法从煮饮变为泡饮，为宜兴紫砂陶开创了一个前所未有的新纪元。

茶具和饮茶方式关系最为密切。唐代用的是茶饼，饮用前要炙烤、碾粉、过筛、煎煮，有的还加有姜、葱、盐等佐料。煎成的茶汤味道很浓，为适应饮者对浓淡的不同需要，备有一种壶形的注水器，用以注水调汤。这种在晋代就有的器皿，因为壶嘴上塑有公鸡的鸡冠，称为"鸡头流子"。在唐代，开始改称为"注子"。

刚煎煮的茶汤很热，为了使用方便，又出现了一种可托茶碗的托盘。这种托盘能载不少杯樽，故古人取其名为"舟"，近代称其"茶船子"。这种茶托和清代普遍使用的盛茶盅的茶盏托又是不同的。

从汉至唐宋，随着制茶和饮茶风习的发展，从茶饼碾碎煎煮加佐料到不加佐料，及至元末改用了散茶煎煮，明代则直接用开水泡饮，茶具也随之从庞杂而变得精简。

茶具的质地有金、银、铜、锡、漆器、水晶、玛瑙、竹制品及玻璃等。但那些由名贵材料制成的茶具对增进"茶味"似乎并没有起到什么大的作用，故被大多数人所不取。如明代的张谦德就把金、银茶具列为次等，把铜、锡茶具列为下等。

我国地域辽阔，茶类繁多，又因民族众多，民俗也有差异，饮茶习惯便各有特点，所用器具更是异彩纷呈，很难做出一个模式化的规定。按茶具的材质，有陶土、瓷器、漆器、玻璃、金属、竹木等之分。下面主要从中国现代茶艺的基本需要出发，选择主要器具，以功能分类叙述。

1. 主茶具。主茶具指泡茶、饮茶的主要用具，主要有茶壶、茶船、茶盅、小茶杯、闻香杯、杯托等。

2. 辅助用品。辅助用品是泡茶、饮茶时所需的各种器具，以增加美感，方便操作。主要有桌布、泡茶巾、茶盘、茶巾、茶巾盘、奉茶盘、茶匙、茶荷、茶针、茶箸、渣匙、箸匙筒、茶拂、计时器、茶食盘、茶叉等。

3. 备水器。备水器主要有净水器、贮水缸、煮水器、保温瓶、水方、水注、水盂等。

4. 备茶器。备茶器主要有茶样罐、贮茶罐（瓶）、茶瓮（箱）。

5. 盛运器。盛运器主要有提柜、都篮、提袋、包壶巾、杯套等。

6. 泡茶席。泡茶席主要有茶车、茶桌、茶席、茶凳、坐垫等。

7. 茶室用品。茶室用品主要有屏风、茶挂、花器等。

四、茶艺

"茶艺"表演已经成为我国旅游活动中的一项文化产业。一般说来，茶艺就是泡茶的技艺和品茶的艺术。唐代的煎饮、宋代的斗茶等茶事可以看作茶艺的源头。目前，我国旅游景区景点茶艺演示的基本程序大同小异，以下主要介绍两种有代表性的程序。

其一是由林治先生创编的龙井茶茶艺的程序，共12道程序：

1. 焚香除妄念（点香以制造氛围）；

2. 冰心去凡尘（清洗玻璃杯）；

3. 玉壶养太和（水烧开后在瓷壶中降温养水，避免水温过高将牙尖泡熟）；

4. 清宫迎佳人（将干茶叶放入杯中）；

5. 甘露润莲心（注入少量热水润茶）；

6. 凤凰三点头（冲泡时有节奏地将壶三起三落，水流不间断）；

7. 碧玉沉清江（茶叶吸水逐渐下沉）；

8. 观音捧玉瓶（茶艺师向游客奉茶）；

9. 春波展旗枪（杯中茶叶舒展，叶片如旗芽如枪，一叶一芽即一旗一枪）；

10. 慧心悟茶香（闻龙井茶的香味）；

11. 淡中品至味（品滋味）；

12. 自斟乐无穷（头道茶后，自己动手，自斟自饮）。

其二是王文礼先生编制的乌龙茶茶艺的 8 道程序：

1. 白鹤沐浴（用开水洗杯）；

2. 乌龙入宫（放乌龙茶叶）；

3. 高山流水（拎高水壶注水冲泡）；

4. 春风拂面（用盖刮去泡沫）；

5. 关公巡城（依次将泡好的茶汤倒入茶杯）；

6. 韩信点兵（将剩下的浓汤一点点滴注各杯，使各杯茶汤均匀）；

7. 赏色闻香（闻香味赏汤味）；

8. 品啜甘露。

此外，常见的茶艺表演还有红茶茶艺。红茶的茶艺相对而言较为简单。红茶因其特性温和、醇厚、兼容，因而艺茶时既重清饮，更重调饮。所谓清饮是为保持红茶的真香本味而不加其他物料的饮用方法；调饮是利用红茶的兼容性，在茶中加入某些辅料而饮用的一种方法。清饮时或冲或煮，以冲居多，器具可壶可杯。红茶茶艺的程序相对简单，一般为洁具、投茶、冲水、敬茶、谢茶，若是调饮则多一道"分果"程序。

茶艺展现的是茶的泡饮艺术，具有很强的操作性和观赏性，给人以物质和精神上的享受。茶艺讲究的是茶趣和意境，需要艺茶者和观赏者双方通过茶艺活动去共同创造，唯有如此，优雅的音乐、宁静的环境、淡淡的茶香才能真正为人们提供高品位的物质和精神享受。

五、茶馆、茶人、茶诗

（一）茶馆

茶馆，古时称茶肆、茶楼、茶店、茶寮、茶亭、茶坊、茶社、茶园、茶室等。如今茶馆不仅是人们专门饮茶的场所，也是人们休闲娱乐，交友叙事，甚至是买卖交易的去处。

我国茶馆由来已久，西晋时期有关茶摊的记载，南北朝时出现供喝茶住宿的茶寮。关于茶馆的文字记述，始于唐代《封氏闻见记》。宋代饮茶之风日盛，以卖茶为业的茶肆、茶坊普遍出现，如"清乐""八仙"等，室内陈设考究，挂名人字画，插四时鲜花，奏鼓乐曲调。明清时期茶馆进一步发展，对用茶、择水、选器、沏泡、火候等方面讲究严格，"太平父老清闲惯，多在酒楼茶社中"，茶馆成为上至达官显贵、下及贩夫走卒的重要生活场所。

茶馆除了京都以外，尤其是南方分布较为普遍。成都、重庆、武汉、长沙、上海、杭州等地十分风行，各地茶馆特色鲜明、风格各异。四川有句谚语叫"头上晴天少，眼前茶馆多"，而四川茶馆又以成都为盛。人们到茶馆除了饮茶外，有的是为"摆龙门阵"、交流信息而来；有的是为交友联谊、谈公论事而来；有的是为生意洽谈、经商买卖而来；有的是为陶冶性情、修身养性而来；还有的是为调解纠纷、评理断案而来。四川茶馆的功能特别多，可谓是"小天地，大社会"。

杭州习惯称茶馆为茶室。杭州茶室与得天独厚的自然风光相映衬，文化气息尤显浓重，其特点是强调茶择名水，品临佳境，艺得真趣，极富"仙佛"和"儒雅"之气，清幽雅洁，超凡脱俗。在杭州茶室中，特别是西湖茶室还凸现着天人合一、人茶一体、契合自然、乾坤浑通的特征。

广州茶馆惯称茶楼。部分茶楼也供应饭菜点心，茶中有饭、饭中有茶是广东茶楼的特色。其乡间茶馆一般傍河而建，小巧玲珑，虽不及西湖茶室的儒雅，但不乏质朴幽雅的水乡情趣。广东人喝茶又叫"叹茶"，大概是认为饮茶可感叹出人生万象之故。"陶陶居"是广州最老的茶楼之一，此外还有"太如楼""如意楼"等。

北京以其无与伦比的地脉、文脉和人脉，独树一帜，其茶馆有可供老人听评书的"书茶馆"；有论茶经、话鸟道、谈家常、论时事的"清茶馆"；有供茶客弈棋搏杀的"棋茶馆"；还有颇具田园情趣的"野茶馆"和功能齐全的"大茶馆"。著名的茶馆有"天福""天禄""天泰""天德"等。

上海的茶馆兴于清代，开设最早、影响较大的有"一洞天""丽水台"等，广式茶楼以"同芳居""大天元"较为知名，至今上海豫园"也是轩"茶楼（又名湖心亭）还蜚声中外。旧时上海的茶馆，除饮茶外，还充作"茶会"市场、地痞流氓"吃讲茶"之场所、"白蚂蚁"（房产拐客）的交易处、"包打听"（侦探）的办案地、评弹艺人的书场等。自古以来，茶馆可以说是人流、信息流、文化流等的桥梁和纽带，是社会的缩影、"万象"的窗口。

（二）茶人

自古饮茶、爱茶、重茶之人不计其数，达官显贵爱茶重其珍，附庸风雅；文人学士爱茶重其韵，托物寄情；佛门高僧爱茶重其德，参禅悟道；道家羽士爱茶重其功，养生延年；平民百姓爱茶重其味，消乏解渴。此所谓仁者见仁，智者见智，知山识水，各得其妙。

1. 茶圣——陆羽

陆羽，唐复州竟陵（今湖北天门市）人，字鸿渐，自称桑苎翁，别号竟陵子、东冈子，后人奉之为茶圣。据传陆羽幼年被弃，智积禅师将他抱回古寺，后托李公抚养，六年后回到寺院。智积嗜茶如命，常呼朋唤友，品茗鉴泉。耳濡目染加上聪明早慧，陆羽小小年纪便深谙茶艺。因陆羽志于儒学而智积令其皈依佛门，师徒不欢而散。陆羽12岁时逃离寺院，流落街头，为求生计，委身民间戏班，从此又与戏剧结下深缘，并很快艺名远播。日后他又随隐士邹夫子精研经史，终成儒士。陆羽虽一生坎坷，但始终淡泊名利，醉心于茶文化的研究，历经三十春秋，写成了中国有史以来第一本茶学专著《茶经》，此书被后人称为中国茶道的"圣经"。此外他多才多艺，著作甚多，但最有影响的还是《茶经》。可以说是茶使陆羽流芳千古，陆羽让茶源远流长。

2. 别茶人——白居易

白居易，河南郑州人，字乐天，号香山居士，自称"别茶人"。白居易生于书香门第，自幼聪慧过人，9岁便能吟诗作对，有"小神童"之称。可他生不逢时，当时天下内乱不断，12岁时被迫背井离乡，漂泊江南。家中不幸、身体不佳、仕途不顺，满腹经纶的他一生壮志未酬，50岁时独善其身，出任杭州刺史，54岁时辞官归隐，远离是非。其爱茶之切，茶艺之精，悟道之深，堪为文人雅士之最。茶与诗是他生命的寄托，"茶，不可一日无"。他经常亲自碾茶、勺水、候火、冲茶，特别是善于鉴茶识水，极重茶境。"一碗喉吻润，二碗破孤闷。三碗搜枯肠，唯有文字五千卷。四碗发轻汗，平生不平事，尽向毛孔散"，是白居易曾"借酒消愁愁不去，转向茶佛自得趣"的真实写照。

3. 茶皇——乾隆

乾隆是中国历史上最爱茶的皇帝之一。他自幼有嗜茶之习，十几岁时便懂得鉴茗、择泉、用火、候汤，虽贵为皇子却经常亲自焚竹烧火、煎茶煮茗。而且他一生爱茶，主张品茶要"咀嚼回甘"，强调品茗要"静浣尘根""闲寻绮思"，认为茶乃水中君子，酒为水中小人。他借茶施政，盛举"千叟茶宴"，赐茶群臣，创办"经筵茶典"，亲自讲学赐茶；同时他善以茶休闲，常吟诗品茗，好鉴泉评水，"玉泉"便是他御封的天下第一泉。他还亲自题趵突泉为"急湍"，"铁观音"之名也是由他所赐。

此外，中国历史上的著名茶人还有茶仙苏东坡、茶怪郑板桥等。近代名人也莫不爱茶，如孙中山、毛泽东、周恩来、郭沫若、鲁迅、冰心等。

（三）茶诗

西晋时期，社会动荡，文人愤世嫉俗却又无能匡扶，于是出现清谈一族，谈天论地，回避尘世。恰在此时茶被文人看中，应运结缘诗坛，中国第一首以茶为题的诗——《娇女诗》（左思）便产生于此时。《茶经》的问世奠定了茶在诗坛中与酒并驾齐驱的地位，代表人物是白居易；唐末，茶在文人心中更是后来居上；宋代朝廷推举饮茶，于是茶风日兴，以茶入诗被视为高雅之事，这样便造就了茶诗、茶词的繁荣；元至明清，茶诗仍不乏精品佳作，风格上趋于清冷，内容上涵盖万象，更显平民化、大众化、休闲化。

阅读材料：茶诗一首

元稹（唐）

茶。

香叶，嫩芽。

慕诗客，爱僧家。

碾雕白玉，罗织红纱。

铫煎黄蕊色，碗转曲尘花。

夜后邀陪明月，晨前命对朝霞。

洗尽古今人不倦，将知醉后岂堪夸。

第四节　博大精深的酒文化

中国是世界上最早发明酿酒的国家之一，为世界酿酒业的发展做出了巨大的贡献。在中国，酒不仅仅是一种饮品，而且还具有非常高的精神文化价值。以文化作为其表现形态，中国酒文化可谓源远流长、博大精深，几乎浸透在中华民族的一切生活习俗之中，体现在社会政治生活、经济交往、文学艺术、审美观念、医药卫生等诸多领域，成为中国传统文化的一个重要组成部分。

一、酒的起源与发展

（一）酒的起源

关于中国酒的起源，现在还没有确定，流传较广的主要有上皇造酒、仪狄造酒、杜康造酒之说。虽然以上诸说都难以证实，但都大致说明酿酒早在夏朝或夏朝之前就存在了。国内学者普遍认为，远在5000年前的龙山文化时期，我国劳动人民就掌握了酿酒技术，酿酒是当时较为发达的行业。

（二）酒的发展

人类有意识地酿酒，是从模仿大自然的杰作开始的。酿酒在方法上有发酵和蒸馏之分，而蒸馏酒又产生于发酵酒之后。

在旧石器时代，出现了最早的人工酒，即自然发酵的果酒、乳酒。我国古代书籍中就有不少关于水果自然发酵成酒的记载，古代史籍中还有所谓"猿酒"的记载，在《黄帝内经》中记载有一种"醴酪"是我国乳酒的最早记载。这时，酿酒所需的酿造技术较为简单。

在商代，谷物造酒已很普遍，并且饮酒的风气极盛。从各地出土的大量商代饮酒器、贮酒器来看，古文献中的"酒池肉林"是有所根据的。商代的高级酒叫"柜鬯"，普通饮用的酒叫"醴"，是一种用蘖（即麦芽，用作酒曲）做的甜酒，这是一种以发芽的谷物酿酒的新技术，是酿酒工艺的又一次重大进步。

西周时期是我国酿酒技术和酒文化飞跃发展时期。酒曲已得到普遍的运用，使酒的质量产生了一个飞跃。这时的酿酒工艺已变得更加讲究，并从理论上进行了总结。这都说明了周代造酒业的发展。

西周时，朝廷开始设置酒官，而且不止一种，如掌握全国"酒之政令"的"酒正"，负责科研及工艺技术的"大酋"，领导酿制的"酒人"，主持储藏勾兑的"醴人"，负责朝廷精美酒器和酒具总管的"郁人"。还设有中士、下士、府史、胥、徒、奚等级别，共630余人。这些人各有专职，主要掌管国家重大的国事活动饮酒和王室饮酒。酒官的设置标志着酿酒在西周时期已成为独立的手工业部门，这对于规范和提高酿酒技术、总结和推广酿酒经验都具有重要作用。为了节约粮食，积蓄国力，西周初年颁布了我国历史上的第一部禁酒法典——《酒诰》，规定了十分严厉的禁酒措施。西周从设官治酒到以法禁酒，标志着酒文化与制度文化结伴运行，这对于后世中国的酒政产生了极其深远的影响。

在礼制文化的直接影响下，西周统治者还大力倡导酒德、酒礼，其目的除了分尊卑之外，主要还是为了禁止滥饮酒。西周倡导的"酒礼""酒德"，后来同儒家的伦理道德思想融合，成为数千年来中国酒文化区别于西方酒文化的最大特色。

秦汉时期，随着制曲技术的发展，造酒技术也得到了进一步的发展，酒的品种也有所增加。在马王堆西汉墓中出土的《养生方》和《杂疗方》中，发现了迄今为止最早的有关酿酒工艺的记载。同时说明，当时的人对酒的药用功能已有一定的认识深度，药酒已是常见之物。在东汉时的画像石和画像砖上，酒事是常见的题材，如山东诸城凉台出土的"庖厨图"中的酿酒场景，它是对当时酿酒全过程的描画。

　　魏晋时期，伴随着饮酒风气的盛行，出现了所谓的魏晋风度，而体现魏晋风度的一个主要标志就是文人喝酒成风。比如当时的竹林七贤中的阮籍、刘伶等都酷嗜饮酒。北魏贾思勰在《齐民要术》中，记录了40多种酒的酿造方法，其中有作者亲历的，亦有辑自古籍的。此书对研究古代酿造技术极为重要。上述例子都证明了魏晋时期造酒技术的发展，以及饮酒风气的广为盛行。

　　到了唐代，除了粮食酒外，还开始酿造果酒和药酒，如葡萄酒、天门冬酒等。据《新唐书》记载，唐诗人王绩就写过一本《酒经》。并且，唐代的文人也是嗜酒成风，李白、杜甫等人不仅善于喝酒，而且在他们的诗中，经常写到酒。如李白的《客中作》、杜牧的《清明绝句》皆提到了酒。

　　宋代的造酒业得到进一步发展，文人喝酒的风气也不亚于唐代。朱弁的《曲洧旧闻》中有一条谈酒的笔记，其中列举了210多种名酒；窦革的《酒谱》则是一部杂叙酒之故事的书，共有15篇，始于《酒名》，终于《酒令》；朱翼中的《北山酒经》则是论述造酒的专著。此外还有《宋史·艺文志》中著录的无求子《酒经》一卷、大隐翁《酒经》一卷等。在我们熟悉的人物当中，如豪放词的两个代表人物苏轼和辛弃疾，都是好酒的人物。苏轼好喝但酒量不大，喝一点酒就红脸，他曾写过专门谈酒的《东坡酒经》。同样，他的诗词也与酒结下了不解之缘，如著名的《饮湖上初晴后雨》："水光潋滟晴方好，山色空蒙雨亦奇。欲把西湖比西子，淡妆浓抹总相宜。"南宋伟大的爱国词人辛弃疾同样也是一位爱酒的人，他的词中也经常写到酒。

　　在唐宋时期的医学著作中，有不少关于药酒的记述，孙思邈的《备急千金要方》、唐代的《外台秘要》和宋代的《太平圣惠方》《普济方》等均收录了大量的药酒方。

　　元代出现了蒸馏酒，即烧酒。或谓烧酒是元代自阿拉伯传入我国的，或谓元以前已有烧酒。一般认为，"烧酒"自元代起逐步传入中原地区。明中叶以后，以高粱为原料，以大麦制曲，用蒸馏的方法制造的"烧酒"在北方发展很快，并渐渐取代黄酒而占据主导地位。南方虽仍以黄酒为主，但白酒的酿造也有所发展。

　　明清时期，伴随着造酒业的进一步发展，出现了不少地方名酒。明代王世贞曾写过《酒品前后二十绝》组诗，分别介绍了桑落酒、羊羔酒、章丘酒、金华酒、麻姑酒等名酒的产地、来历及特点。

　　总之，在漫长的历史发展过程当中，中国的酒文化也得到了不断丰富和发展，不仅是酒的品种不断丰富，而且与酒相关的一些文化现象也越来越丰富，最终形成了颇具民族特色的中国酒文化。

二、酒的分类

　　中国酒的种类繁多，分类标准和方法也大不相同。按照原料分类，可以分为粮食酒和果酒；根据酒精度的高低，可以划分为低度酒、中度酒、高度酒，酒精度15度以下的为低度酒，16 度至 38 度之间的为中度酒，高于 38 度的为高度酒；根据生产厂家的酿制工艺可以分为发酵酒（如啤酒、米酒、葡萄酒等）、蒸馏酒（如中国白酒、伏特加、白兰地酒等）和配制酒（如乌梅酒、鹿茸酒等）。但习惯上大都采用经营部门的分类法，将中国酒分为白酒、黄酒、啤酒、果酒、药酒等。

（一）白酒

白酒是我国最有代表性的酒类，它与白兰地、威士忌、朗姆酒、伏特加和金酒并列为世界六大蒸馏酒。白酒是我国传统主体酒类，一般是以高粱、豆、米等谷物的淀粉为原料，以酒曲为糖化剂，经过糖化发酵，再用蒸馏方法酿制而成，因酒液色白而得名。酒度一般都在 40 度以上，酒液清澈透明、质地纯净、芳香浓郁、醇和软润、刺激性较大。白酒的生产工艺极不统一，常因地因厂而异，而且原料各种各样，风格各异，形成多种香型。

中国白酒通常按香型分类，目前被国家认可的有五种：酱香型、浓香型、清香型、米香型和混香型。

1. 酱香型：又称茅香型，以著名的茅台酒为代表，属大曲酒类。所谓酱香，就是类似豆类发酵时发出的一种酱香味。该类酒的特点是酒体醇厚，回味悠长，香而不艳，味大于香，酒度低而不淡，空杯留香，经久不散。

2. 浓香型：又称窖香型，以著名的泸州老窖和五粮液为代表，属大曲酒类。浓香型白酒是采用混蒸续渣工艺，用陈年老窖或人工老窖发酵。其特点是窖香浓郁、清冽甘爽、绵柔醇厚、香味协调、尾净余长。评酒家认为其特点可概括为五个字，即香、醇、浓、绵、净。浓香型酒的主体香型应是窖香，兼有糟香或老白干香及微量泥香。总的共性是香要浓郁，入口要绵、要甜（有"无甜不成泸"之说），不应出现明显的苦味。

3. 清香型：又称汾香型，以著名的汾酒为代表，属大曲酒类。清香型白酒是用清蒸清渣工艺和地缸发酵而成。其特点是清香醇正、诸味协调、醇甜柔和、余味爽净，可以用清、正、甜、净、长五字概括。

4. 米香型：以著名的桂林三花酒为代表，属小曲酒类。米香型白酒是采取浓、酱两种香型酒的某些特殊工艺酿造而成的。其特点是蜜香清雅，入口柔绵，落口爽冽，回味怡畅。

5. 混香型：以著名的董酒、西凤酒为代表，属大曲酒类。此类酒酿造时，大小曲都用，发酵时间长，酿造工艺比较特殊。其特点是绵柔、醇甜、味正、余长，与其他香型白酒相比，风格突出。药香型以董酒为代表，凤香型以西凤酒为代表，兼香型以白云边酒为代表，豉香型以玉冰烧为代表，特香型以江西四特酒为代表，芝麻香型以景芝特曲白干为代表，兼有两种或两种以上香型的白酒均归于此类。

（二）黄酒

黄酒亦称米酒、老酒、陈酒，是中华民族独创的、最古老的酒，是我国先民对人类科学文化和生产发展做出的早期贡献之一，夏、商、周三代就已经大量生产并流传至今，其文献记载的历史已有 6000 多年。因酒的色泽黄亮或黄中带红，故称黄酒。以酒质优异、风味独特而著称，是我国历史悠久的著名特产。

黄酒的酿制一般是以黏性比较大的糯米、黍米和大黄米等谷物为原料，经过蒸煮、糖化和发酵、压滤而成的低度原汁酒。酒度一般为 12 度至 17 度。酒性醇和，极富营养价值，酒液中含有麦芽糖、葡萄糖、糊精、有机酸、氨基酸、无机盐、维生素、微量高级醇等，黄酒中含有人体必需而又不能合成的 7 种氨基酸，居各种酿造酒之首。此外，黄酒还具有行药势、通血脉、厚肠胃、润皮肤、和血益气、扶肝除风等功能，所以中医常用以作"药引"，成为中药的重要辅料。1988 年，绍兴酒被国家定为国宴用酒。

（三）啤酒

啤酒是以大麦为原料，以啤酒花为香料，经过发芽、糖化、发酵而制成的一种低酒精度的原汁酒，通常人们把它看成一种清凉饮料，酒精含量在 2 度至 5 度之间。

啤酒的特点是有显著的麦芽和啤酒花的香味，味道纯正爽口。啤酒含有大量的二氧化碳和丰富的营养成分，能帮助消化，促进食欲，有清凉舒适之感，深受人们的喜爱。

（四）果酒

凡是用水果、浆果为原料直接发酵酿造的酒都可以称为果酒，酒度在 15 度左右。各种果酒大都以果实名称来命名，如葡萄酒、樱桃酒等。

（五）药酒

药酒是成品酒（多用白酒）为基酒，配以各种中药材和糖料，经过酿造或浸泡制成具有不同作用的酒，如竹叶青酒、张裕三鞭酒、五味子酒等。

三、中国酒文化表现形式

所谓酒文化是指与酒相关并通过酒这一媒介所表现出来的文化，它包括酿酒技术、酿酒工艺、饮酒器具、酒礼酒德及文人墨客所创作的与酒相关的诗文辞赋和饮酒的逸闻趣事等内容，内涵非常丰富。

（一）酒器

1. 原始酒器

距今 5000 多年前，龙山文化遗址发掘出的陶器中有尊、高脚杯、小壶等酒器。

2. 商周的青铜酒器

此时期酒器大量为青铜制品，主要有尊、彝、卣、爵、壶、觚等。

商代，由于酿酒业的发达，青铜器制作技术提高，当时还出现了"长勺氏"和"尾勺氏"这种专门以制作酒具为生的氏族。在周代，也有专门制作酒具的"梓人"。

3. 汉代的漆制酒器

秦汉之际，漆器、玉制酒器代替了笨重的青铜酒器。

4. 唐宋时的瓷制酒器

瓷器大致出现于东汉前后，瓷制酒器一直沿用至今。

5. 明清时的金、银等材质的酒器

明清时，出现了用金、银、象牙、玉石、景泰蓝等材料制成的酒器。

6. 当代酒器

现代酿酒技术和生活方式对酒具产生了显著的影响。瓶装、桶装、听装、坛装酒的出现，使得贮酒器、盛酒器随之消失，但饮酒器还是永恒的。

一般来说，小型酒杯较为普遍，主要用于饮白酒，材料主要是玻璃、陶瓷等，也有用玉、不锈钢等材质制成的小酒杯。

中型酒杯，一般用来饮用啤酒、葡萄酒居多，也有用之饮茶的，材质主要是以透明玻璃为主。

（二）酒德

在《尚书》和《诗经》中，最早出现"酒德"二字，意为饮酒者要有德行，不能像商纣王一样沉湎于酒中，饮酒过度。

（三）酒礼

早在 5000 年前的大汶口文化时期，就已经出现了初期的酒礼。到商朝时制定了维护国家统治宗旨的礼乐制度，从此以后逐渐形成了"酒礼"。

古人在摆宴席时很讲究礼仪礼节。古人之坐，在室内以东为尊；而在堂上，一般都是以南为尊，面南背北，主要宾客都安排朝南坐。斟酒次序是先长后幼，并要注意酒满茶浅，以八分不溢为敬。

（四）酒家

酒家又叫酒店、酒楼、酒馆、酒肆、酒舍、酒庄、酒市、酒亭、酒垆等，是指以卖酒为主兼营酒菜供人饮酒的商业性店铺。酒家具有社会性、娱乐性、消费性和交际性等多种功能，它是社会生活的缩影，是交际沟通的平台，是解闷消愁的乐园，是多层面文化的展厅。

酒家历史悠久，据考出现于商代。春秋战国时酒家已相当普遍，西汉时司马相如与卓文君卖车临邛开"酒舍"，演绎出了一段才子佳人开酒店的佳话。唐代"胡姬当垆"，"酒肆""酒店""酒舍"林立，伴随着夜市的出现，"酒肆茶坊处处开"，"桥市通宵酒客行"，不仅都市就是边野山村也都"千里莺啼绿映红，水村山郭酒旗风"。宋代酒家有了档次的划分。一流的酒家叫"正店"，小的叫"脚店"，其余称"拍户"，官办者谓"官库"，分店叫"子库"。服务形式也日益多样，出现了包子饭店、茶饭店、宅子酒店、花园酒店及直卖店、散酒店、庵酒店等。到了明清时代，酒肆发展空前，融歌舞、戏剧、曲艺、杂技艺术为一体的综合性酒楼开始出现，酒楼内经常有评弹、相声、魔术等临场表演。船宴、旅游酒店及中西合璧的酒店出现在清朝。

酒家风雨沉浮千百年，至今汇建筑、园林、装潢等于一体，融文学、书法、绘画等于一身，集社会、伦理、饮食、审美于一炉的酒家、酒店已遍布华夏。

（五）酒旗

在中国古代，几乎所有城镇和乡村酒店、酒肆，乃至兼卖酒类的店铺，都在店门外高悬一个用青布制作的标志，人们称之为"酒旗"。

酒旗，也称酒望、酒帘、望子、青旗、锦斾等。既可作为酒家的标志，又具浓厚的广告色彩，一般高悬在酒家门首，字画醒目，过往行人远远便可见到。有关酒旗的文字记载，最早见于《韩非子》："宋人有酤酒者，升概甚平，遇客甚谨，为酒甚美，悬帜甚高。"此"帜"就是酒旗。酒旗的起源据考证始于周朝。

　　酒旗还有一个重要的作用，那就是酒旗的升降是店家有酒或无酒、营业或不营业的标志。早晨起来，开始营业，有酒可卖，便高悬酒旗；若无酒可售，就收起酒旗。

　　唐代由于商旅发达，酒楼、酒店、酒铺到处都是，所以酒旗也是到处飞扬飘动。自唐代以后，酒旗逐渐发展成为一种十分普通的广告，人们在酒旗上缀图案，绣店名，甚至出现诗句成语。宋朝罗愿的诗有"君不见，菊潭之不饮为仙，酒旗五星空在天"，说明酒旗上绣了五星的点缀花样。在山西繁峙县岩峙文殊殿有一组金代壁画，其中壁画左上方有一酒楼，高挑着的酒旗书有十个大字"野花攒地出，好酒透瓶香"。名画《清明上河图》中的诸多酒店在酒旗上标有"新酒""小酒"等字样。可见酒旗上的字数没有严格规定，但古时酒旗上的字多为方家或妙手所写。《水浒》中不仅"散发"着酒香，而且处处"飘扬"着酒旗，景阳冈下快活林酒店挂着"三碗不过冈"的酒旗。还有一个酒店挂着写有"河阳风月"的酒望子，两旁各插一把销金旗，每把上面书着五个大字，分别是"醉（壶）里乾坤大""杯（壶）中日月长"，极富诗意。可见，酒旗是中国酒文化中独树一帜的文化现象。

　　（六）酒联

　　酒联是悬挂或粘贴在酒店、酒家、酒楼、酒肆门前的"联语"，也称"酒对子""酒楹联"，与对联几乎同时产生、同步发展。酒联内容丰富，有饮酒、赞酒的直接涉酒联，也有宴饮题赠的间接涉酒联。酒联形式多样，对仗工整，音韵和谐，独抒性灵，不拘一格，雅俗共赏。联以酒为题，联溢酒味；酒因联扬名，酒飘联香。

　　酒联很多，大致可分为赞酒对联、慎饮联、酒楼联、名胜酒联、年节酒联、婚喜酒联、祝寿酒联、哀挽酒联、题赠酒联、故事酒联等。

　　值得一提的是酒联中有一千古绝对，至今无人对出。此联是：游西湖，提锡壶，锡壶掉西湖，惜乎锡壶。相传上联是苏东坡当年在杭州任职游西湖时，席间一歌女提锡壶斟酒时，不慎将酒壶掉到西湖中，一文人因此而得上联。该上联妙就妙在"西湖""锡壶""惜乎"读来谐音同韵。

　　（七）酒令

　　酒令也称行令饮酒，是酒席上助兴劝酒的一种游戏。酒令既是一种烘托、融洽饮酒气氛的娱乐活动，同时也是一种文化艺术。

　　酒令的内容涉及诗歌、谜语、对联、投壶、舞蹈、下棋、游戏、猜拳、成语、典故、人名、书名、花名、药名等方方面面的文化知识，与人们的文化生活密切相关。通常是推一人为令官，余者听令，按一定规则进行，负者、违令者、不能完成者均罚饮。若遇同喜可庆之事时，则共贺之，谓之劝饮。酒令是一种较为公平的劝酒手段，其功用是佐饮助兴、活跃气氛、节制饮酒、情调高雅、陶冶情操、增长知识。

　　酒令的产生可上溯到两千多年前的春秋战国时代，那时的王公贵族、诸侯大夫，每逢酒宴都要"当筵歌诗""即席作歌"，或在酒席宴筵上进行投壶掷杯游戏以助酒兴。这些举措便是最初的酒令。

　　秦汉时期，席宴上抱盏"唱和"，助兴饮酒已成风俗。久之，一些席闻联句、即席唱和之辞日渐丰富并被不断沿用。这一时期，东汉人贾逵编纂有《酒令》专著一部。

魏晋时期，世间流行"流觞曲水"的饮酒风俗。每年阴历三月初三，人们聚会溪边，将注满酒的杯子置于溪流中顺流而下，流至谁前谁即饮之，以祛除不祥。

唐代时期，酒令兴盛达到高峰，现今流行的酒令，几乎都是唐代形成的。自唐至清，有关酒令的著述甚多，其中清人俞敦培的《酒令丛钞》可谓集唐朝以来酒令著述之大成。

酒令的种类众多且各具特点，常分三类，即雅令、通令、筹令。所谓雅令，指行令时"引经据典，分韵联吟，当筵构思者"，是酒令中智力最高、品位最高、难度最大的一种酒令。行此令者需要具有一定的文化素养。雅令的形成包括作诗、联句、道名、拆字、改字等。

所谓通令是指"其俗不伤雅，不费思索，可以通行者"。这种酒令运用范围较广，凡筵席上不拘何种人均可行此令。主要形式有骰子令和猜拳令。骰子令的形式很多，一般通过骰子上的符号及其相应的规定来决胜负，定赏罚。如六顺令，一般摇六次，换座递摇，边摇边念口诀，依口诀规定饮酒。口诀为：一摇自饮么，无么两邻挑；二摇自饮两，无两数席长；三摇自饮川，无川对面端；四摇自饮红，无红奉主翁；五摇自饮梅，无梅任我为；六摇自饮全，无全饮少年。

猜拳令远承汉代的藏钩游戏，一谓射覆即可握物件，让人猜射，射中者胜，负者罚酒。划拳令一般由两人进行，双方必须同时各出自己一只手的手指表示一个数目，在出手前瞬间，猜想对方将用手指表示的数，把自己和对方用手指表示的数目相加，在出拳的同时叫出和数。叫对者胜，叫错者负，双方同时叫对者为平局。

所谓筹令是指把酒令写在酒筹之上，抽出酒筹的人依照筹上的酒令的规定饮酒。此令最能活跃酒家气氛，人人均可参与。这类酒令在唐代就已出现。筹令包容量极大，而且长短不拘；短的仅十余筹，长的多达百八十筹。有时令中行令，令中含令。行筹令的关键要素有两个：一是筹具，二是令辞。常见的筹令有人名筹、花名筹、唐诗筹等，如"饮中八仙令"，则属人名筹。此令的方法是制筹签八枚，由令官指定从某人开始依次轮流抽取，按筹上要求饮酒。酒筹如下：贺知章——已醉不饮，李玉进——饮三大杯，李适之——一口饮尽一大杯，花宗之——作白眼仰头望天饮一大杯，苏晋——逃禅不饮，李白——饮一巨杯，张旭——作酒醉模样饮三大杯，焦遂——饮五大杯。

（八）酒诗

"饮酒者莫如诗"，翻开中国灿烂辉煌的诗歌史，数以万计的诗章仍旧飘溢着酒香。中国是酒的王国，诗的仙界。《诗经》是我国最早的诗歌总集，305 篇中有 74 篇言及饮酒；杜甫现存诗文 1400 余篇，涉及饮酒的有 300 余篇；李白现存诗文 1500 篇，吟咏酒的多达 270 余篇；陶渊明存诗 142 首，以酒为题的有 56 首；白居易存诗 2800 首之多，写到酒的有 800 首；陆游存诗近万首，其中酒诗达 3800 首。

"李白斗酒诗百篇""酒隐陵晨醉，诗狂彻旦歌"，饮酒赋诗、赋诗饮酒是中国历史上特有的文化现象。历史上有一席之地的诗词名家不计其数，有谁不钟情于酒？无论是先秦"中觞纵遥情，忘彼千载忧"的陶公、"对酒当歌，人生几何"的曹操，还是唐代"昨夜瓶始尽，今朝瓮即开"的王绩、"不以酒自娱，块然与谁语"的白居易、"人皆劝我酒，我若耳不闻"的韩愈、"何当载酒来，共醉重阳节"的孟浩然、"自吟诗送老，相劝酒开颜"的杜甫、"看山对酒君思我，听鼓离城我访君"的李商隐，以及宋代"甚欲随陶翁，移家酒中住"的苏轼、"花光浓烂柳轻明，酌酒花前送我行"的欧阳修、"问人间，谁管别离愁，杯中物"的辛弃疾、"棋罢不如人换世，酒阑无奈客思家"的陆游、"为君沉醉又何妨，只怕清醒时候，断人肠"的秦观，再到元代"谁能酿沧海"的元好问，最后到明清"但愁酒杯空"的高启、"谁向高楼横玉简，落梅愁绝醉中听"的吴承恩、"看月不妨人去尽，对花只恨酒来迟"的郑板桥等都喜爱饮酒，正所谓"饮，诗人通趣矣"。万千才子，无数酒郎。

历史上的诗人骚客因悦其色、倾其气、甘其味、颐其韵、陶其性、通其神、兴其情而爱酒、饮酒、醉酒、写酒、吟酒，然后比兴于物、直抒胸臆，大到江山社稷，小到儿女情长，如马走平川、水泻断崖，美诗佳句，油然成吟。兴随酒起，诗的灵感从中泛出，思与酒来，酒的芳香在诗中留存。

（九）酒文、酒典

除了酒诗之外，中国历史上还有许多叙酒之典、歌酒之赋、论酒之章等。如在《水浒》《三国演义》《红楼梦》《西游记》《金瓶梅》等巨著鸿篇中的字里行间无不散发酒的幽香。历史上的酒典也很多，如画蛇添足、杯弓蛇影、高阳酒徒、白衣送酒等，多不胜数，不再赘述。

（十）酒趣

千百年来，有人因酒而留名，也有酒因人而扬名，因酒派出的趣闻逸事甚多，如刀光剑影鸿门宴、杯酒释兵权、郑板桥烂醉作画、王羲之醉书《兰亭序》、曹雪芹卖画还酒债等。

重点概念

饮食文化；饮食理论

复习思考题

1. 丰富多彩的食文化形成原因。
2. 简述中国的八大地方菜系。
3. 简述茶的分类。
4. 简述茶艺表演的基本程序。
5. 简述中国酒的分类。
6. 简述中国酒文化的具体表现形式。

第八章 中国旅游民俗文化

学习目标

1. 了解民俗和民俗文化，主要少数民族的服饰、节庆等民俗
2. 熟悉各种民俗文化的基本内容
3. 运用民俗文化知识制作与旅游相关的民俗专辑

重点与难点

1. 民俗文化的概念和基本特征
2. 各民族代表性服饰文化
3. 我国代表性岁时节日的名称由来与内容

民俗是民族精神的延续，更是民众对时代精神的认同，体现了民族的心理、志趣、信仰和历史发展，是一个民族最有意义的文化特征。民俗关于日常生活的文化，比如出生、婚嫁、吃喝、穿戴、交往等。不同的民族有不同的民俗文化，民俗文化是重要的旅游资源，具有极高的旅游价值。近年来民俗旅游之所以成为热点之一，就是源于其丰厚的文化底蕴和多彩的生活情趣，满足了游客求知、求乐的心理需求和休闲体验。

第一节 旅游民俗文化概述

一、民俗文化的概念

（一）民俗的概念

民俗，即民间风俗习惯，是一个民族（或社会群体）在长期共同生活生产实践中，逐渐形成且世代承袭的较为稳定的行为模式和生活惯制。民俗起源于人类社会群体生活的需要，在形成、发展和演变过程中，渗透并贯穿于民众的日常生活之中。民俗一旦形成，就会成为规范人们的行为、语言和心理的一种基本力量。

（二）民俗文化的概念

民俗文化是依附于人民的生活、习惯、情感和信仰而产生的民间文化，是民众风俗

生活文化的统称，是由民众所创造、传承的文化，是人类在不同文化环境和心理背景下创造、积累、传递、演变而成，同时又在普通民众的社会生产和生活过程中所形成的多种不同类型和模式的物质的、精神的文化现象。

二、民俗文化的主要类型

民俗文化是一种社会文化现象，包含的内容非常广泛，从社会基础的经济活动到社会关系，从上层建筑的各种制度到意识形态领域，其类型按照钟敬文先生《民俗学概论》的观点，大致分为以下四大部分：

（一）经济民俗

经济民俗也称物质民俗，是指人民群众在创造和消费物质财富过程中所形成的民俗事项，主要包括农业生产民俗、牧业生产民俗、渔业生产民俗及服饰民俗、饮食民俗、居住民俗等物质生活民俗。

（二）社会民俗

社会民俗也称社会组织和制度民俗，是民众在特定条件下结成的社会关系惯制，主要包括岁时节令民俗、人生礼仪民俗、社会组织民俗、民间娱乐习俗、社会制度民俗等。

（三）精神民俗

精神民俗是指意识形态方面的民俗，主要包括民间信仰对象、民间信仰行为及信仰行为的实施主体等。

（四）语言民俗

语言民俗是指能行口语约定俗成并经集体传承的信息交流系统，主要包括民俗语言与民间文学两部分。

第二节　民俗文化的基本特征及其旅游价值

一、民俗文化的基本特征

作为一种文化现象，民俗事项既丰富多彩又千差万别，既有个性又有共性。本书仅对能涵盖大部分民俗现象的特征加以阐述。

（一）民族性和地域性

民族性是民俗的显著特点之一。以婚俗为例，摩梭人的走婚、土家族的哭嫁、鄂伦春族的逃婚、壮族的入赘婚俗等，同一类民俗事项具有不同表现方式。地域性是民俗空间特征，如北方人爱吃面食，饮食以面条、馒头为主，南方人则以大米、稀饭为主。

（二）集体性和模式性

民俗的产生形成和发展完善是集体作用的结果，并是由集体保存、传承传播的，如人类最初对自然的原始崇拜，是全民共同参与完成的。民俗文化是集体的心态、语言和行为模式。而且民俗在传承过程中，由于社会变迁，受集体再加工的影响，有着不断补充、完善和发展的过程。

民俗在表现形式上是模式化的。民俗一旦形成，一定时期内具有很强的稳定性，并在稳定发展中形成一定的模式，为群体成员共同遵守，成为约束行为的标准和尺度。民俗的模式性主要表现在时间的运转周期和民俗活动的具体程序上，如依四时节令的变更有节奏地安排生产、生活，调整衣食住行，婚礼虽有地区差异，但其基本程序却是相对固定的。

（三）传承性和变异性

民俗具有空间上的传播性和时间上的传承性。任何一项民俗活动一经产生，必然要在一定范围的群体中扩散，并在一定的时间阶段中反复再现，跨时代而流传于世。比如元宵节的猜灯谜、赏灯会和吃元宵，清明节的祭祖扫墓和踏青郊游，端午节的赛龙舟、吃粽子、饮雄黄酒，中秋节的赏月和吃月饼，傣族的泼水节及壮族的歌圩节，都是传袭了千年以上的岁时节日习俗，虽然这些节日在传承过程中有一些变化，但其核心内容和形式却沿袭至今。

民俗的变异性是与传承性相对而言的。民俗在传承与传播过程中会随着时间的推移和空间的转移而不断发生变异，形成与稳定性相联系的变异性。正是由于民俗具有变异性，才使得民俗充满了生命力。

（四）规范性和服务性

民俗不是法律，没有强制性，但可以以其约定俗成的力量约束族群中每个成员的行为和心理，这就是民俗文化的规范性。规范化的民俗构成民众行为的准则，民俗规范永远是民众心理和价值观念整合的结果。

服务性是指民俗规范民众的同时服务民众。民俗是集体的智慧和创造，是为满足民众的社会需要、生产生活实践及民众心理需要的，如尊老爱幼习俗是一种全体社会成员共同遵守的礼节；二十四节气的制定，主要服务于农事活动。

二、民俗文化的旅游价值

首先，民俗是重要的人文旅游资源。中国文化悠博浩远，民俗文化资源蕴藏丰富，取之不竭，用之不尽。我国有 56 个民族，民族风情各异，特色鲜明，色彩斑斓，各地区各民族有着各具特色的民俗事项。现在，民俗旅游与山水风光旅游、文物古迹旅游构成了我国旅游活动的三大系列。

其次，民风民俗日趋成为文化旅游活动的主要内容和目的。民俗文化的地域性、民族性、模式性、传承性和变异性使民俗文化景观成为重要的旅游资源，给游客一种与众不同的新鲜感。近距离观赏和亲身体验异地异域的风土人情、民风民俗，日趋成为文化旅游活动的主要内容和目的。

最后，旅游有助于民俗的进一步发展和演变。民俗旅游活动既可以与当地的自然景观旅游结合，又可以给当地带来经济效益，提升旅游目的地的知名度，促进不同地区文化的交流。作为旅游吸引物和承载物的民俗文化，能激发旅游者的游览兴趣，使旅游者感到亲切自然，新奇有趣，回味无穷。旅游者通过参加具有浓郁异地异域风情的民俗旅游，不仅能满足自身探奇、求知、求乐等心理需求，并且在与当地人民进行平等、相互尊重的情感交流中，促进彼此间的了解和友谊。

第三节　民俗文化的主要内容

一、服饰民俗

（一）服饰民俗的类别和发展

服饰有狭义和广义之分。狭义的服饰是指服装，广义的服饰包括两大类：一类是各类服装，包括不同质料制作的衣、袍、裤、裙、帽、袜、鞋等，按身体部位不同可细分为头衣、体衣、足衣三部分。另一类是各种装饰物，如头发的装饰物夹、簪、钗、梳，耳部的装饰物耳环、耳坠，颈部的装饰物项链、项圈，胸部的装饰物胸针、腰佩，手臂的装饰物臂钏、手镯、戒指，脚部的装饰物脚链等。还包括对人体自身的装饰，如对发式、眉毛的修描，染指甲，镶牙，束胸，文身，文面等。此外，也包括各种佩物，如佩刀、腰刀、挎包、荷包、香囊、扇子、伞、手巾、手帕等。

服饰是构成人类生活的重要因素，也是人类文化的重要组成部分。服饰文化旅游资源一般包括传统与现代两个方面的服饰文化，但传统民族服饰更能代表民族文化特色。一般而言，北方地域服饰偏重于重、浓、厚，而南方服饰则偏重于轻、浅、薄。

服饰有着古老的历史，其起源有遮羞、实用、美化身体三种说法，在旧石器时代晚期北京周口店山顶洞人遗物中，发现了长 8.2 厘米的骨针，说明古人已能缝制遮羞避寒的衣物，人类从直接采集外衣的随意状态进入到缝制衣服的主动作为状态，在中华民族服饰发展史上迈出伟大的一步。服饰由最初的遮蔽身体之物，发展到现代追求时尚和审美，作为一种无声语言，它能表述一个人的社会地位、文化品位、审美意识及生活情趣，如锦衣与布衣成为等级的标志，丝绸与葛麻代表贫富的不同。服饰还能反映出某些社会观念、政治观念的变化，服饰及其装饰物的样式、图案、颜色等则体现了礼仪伦常、求吉心理及民族自我意识等。

（二）代表性民族服饰

旗袍，源于满族的女性服饰，特点是长袍马褂、束腰窄袖。长袍左衽、无领、四面开襟、束腰、窄袖，袖口为马蹄袖，便于骑射。马褂又称"行褂"，是套在长袍外面的服饰，高领对襟，长及腰部，两袖较短。旗袍充分表现了中国妇女的形体韵律之美和文静贤淑的性格，现已发展成了代表中华民族女性特色的服装，至今仍然流行。

蒙古袍，比较宽大，骑马驰骋时可以用袍子护膝御寒，夜里还可以当作被子用。袍身束有腰带，性别不同，样式和颜色也不同。一般女子所穿的蒙古袍比男子窄些，多以红、粉色、绿、天蓝等为主色，逢节庆之时还要佩戴玛瑙、珍珠、珊瑚、宝石、金银、玉石等编织的头饰；男子则多喜欢穿棕色和蓝色的蒙古袍。穿蒙古袍时须系腰带，它是蒙古袍不可或缺的一部分，多用棉布、绸缎制成，长约三四米，色彩多与袍子的颜色相协调。在草原这样一个多风的地方，束腰带主要是为了抵抗风寒，同时它也是未婚的标志和饰物，男子则有木碗、腰刀和火镰"三不离身"的配饰。

袷袢，维吾尔族传统服饰。根据季节，"袷袢"又分为棉、夹、单三种。男子穿贯头式衬衣，领和胸襟挑绣几何纹，外套对襟"袷袢"，腰系布腰带（可用来存放食物及其他零星物品），脚穿长筒皮靴，靴上插上一把"英吉沙"小刀。

筒裙，是黎族妇女的主要标志，黎族筒裙分长、中、短三种。短裙只有30多厘米长、中裙一般过膝，蓝底白纹的长裙可到脚面。海南黎族姑娘的筒裙较短，一般穿在膝盖以上。这样的筒裙由花裙、链接带和腰部三个部分缝制而成，腰部为自染自织的条纹布，链接带和花裙是用提花或挑花方法编织的，经为棉纱，纬系彩色丝线和棉线，花纹是规整的几何形图案，用踞机织成。

百褶裙，最早出现在东汉，为方便人们生产生活而产生，是彝族、苗族等少数民族常穿的一种服饰。裙子用红、黄、蓝、白等色彩鲜艳的棉布或羊毛布缝合成三节，上节为裙腰，中节成筒状，下节成褶裙，俗称"百褶裙"。

察瓦尔，彝族男女一年四季都披着用羊毛绒编织成的披氅，称"察瓦尔"，冷时可御寒，晴时可以遮日，雨天做雨衣，睡觉当被盖。

苗家服饰，以刺绣图案和各种花纹传递苗族人民的审美情趣，其刺绣以粗犷大方、色彩艳丽及针法多样而著称。由于苗族只有语言，没有文字，因此它古老的起源、迁徙和发展轨迹，相当程度上靠其歌谣、传说、工艺、美术进行反映。心灵手巧的苗族姑娘把苗族的历史也绣在了衣服上，各种符号代表着苗族历史事件和迁徙路线，其服饰蕴含着丰富的历史文化。因此，苗服被称为"穿在身上的史书"。银饰也是苗族服饰的一大特色。

二、岁时节日

（一）岁时节日概述

岁时节日，又称岁时节令，其形成经历了一个潜移默化的发展过程，每个民族都有属于自己的传统岁时节日。这些岁时节日成为民族历史文化的活化石，反映了我国劳动人民的生活、劳动、智慧和愿望，是了解民族生活方式的窗口，是民族传统和习俗的集中展现。因而，每当重要的传统岁时节日，总会吸引成千上万的中外旅游者观赏与参与。

古代采用农历，把一年分为春夏秋冬四个季节，十二个月，二十四个节气，七十二候，三百六十天（约），这些分类构成了岁时节日的计算基础。岁时节日民俗的产生过程是人类认识自然、改造自然的过程。首先，节日的产生与天文、历法、数学等密切相关，来源于季节转换或植物成熟的日子，如冬至、立春、中秋节等；从最早的风俗活动看，原始崇拜和迷信与禁忌是节日产生的最早渊源；来源于历史事件的纪念日，如国庆节；来源于民族或国家英雄的诞辰或忌日，如端午节。

（二）重要节日简介

1. 春节

春节在古代称上日、元日、朔旦、元正、元旦、正日、正朝，民间叫作"过年"，是中国传统节日中最隆重、最受重视的节日。春节的历史很悠久，它起源于殷商时期年头岁尾的祭神祭祖活动。1949 年 9 月 27 日，中国人民政治协商会议第一届全体会议通过使用公历纪年法，将公历 1 月 1 日正式定为元旦，阴历正月初一改为春节。

春节的节日风俗最晚萌芽于西周，定型于汉武帝。

春节的节日风俗沿袭至今，主要有除夕贴门神和财神画、春联、年画，以及除夕守岁、燃放烟花爆竹、祭祖、拜年等，所有这些活动都增添了节日的喜庆气氛。

春节是汉族最重要的节日，满族、蒙古族、瑶族、壮族、白族、高山族、赫哲族、哈尼族、达斡尔族、侗族、黎族等十几个少数民族也有过春节的习俗，只是过春节的形式各有民族特色。

2. 元宵节

农历正月十五是元宵节，道教称作上元节，是上元天官降凡赐福之日，"正月十五闹元宵"在我国已有悠久的历史。

古代元宵节最主要的景观是放灯，从朝廷到民间都制作各式各样的花灯挂在门口街旁，形成"火树银花不夜天"的景观。除了放灯、赏灯，元宵节还有歌舞百戏。

元宵节民间有吃元宵的习俗。元宵又称"圆宵""圆子""汤圆"，是必食的节日食品。东晋时正月十五就有吃糕的习俗。宋代开始有吃元宵的记载，北宋时称元宵为"浮圆子"，南宋时开始包糖馅，叫"乳糖圆子"。后来又以白糖、豆沙、枣泥、芝麻、核桃、山楂等制馅，花色品种日益多样化。

现在，元宵节的节庆活动越来越多，许多地方增加了耍龙灯、耍狮子、踩高跷、划旱船、扭秧歌、打太平鼓等传统民俗表演，更增加了节日的喜庆气氛。

3. 清明节

清明节又叫踏青节，是我国民间重要的传统节日。按阳历来说，它是在每年的四月四日至六日之间，其节期很长，有"十日前八日后"及"十日前十日后"两种说法，这近二十天内均属清明节。

清明节的传统风俗活动除了扫墓祭祖之外，还有"换新火"和清明戴柳、蹴鞠、马球、拔河、放风筝。此外，清明节还盛行踏青春游风俗。

4. 端午节

端午节在农历五月初五，又称端阳、端五、重午。端午节的形成是各地风俗互相融合的产物，现在仍有不同的地区特色。一般说来，北方起自五月是恶月，端午是驱邪避恶之日；南方源于越民族的龙图腾祭祀和龙舟竞渡。现在多以纪念屈原为主。

端午节在我国已有两千多年的历史，很多民族都有这个节日，虽然名称不同，但民俗大同小异：手腕系五色丝，门口悬挂艾草、菖蒲，戴石榴花，饮雄黄酒、菖蒲酒，赛龙舟，吃粽子等。其中赛龙舟和吃粽子是端午节较常见的民间活动。

端午节必不可少的食品是粽子，它是南北方普遍食用的端午节日食品。西晋时的五月五日就吃粽子了，但是又称"角黍"。从南北朝开始，粽子不仅和屈原联系起来，而且以楝叶包裹，系以五彩丝。隋唐以后的粽子，形制和花样不断增多，有百索粽、九子粽、角粽、锥粽、菱粽、筒粽、秤锤粽等。粽内包裹枣、栗、糖果等，皇宫内的粽子还会包裹杨梅。

如今粽子作为节令食品，风行全国。粽子花样繁多，多用于祭祖、敬神和馈赠亲友。现在粽子已经成为常年食品，在任何季节都能吃到，不过每当端午节来临时，粽子仍然是最畅销的食品。

5. 中秋节

中秋节与元宵节、端午节并称中国三大传统佳节。汉族、壮族、布依族、侗族、朝鲜族、仡佬族、畲族、京族等民族的人民都欢度此佳节。

中秋节正式形成于唐玄宗时期。按我国历法解释，农历八月居七、八、九三个月之中，叫仲秋，而八月十五又在仲秋之中，故称"中秋"。由于中秋的月亮特别皎洁晶莹，从汉代开始由祭月、礼月逐步演变成赏月之风。

除了赏月、祭月、吃月饼外，还有观海潮、燃灯、玩兔爷儿等民间风俗。

6. 重阳节

重阳节是农历九月九日。《易经》将九定为阳数，九月九日的月、日都是九，故曰"重阳"。

重阳节除了传统的习俗外，在今天被赋予了新的含义。1989年，我国把每年的九月九日定为老人节，成为尊老、敬老、爱老的节日，传统与现代巧妙地结合，成为具有中国传统特色的节日。

7. 泼水节

泼水节是傣族最盛大的节日，傣语叫"桑勘比迈""棱贺桑勘"。泼水节是傣历新年，相当于汉族的春节，其间人们相互泼水祝福，故称泼水节。

节期一般为三四天，第一天傣语称"麦日"（意为除夕），第二天叫"恼日"，第三天是新年。人们穿上节日盛装，抬着供品到佛寺赕佛，聆听佛经，挑着清水为佛洗尘，祈求佛保佑自己在新的一年里全家安康、五谷丰登、万事如意。之后，男女老幼打着象脚鼓，敲着铓锣，在一片"水、水、水"的欢呼声中，相互泼水祝福，场面十分壮观。因为泼水是一种祝福，被泼得越湿越吉利，傣族人常说："一年一度泼水节，看得起谁就泼谁。"

节庆期间还举行赛龙船、放飞灯等娱乐和歌舞晚会，每年6月会在西双版纳州和德宏州同时举行。

8. 三月三

"三月三"是广西壮族自治区最大的歌圩节，是壮族的传统歌节，相传是为纪念刘三姐设立的民间纪念性节日。壮族以善唱歌闻名，每年都有几次歌会，其中以"三月三"影响最大、最为隆重。节庆期间，除了赛歌、赏歌外，还有跳竹竿、抛绣球、碰彩蛋等活动，充满了趣味性。

9. 雪顿节

雪顿节，又称"晒佛节""藏戏节"，每年藏历七月一日开始举行，节期一般为5天，是藏族传统节日之一。届时，人们身着节日服装，品果品佳肴，观歌舞藏戏，很是快活。

10. 那达慕大会

那达慕，蒙语是"娱乐"或"游戏"的意思，是蒙古族历史悠久的传统节日。据《热河经棚县志》记载，那达慕起源于西汉初年，匈奴在秋季马肥时候举行的集会已初具近代那达慕大会的雏形。

那达慕大会上除了被称为"男儿三艺"的摔跤、赛马、射箭等传统体育比赛外，还增加了文艺演出、物资交易等新内容，使这一传统的民族盛会更加喜庆、吉祥，充满了欢乐的气氛。

11. 火把节

火把节是彝族、白族等南方少数民族的传统节日。节日时间因民族而异，一般在农历六月二十四至二十六晚上举行，被称为"东方的狂欢节"。

火把节是彝族盛大的节日，彝族人认为火炬可以驱鬼除邪，故点燃火把后要照遍房屋的每个角落，甚至整个村寨的火把队要挨户走一遍，人手一柱。人们举着火把同行田间，有的还骑马举火把奔驰，远远望去如一条弯曲的火龙，场面极为壮观。然后，人们还要欢聚于村头、寨边和田野山坡，耍火把，举办篝火晚会。身着节日盛装的青年男女围于篝火堆旁，尽情歌舞，彻夜不眠。

火把节的原意就是古老的火崇拜。在南方许多少数民族，依然可以从这一民俗事项中看到"祭火"的信仰观念与文化内核。

复习思考题

1. 简述民俗文化的概念和类型。
2. 简述民俗文化的基本特征。
3. 简述民俗文化的旅游价值。
4. 列举我国不同地区不同民族的服饰习俗。
5. 列举我国有代表性的一些岁时节日习俗。

第九章　中国旅游休闲文化

学习目标

1. 理解什么是休闲，以及休闲的主要内容
2. 理解什么是休闲文化，以及休闲文化的重要功能
3. 旅游休闲文化的历史与发展

重点与难点

1. 休闲文化的内涵
2. 休闲文化的历史与发展

随着人民生活水准的日益提高，"休闲"已经成为家喻户晓、人尽皆知的一个概念。从随处可见的休闲场所，到男女老少的着装变化，从各种媒体的宣传广告，到大众休闲意识的普遍提高，这一切不仅标志着我国经济发展模式的大转变，也反映了休闲在当代国民生活中所占比重的逐渐提高。当休闲成为人们广泛追求与普遍关注的对象时，休闲文化也就随之产生。

第一节　休闲

一、休闲的内涵

到底什么是休闲，如何把握休闲的定义，我们可以从以下三个方面理解。

（一）从汉字本身进行考察

人倚木为休，"休"字在《康熙字典》和《辞海》里被解释为"吉庆、欢乐"的意思。《诗·商颂·长发》里将"休"解释为吉庆、美善、福禄。"闲"的引申意一般是指范围，多指道德和法度，如《论语·子张》里记载："大德不逾闲。"此外，"闲"有限制和约束之意。另外，"闲"也通"娴"，有娴静、思想的纯洁与安宁的意思。

（二）从时间上对休闲的界定

1. 休闲是指一天当中扣除正常生理需要之后所剩余的那部分时间，这部分时间不能

用于获取或创造收入，甚至要为此消耗收入。

2. 休闲是指不被用于社会必要劳动的时间，它的前提是缩短劳动工时。因此，休闲是一个国家生产力水平高低的标志，也是衡量一个社会文明的尺度。

3. 休闲是对可自由支配时间的利用，在可自由支配的时间里人们可以从事自己真正想做的事情，或是从事与工作不相关的活动。同时人们可以从这种活动中获得愉悦，以此来满足自己的精神生活需要。

（三）从性质上对休闲进行界定

从性质上讲，休闲可以分为积极性休闲和消极性休闲。

1. 积极性休闲是指有益于人民群众身心健康的文化活动，主要包括学习、娱乐、交际、健身等活动，特点是非公务性。通过这些活动可以培养人们的审美情趣，陶冶人们的情操，增强人们的体质，沟通彼此的思想，达到增进友谊的目的。

2. 消极性休闲是指既害人又害己的活动，如黄、赌、毒等不健康、不文明，甚至犯罪的活动，具有自我放纵、蓄意破坏、违法犯罪的特点。

二、休闲的种类

休闲活动的种类很多，有的能强健体魄，有的能增广见闻，有的能陶冶性情。无论哪一种，只要适合我们，又不会造成体力、精神或金钱上的负担，都可加以选择。一般而言，休闲可分为以下八类。

旅游类：例如郊游、旅行、露营、远足等，不但能够亲近大自然，欣赏各地风光美景，还可以松弛紧张忙碌的生活，怡情悦性，增广见闻。

运动类：例如各种球类、游泳、健身操、骑马、登山、太极拳、潜水、跳绳等，可以锻炼体魄，增进体力，有益身体健康。从事脑力工作的人，尤宜多参加体能活动，借以调剂身心，激励进取的斗志。

收藏类：例如收集邮票、卡片、书签、剪报、钱币、火柴盒、徽章、贝壳、模型等。在收集、辨识、整理、分类、储藏、展示的过程中，可以结交志趣相投的朋友，相互研究收集的方法，分享心得；更能借此活动，培养我们的细心和耐心，以及整理的能力。

益智类：例如围棋、象棋、跳棋、拼图等，可以培养判断力、启发智能及思考能力，所以有人称之为益智活动。

创作类：例如插花、绘画、书法、摄影、手工艺、弹奏乐器、写作、歌唱等，也就是利用手脑创造事物的活动。这类活动不仅满足人类创作的心理需求，培养审美的感觉，更可用创作出的成果美化生活环境，丰富人生色彩。

公益类：例如参加社团、孤儿院、养老院、幼儿园、红十字等公益活动，可使参加者增广见闻，发挥爱心，增加社交能力；同时，由于"知足感恩"，更能体会"助人为快乐之本""人生以服务为目的"的意义。

栽培饲养类：例如种花、养兰、饲养宠物（鱼、鸟、狗）等，这些活动能培养爱心、耐心，并可从中领会生命的可贵。

娱乐类：例如观赏电视剧、电影、舞台剧、录像带、舞蹈、评剧、音乐演奏等，或是阅读书报杂志等，能够使我们在工作之余得到轻松的机会，这是最普遍也最受欢迎的活动。

三、休闲的功能

休闲是自古就有的。一般意义上的休闲是指两个方面：一方面是为了解除身体上的疲劳，恢复生理的平衡；另一方面是为了获得精神上的慰藉，使之成为心灵的驿站。休闲是完成人的生命状态的一种形式，在人类社会进步的历史进程中扮演着重要的角色，对于人的生命的意义来讲，它是一种精神和态度。

（一）休闲行为不仅要寻找生活的快乐，更要寻找生命的意义

美国著名的休闲学专家杰弗瑞·戈比说："从根本上讲，休闲是对生命的意义和快乐的探索。"人是为了从无休止的劳动中摆脱出来，以和谐优雅的姿态，追求个人的安宁和自我实现。自由自在的生存，它与劳动一样，是人类最古老的梦想。休闲是人类生命活动的存在方式、内容和追求的目标，也是一种责任。哲学家尼采说过："活得使你渴望再活一次，这样活着是你的责任。"如果有条件休闲而完全放弃，使自己紧张过度，以致丧失健康，这也是违背自己和社会要求的责任。

但是，必须指出，我们所说的休闲，是以劳动为保障的休闲，而不是只休闲而不劳动的休闲，更不是只占有别人劳动而不为社会尽责的休闲。应当强调的是，人们在热爱劳动、关注劳动的同时，要重视休闲在生命中的位置和意义，要注重休闲和文化的联系。否则单纯的休闲只是消磨时间，那就得不到"精神的充实"，也不能有益健康。所以我们要强调发展休闲文化和休闲产业，并且以休闲文化构建和谐社会。

（二）休闲使人的生命更丰富多彩

随着新技术的发展运用和体制变迁，人们的劳动时间、工作时间与家务劳动时间逐渐减少，而自由的时间逐渐增多。人们甚至可以将生命中 50% 的时间用来休闲，这使得休闲的中心位置进一步突出，休闲的意义也在不断发生变化。现代社会的组织方式正在发生转变，这种转变不仅能为人们提供丰富的物质产品和服务，而且也为人们提供了各种各样的休闲机会，让人们通过休闲来丰富自己的生命。追求休闲成为人们的工作目的和精神需求，休闲将成为时代的特征之一。目前，美国人将 1/3 以上的时间用于休闲娱乐，将 1/3 以上的土地面积用于休闲娱乐，将收入的 2/3 用于休闲娱乐。

休闲可以增进人们的身心健康，因为休闲不仅可以舒活筋骨，运动身体，还可以调节情绪，满足心理上的需求，如好奇心、成就感、自我肯定等；休闲可以培养人们的创造力与毅力，因为休闲活动是自己选择的，浓厚的兴趣很容易激发创造力，甚至有时为了达到某种理想，往往会废寝忘食、竭尽全力，无形中培养了坚忍不拔的精神；休闲可以增进人际关系，因为休闲时约三五好友品茗清谈，既可交换经验，增广见闻，又可排除孤寂，有些需要与别人合作的休闲活动还可以学习别人的长处，培养忍耐、谅解、领导等能力，更可交到不少志同道合的朋友；休闲可以拓展生活领域，因为参加休闲活动，特别是自己有兴趣的活动，不仅能消除工作上的疏离感，更能使生活多彩多姿，扩大胸襟，体验生命的真谛；休闲可以养成良好的习惯，因为很多休闲活动，需要各种工具材

料，为了节省材料与时间，常养成节俭及物归原处等美德，活动后要清理环境，收拾工具，以保持环境整洁，这些好习惯皆可在休闲活动中予以培养。

（三）休闲让社会更和谐

无论从个人来讲，还是从家庭来讲，或者是从社会方面来讲，积极的休闲活动在提高个人素质的同时，还能够增进家庭成员之间的联系与感情，进而促进社会的和谐。家人共同参与的休闲活动，可以缩短家人间的距离，增加家人交流的机会，从而增强家庭成员间的亲情与友爱。休闲活动使人们因接触而相互了解，无形中提高社会意识，促使社会更加团结。青少年在休闲时间从事正当活动，可以减少犯罪倾向，预防青少年犯罪行为的产生。休闲活动中，可以学习到许多生活准则、价值判断和社会规范等，因此能帮助个人社会化，达到寓教于乐的目的。

四、休闲的特征

依现代人的概念，休闲就是除了工作与其他必要责任外，可自由运用以达到松弛、娱乐、个人发展及达成社会成就等目的的活动。基于前述的说明，我们可以发现休闲应具有以下的特征：第一，必须有余暇时间。有了余暇时间，才能参与休闲活动，因此工作不能算是休闲。第二，休闲必须是自愿的。休闲应是纯粹自愿的，而不是受外力强制的，休闲活动者可依照自己的兴趣加以选择。第三，休闲必须是充满乐趣的。乐趣完全是主观的，无论何种休闲都应带给活动者心灵、情绪或身体上的愉快、满足及轻松。第四，休闲活动必须是积极的。可以消遣的活动很多，但若违反良好的风俗、习惯或道德时，就不能列入休闲活动，如赌博等虽然也是消磨时间的方法，却因缺乏建设性，不能视为休闲活动。第五，休闲必须是生存之外的。凡为了生存而做的一切活动，不具备休闲的性质，所以饮食和睡眠不能算是休闲。然而同样是吃，野餐的性质就不同，因为野餐除了吃以外，还包含了交谊和游戏。总之，浪费时间在家里睡懒觉或从事不正当的娱乐，都不能算是休闲活动。而同一种活动，对某些人来说是一种休闲，对另外的人可能就是工作了，例如打球对一般人而言是休闲，对于职业球员可能就是工作了。其间的分别，在于活动后个人所得效益的差别。

第二节　休闲文化

一、休闲文化的定义

休闲文化是指人们在完成社会必要劳动时间之后的一种生命状态和行为方式，主要是为了不断满足人类自身的各种需要而进行的文化创造、文化欣赏、文化建构的活动。休闲文化是指与休闲相关的所有人类活动及其表现，主要包括休闲的方式、休闲的内容、休闲的民族特色、休闲的作用、休闲的历史、休闲的发展趋势等。休闲文化的核心是指休闲这一社会现象所蕴含的文化意义。

　　休闲文化，既然是文化，那它就是一门学问。它是研究人们物质生产活动以外的所有活动的学问，也可以说是研究自由时间利用的学问。著名学者于光远先生用了一个很通俗、很简明的字概括，称之为"玩"学。他曾说："玩是人生的基本需要之一。要玩得有文化，要有玩的文化，要研究玩的学术，要掌握玩的技术，要发展玩的艺术。"

二、休闲文化的内容

　　从古至今，在不同的历史时代、不同的社会和不同的个人生命发展阶段里，休闲的种类和内容都有所不同，影响的因素千差万别。现在我们所说的休闲及休闲文化，包括的内容更为广泛，除了传统的内涵外，还有现代人的生活观念和休闲方式。比如人们开阔视野，回归大自然的追求有旅游、度假、疗养、娱乐等多种形式，休闲文化还包括欣赏文学艺术作品、电影、电视剧、戏剧、音乐、舞蹈和网上娱乐；开展体育、摄影及研究饮食文化、竞赛文化、购物文化、家政文化等。其中，每一个方面又都可以成为独立的学科。所以，休闲文化不是一门简单的学问，而是一门复杂的综合性的学科。

　　休闲文化最主要的内容是通过各种不同的休闲方式，把人们从"柴米油盐酱醋茶"中解脱出来，激发和提高人们的生活热情，培养人们的坚强意志，鼓励人们追求高质量的享受与创造，以实现人们美好的生活愿望和人生价值。休闲文化应当给予休闲者的是高尚的、美的享受，而不应是低级的、庸俗的、丑恶的东西。最根本的是满足人们日益增长的各种文化方面的需求，促进人们的身心健康，培养人们的休闲消费能力，进而推动经济的增长和社会的进步。

三、休闲文化的历史演进

　　根据著名学者丹尼尔·贝尔的划分，人类社会可以划分为前工业社会、工业社会和后工业社会。当人类的劳动有了剩余产品之后，人类社会的资源也就出现了剩余，休闲也就随之产生了。因为当人类还无法满足温饱之时，是不可能想到休闲的。因此，休闲是在人类社会发展到一定阶段以后才产生的。那么对照丹尼尔·贝尔关于人类社会的划分，我们也可以把休闲文化划分为三个阶段。

　　第一阶段是前工业社会阶段：这个阶段主要以传统主义为轴心，以土地作为资源同大自然进行斗争，从时间上看大约是蒸汽机出现之前。在这个时期，由于人们科学技术知识的缺乏，人们还不能够很好地了解自然，人们的生活常常受各种自然条件的影响，因此人们一直对大自然心存敬畏。人们的闲暇时间的活动多数是进行自然神灵的崇拜和原始宗教的仪式。在这一时期，人们主要是被动承受各种仪式，受到的是宗教的各项约束，很少有个人主观能动性的发挥，有时劳动和休闲紧密联系在一起，很难截然分开。这一时期主要的休闲活动就是各种传统节日的大型活动，主要是以祭祀活动和宗教活动为主，特点是重复性、仪式性、群体性。并且，许多传统休闲活动一直延续至今，只不过在现今社会当中，这些活动仪式的神秘色彩逐渐减少，娱乐性逐渐增强。

　　第二阶段是工业社会阶段：这个阶段主要是以工业生产为主导，以机器作为资源与大自然进行斗争，从时间上看大约是蒸汽机出现之后到20世纪七八十年代。这一时期，随着工业革命的推进，各类企业得到快速发展，社会经济水平不断提高。随着大机器专业化生产的推进，生产效率全面提高，人们开始有了可自由支配的时间。每天简单、重复、枯燥、快节奏、强竞争的劳动，加重了人们的心理负担和生理不适。为了放松身心，人们产生了休闲的需求。为了满足人们的需求，企业开始关注休闲消费，随之休闲产业崛起。这一时期的休闲文化主要是以劳动文化和消费文化为主。在掌握了一定的科学技术以后，人们劳动的种类和技术水平有了一定程度的提高，并发生了较大的变化，同时消费领域也得到了扩展。专业化休闲机构的出现与休闲产业的迅速崛起，使得个人消费的膨胀成为经济膨胀的主要推动力量，大众消费更是成为商家开发的关注焦点。大众不仅需要购买生活用品与服务，而且需要购买需求。商家则不仅努力满足不同层次的消费需求，同时还在引导与创造着新的需求。于是，工业社会的休闲具有了与劳动一样的特征——标准化、常规化，专业化的娱乐活动也具有了经济的价值。这样，随着休闲市场的不断丰富，个人选择机会的不断增多，人们反而生活得更加忙碌。或者说，在工业社会，人们摆脱了食品的短缺，却迎来了时间的短缺。时间的短缺反过来又影响了休闲体验与休闲态度。这样，休闲面临着一个工业化的悖论——劳动生产率越高，人们自由支配的时间越多；自由时间越多，休闲时间却越宝贵和越短缺。

第三阶段是后工业社会阶段：这一阶段信息产业和知识产业快速发展。这一阶段的休闲文化以多元文化为主要特点，主要是为了满足人们的多元化需求，体现了以人为本。随着工业化进程的不断加快，劳动文化与休闲文化也在发生着变化，并且影响着整个社会的变化。第一，传统的制造业从核心走向了边缘，城市的非工业化趋势使得社区生活与休闲之间的联系越来越密切。第二，今天的人们更希望工作能够具有灵活性和高度适应性。因此，弹性工作制的实施越来越重要，或者说，休闲与劳动相结合的工作方式越来越受到人们的青睐。第三，随着信息化程度的提高，许多劳动"虚拟"的工作场所也在不断增多。第四，随着新的通信与娱乐技术的扩展，出现了许多新的文化氛围，从而极大地增强了娱乐活动的吸引力。第五，社会上以提供服务为核心的第三产业和以提供信息服务为核心的第四产业正在逐步居于社会的中心。所以，如果说工业社会是促使人们离开家庭和田野，走向工厂的劳动形成了标准化和机械化的生活方式，那么，发展到今天，这个进程正在逐渐颠倒过来。工厂和家庭之间的划分已经逐渐消失，在发达的工业化国家，一个向着后劳动或后工业化发展的时代正在向我们走来。

休闲文化的这种历史演进过程向我们表明，人们对休闲的追求不能简单地归纳为对自由时间的追求，更重要的是对自由精神的追求；不只是追求更多的业余爱好或娱乐活动，更是要追求超越繁忙的工作所获得的一种雅致与宁静的感觉。从这个意义上讲，美国著名的休闲学专家凯普兰指出，任何一种特殊的活动都有可能成为休闲活动。这种休闲活动的基础是把无意识的社会角色所承担的责任最小化，心理上具有自由的感觉，一般具有玩的特征，活动的范围可以从不合理的和无意义的活动到重要的活动之间。因此，休闲是一种更放松层面的实践，比人类社会生活的其他氛围都要轻松得多，人们可以达到悠闲自得的状态，而文化的主要特征是具有共享性。对于一个人来说，文化不是先天具有的，而是后天学习得来的。文化的共享性意味着，文化是一种社会现象；文化不是生物学意义上遗传得来的，而是可学习的，是长期的历史积淀。因此，休闲文化作为文化的一种形式也是可创造的。

休闲既是延续文化的基础，同时，也在产生并诠释着文化。在实践的意义上，休闲通常总是与"自由""选择""逃避"和"生活满足"等概念联系在一起。但是，休闲行为的自由选择绝不是无所限制、为所欲为，而是以接受某种程度的不自由为前提的。因此，需要通过加强休闲政策和休闲伦理的研究，发明新的社会管理制度与伦理约束，来引导与规范休闲行为，这些研究不是教育人们应该如何休闲，而是告诉人们应该如何认识与思考休闲。当我们走向休闲社会时，休闲不应当仅仅是关于自由时间的消费，而是为了达到社会的目的来运用时间，选择适合的休闲活动。

第三节　中国传统的休闲文化

中国传统的休闲文化有其特定的思想和方式。

一、中国传统的休闲思想

（一）儒家崇尚自我完善的、内在的、精神上的休闲

儒家强调自我完善，认为休闲也是一种人生境界。其一是强调安贫乐道，不关注外在物质方面的享受，而是更多地关注精神愉悦的休闲方式。休闲对于儒家个体而言，就是一种自适自得、自娱自乐的人生境界，强调"穷则独善其身，达则兼济天下"。即便是仕途不成功，也不是消极退避，而是著书立说，通过思想的传承，达到对社会、对国家的影响和贡献。其二是隐逸，这种隐逸不是逃避现实，而是在隐逸中更加重视现实生活，如陶渊明、陆游等对生活琐事的品味，谢灵运、李白等纵情于山水。隐逸真正实现了儒家的"独善其身"的理想，同时也丰富了儒家休闲文化的内涵，提升了儒家休闲文化的价值与美学意义。其三，儒家的"比德观"充分体现了人与自然的和谐理念，孔子云："智者乐水，仁者乐山；智者动，仁者静。"比德观将山水与人格进行比照，同时把人的精神置于自然之中进行玩味，自然成了人的自然，可以因人的精神的改变而改变。通过比照使人与自然相通，所以才有孔子"登泰山而小鲁"之说，以及"子在川上曰：逝者如斯夫！不舍昼夜"的感叹。这种人与自然的和谐观念对后世历代文人的山水休闲方式及山水审美产生了重大影响，如柳宗元的《永州八记》、苏轼的《赤壁赋》等作品。儒家的休闲不仅追求个人的自我完善，更追求整个社会的闲适与和谐。

（二）道家崇尚无为、回归自然、逍遥自在的休闲理念

在中国的传统文化中，道家对自由精神的追求，最能体现中国传统休闲思想的精义。道家的思想当中，很多都是和休闲思想相关联的。道家休闲思想最有代表性的人物就是老子和庄子，老子提倡"无为"和"不争"，阐述人与自然和谐相处的道理；而庄子则是最善于观察世界、反省自身、追求精神自由的智者。

老子著名的思想是"自然无为""无为而无不为"。"无"是天地的开始，万物之母，

天下的万物生于有，而有生于无，无中又生有，因此它也是天地万物之终。因此，"无"在老子的哲学思想中具有十分重要的地位。所谓的"无为"，并不是事实上的无所作为，只是让人们不要做只凭主观意志而违反客观规律的事情，不为己有就不要去强求。"不争"也是告诉人们凡事要顺其自然，自然而然。为了追求"无为"的境界，道家的休闲方式近似于隐逸，不问世间事。但道家的隐逸与儒家的隐逸不同，儒家的隐逸是进与退之间的操守，隐逸在很多方面只是一种形式，是隐而不隐；道家的隐逸是隐遁，是一种出世，是以"无为"来求"道"的一种行为，是真正的隐。事实上，中国历史上的文人往往兼具儒家和道家思想，因此没有必要决然地区分儒道两者隐逸的不同，但是道家的思想却为中国的隐逸传统注入了深刻而丰富的内容。

除了"无为"和"不争"的休闲思想以外，老子还提倡"知足""知止"和"回归自然"的休闲思想。老子云："咎莫大于欲得，祸莫大于不知足。故知足之足，常足矣。"这也就是我们俗话所说"知足者常乐"。老子"回归自然"的思想，既是指寄情于自然山水，也是指返璞归真。老子说："人法地，地法天，天法道，道法自然。"这里的自然指的是自然规律、自然事物的本真状态或事物本来的面目。因此，人不仅要归入自然的本身，也要归入自然的本真。尊重自然规律，才是实现人与自然真正和谐相处的最重要的思想。

老子的上述思想，可以从他对"小国寡民"的理想描述中得到充分而形象的体现，这完全是一个无为、不争、知足、知止，与自然相互交融为一体的人间净土。

相对老子而言，庄子的学说主要是指"自在逍遥"。庄子所说的"逍遥"指的是悠闲自得的一种人生状态，就是要摆脱一切主观的限制和束缚，真正实现精神自由的一种极致休闲。在庄子看来，人要达到极致的休闲状态，就必须超越形骸、功名的束缚，达到"至人无己，神人无功，圣人无名"的逍遥境界。这种逍遥自在的悠闲状态，是达到"天地与我并生，万物与我为一"的物我两忘的"齐物"境界。这种境界是从虚实、是非、内外、善恶、物我、生死的区别中超脱出来的。这种绝对的精神自由，在现实生活中虽然难以实现，但是却可以启迪人的智慧，陶冶人的性情，使人可以超然物外，获得精神上的解脱。庄子为了不受羁束，宁可"无用"，鄙薄人间的物质财富，而专注于自然之乐。庄子说："山林与，皋壤与，使我欣欣然而乐焉！"意思说是一切大自然的风光，都能让他欣欣然而乐，心领神会。因此，在中国古代休闲之事当首推庄子，他最能体味自然之美，悠游之乐。从古至今，差不多所有爱好旅游的人士，都能在《庄子》一书中得到一定的启发和共鸣。

综上所述，儒家、道家的休闲是寄情于山水，强调悠然自得的愉悦与放松；另外，也强调自我的完善，与自然的和谐。

二、中国传统的休闲活动

中国古代传统的休闲活动范畴有限，参与人数相对较少。但是相比今天的休闲，很有特色，也充分反映了中国的传统文化，是传统文化的充分展现。尤其是古代文人的休闲，在社会休闲中占据较大比重。

（一）皇家及贵族的休闲活动及休闲文化

这类休闲主要体现在宫廷，包括各种体育运动类休闲，如蹴鞠、射箭；文艺类休闲，如文学创作、书画创作、音乐艺术、舞蹈艺术等；娱乐类休闲，如观赏各种戏剧、斗草、豢养动物等；养生类休闲，如饮茶等；宗教类休闲，如礼佛等。但由于局限于宫廷之中，此种休闲永远是少数人的，是贵族化的。

（二）文人的休闲活动及休闲文化

文人的休闲活动包括琴棋书画、诗词歌赋等，充分彰显了我国优秀灿烂的传统文化。

明代琴谱《风宣玄品》说："凡鼓琴，必择净室高堂，或升层楼之上，或于林石之间，或登山巅，或游水湄，值二气高明之时、清风明月之夜，焚香净坐，心不外驰，气血和平，方可与神合灵、与道合妙。"这是在说弹琴要讲究环境、心境、礼仪、倾听对象等环节。其实古人弹琴就是一件怡情怡性的雅事。例如，王维的诗句"独坐幽篁里，弹琴复长啸，深林人不知，明月来相照"；还有白居易的诗句"月出鸟栖尽，寂然坐空林，是时心境闲，可以弹素琴"。中国古代文人士大夫们最依恋山水，无论是隐退的田园诗人陶渊明，还是浪迹天涯的浪漫诗人李白，他们都会在山水和琴声中找到生命的归属，而自然对人的教益又是潜移默化的。

棋在古代，主要是指围棋。古人闲来无事，一壶清茶，一把竹椅，一张檀桌，一手古书，一手方圆，二人对弈。围棋在中国古时有"弈""碁""手谈"等多种称谓，是中国古代知识阶层修身养性的一项必修课目。围棋在很大程度上反映了中国传统思想文化的精髓，具体体现在以下方面：第一，能动精神。围棋的行棋规则为想象力的发挥和创造力的实现提供了广泛空间和可能。围棋千变万化，"千古无重棋"，这正是其他棋牌无法与之相比的魅力所在。第二，平等思想。围棋最古老，也最现代。围棋，在未落子之前，棋子与棋子之间无任何身份、地位、价值上的差别，只有在不同的位置才体现出了不同的价值。行棋中棋子无区域和行棋路线的限制，黑白两色只为区分交战双方而设。第三，全局观念。在竞技过程中，既要重视眼前利益，更要把握长远利益。围棋对弈中常常通过弃子来扭转危局，实现反败为胜。与其他棋牌相比，围棋更能培养人全面、历史地看问题的能力，超前的决策能力和长远眼光，做到有大局观。围棋不只是一种活动，它还是一种艺术，是一种起源于中国、在中国发展最广的艺术，是中国的国粹。

书，指书法艺术，这是中国汉字独有的一种艺术形式。书法艺术从甲骨文开始，历经金文、小篆、隶书、行书、楷书、草书等不同的形式。古人云：字如其人。书法艺术与人的心灵相通，字形大小、笔画的粗细、墨的浓淡、力道的轻重都直接反映了一个人的内心与品格。而行书、草书，更是反映了一个人的情感。与书法相关的文房四宝——笔墨纸砚的选择，也体现出古人的品位。

画，指绘画，尤其是指中国传统的绘画艺术。中国古代主要是工笔画和写意画，题材以花、鸟、山水、人物为主。绘画是一种情感的抒发与表达，当然，就如同文学作品一样，绘画中也会反映出作者的思想情操。

诗词歌赋的休闲方式也是人类最古老的艺术形式，常常用来叙事、写景、抒情等，具有非常高的欣赏价值。中国是诗的国度，最早的诗文化可以追溯到《诗经》和《楚辞》，具有极高的思想性和完美的艺术性。诗还能充分体现汉语言的独特美，汉语声调的高低组合形成旋律，音值的长短组合形成节奏，旋律和节奏构成汉语的音乐性。另外，诗中有画，画中有诗，诗中有景，又是另外一种文化演绎的形式。诗言志，诗为心声，诗是文人墨客抒情遣怀的一种方式。

词，被称为诗之余，是我国诗歌的一种特殊形式。词源于南北朝，始于唐，盛于宋。词相对于诗而言更为自由活泼，为历代文人所喜爱。中国古代的词是专为弹曲而创作的诗体，一般是先有曲而后再填词。古代的许多词与青楼有关，极尽风花雪月。北宋末年，苏轼开了雄健奔放的词风，南宋时期出现了如辛弃疾、陆游这样的爱国词人。由于词的特殊性，不太注重刻意的雕琢，带有较大的随意性，因此词中会有许多生活中的口语。

中国古代的歌（民歌）主要由劳动人民集体创作而成，在人民的生活中通过口授而世代相传，集中体现了中华民族的精神、性格、审美情趣和风土人情。歌是民族音乐的基础，是民族文化的精英，更是现今音乐的渊源。

赋产生于战国而兴盛于汉朝末期，是中国古代文学的一种特殊风格的文学样式。汉赋是汉代四百年间主要的文学现象，因而以汉赋为之专名，为一个时代文学的代表，与楚辞、唐诗、宋词、元曲、明清小说并列。汉赋产生的社会环境是经济繁荣的帝国，因此作品中体现了总揽山川、包容万物的气象，在语言上体现了辞藻繁复的特色。

（三）大众的休闲活动及休闲文化

如果说以文人阶层为代表的儒、道两家的休闲观念代表的是中国传统休闲文化意识形态的精义的话，那么中国民间传统的大众休闲文化则更多地体现出中国休闲文化的独特形式，更具中国特色。中国民间大众的休闲文化具有明显的自然特性和节律，往往与各种民间节日紧密联系。因为源于百姓，其休闲文化具有强大的生命力。民间的休闲体现在诸多活动上，具体包括技巧竞技类，如荡秋千、赛马、姑娘追、踢毽子与踢石球等；儿童游戏类，如老鹰捉小鸡、摸瞎鱼、捉迷藏、拉大锯、过家家等；斗赛类，如斗牛、斗羊、斗鸟、斗狗、斗蟋蟀等；季节类，如元宵观灯、元宵节转黄河、斗百草、赛瓜、乞巧、冰嬉等；观赏类，如舞狮子、台阁、舞龙与耍龙灯、扭秧歌、踩高跷、跑竹马、跑旱船、皮影戏、木偶戏、拉洋片儿等；杂艺类，如跳皮筋、抖空竹与跳竹竿、放风筝、打柴火与抢木棍、玩嘎什哈与抓子儿等；智能类，如猜谜语、射覆与猜枚、绕口令、翻交交与折纸、解九连环、拼七巧板等；助兴类，如酒令与茶令、躲身数、出老婆拳与猜火柴、击鼓传花、捉曹操等；棋类，如围棋、象棋、下五道、下连、下鹿棋与走憋死牛、骨牌等；赛力竞技类，如拔河、掰手腕与掀碌碡、赛龙舟、对顶木杠与推杆、举重、角抵、相扑与摔跤、拔腰与拉海龟、马上拉力等。

第四节　休闲旅游

休闲与旅游既有区别又有联系，二者是相互交叉、彼此依存的关系。其明显的共同之处有如下两点：第一，二者都是以闲暇时间为基础；第二，二者所从事的活动主观上都不是以盈利为目的。二者的不同之处在于，旅游和休闲相比技术性的限制较多，强调时限和异地性，而休闲在某种程度上其涵盖范围比旅游更广泛。因此可以说，休闲包含旅游，或者说旅游是休闲方式的一种。

休闲旅游是旅游发展到一定阶段的产物。它要求旅游者有一定的闲暇时间、一定的可自由支配收入，要求旅游目的地要有较为完善的旅游服务设施。休闲旅游一般是与消遣型旅游相对而言的，因此修身养性，让身心放松是休闲旅游的基本要求。休闲就是要在一种"无所事事"的境界中达到积极的休息。因此，人们会在紧张的工作后选择一个自己喜爱的旅游目的地，一个人或与亲密的家人、朋友休闲度假。可以选择在海滩上懒懒地置身于温暖的阳光下，可以选择静静地阅读喜爱的书籍，也可以选择漫步在森林草原，其目的都是让身心完全放松。而这种放松，和日常的工作节奏完全不同，是整个身心的调整。

一、休闲旅游产品规划

有关休闲旅游的研究是现代旅游研究中的一个热点，休闲旅游产品规划应遵循以下六个方面的要求：第一，舒适感的要求。即从人本主义精神指导下的人体工程学出发，符合人类舒适感的要求，包括尺度、色彩、比例、韵律等。第二，安全性的要求。这是游客在景区驻留与深度参与项目的必然要求，如避免自然灾害、疾病、社会性灾害等对游客安全可能构成的威胁。第三，快乐感的要求。即通过休闲旅游项目为游客带来感官快乐与精神快乐。第四，可参与性的要求。这是休闲旅游项目与观光旅游项目的最显著的区别。第五，个性化的要求。休闲旅游项目无论是项目策划设计还是景观打造，都应凸显特色，让项目更具吸引力。第六，亲近自然的要求。在快速城市化的今天，自然将成为人类最后的精神家园。

二、休闲旅游的类型

当前阶段，我国开发的休闲旅游产品主要包括主题公园、农家乐、渔家乐、产业休闲旅游、民俗休闲旅游、艺术休闲旅游、体育休闲旅游、购物休闲旅游等形式。在满足高端、中端、低端旅游消费市场需求的同时，呈现出丰富多彩、层出不穷的多元化发展趋势。

（一）主题公园、游乐园休闲旅游

在休闲产业中，主题公园是指利用现代高科技和多层次活动的设置方式，集诸多娱乐活动、休闲要素和服务接待设施于一体的现代旅游目的地。主题公园一般都有特定的主题贯穿整个游乐项目的休闲娱乐活动空间，主要的建设方式是文化复制、文化移植、文化陈列及高新技术娱乐设施，主要的空间环境以虚拟塑造结合园林环境为载体来迎合消费者的好奇心。当前，各地的主题公园都是把旅游业和文化紧密地融合在一起，通过发掘和宣传文化来综合发展旅游，以经营旅游的方式多方位地展示文化，使得主题公园具有丰富的文化内涵，从而创造出具有鲜明特色的主题公园型旅游文化。现代游客追求的娱乐模式不仅要有身体的感官体验，还要有心灵的精神体验。从这个角度上看，独特的文化内涵是主题公园吸引游客的核心要素,如著名的迪士尼乐园、河南的清明上河园、深圳的世界之窗等。

（二）民俗休闲旅游

民俗旅游是现代人最欢迎的旅游形式之一。现代人长期处于快节奏、高效率的都市生活中，内心很渴望使单调乏味的生存状态发生一点改变，生活中多一点亮丽的色彩。现代人通过观察异地异族人真实的生活方式、文化形态、传统习惯等，满足了其体验异国、异族、异地风情的渴望，将身心融合到一种新的生存状态中，使心灵得到一种回归。

民俗旅游中比较吸引人的是节庆旅游。在长期的历史发展过程中，各民族结合自身的生产生活，逐渐形成具有鲜明特点的民族节日，如我国苗族的"四月八""姐妹节"、侗族的"花炮节""六月六""祭牛节"等。这些民族节日活动与现代生活有一定的距离，带着很深的传统文化烙印。另外，在一些汉族人口集中居住的地区，也形成了许多独具特色的节庆旅游活动，如山东潍坊的风筝节、岳阳的国际龙舟节、大连的服装节等。

贴近生活的民族风情旅游是民俗旅游的另一种形式。这不再是走马观花式的旅游，而是入住当地家庭，借与房东主人居住的机会，直接了解和体验当地的风土人情。这种旅游方式,有利于旅游者与主人之间建立融洽亲密的气氛，营造一种独特的"家庭氛围"。从而，增进客人与主人家的个人友谊，为旅游生活增添更多情趣，令人难以忘怀。

最后一种民俗旅游方式是以民俗文化村的形式开展的。在一些地区建立一些民俗文化村，将一些行将绝迹的传统饮食、起居、衣着装束、建筑风格，以及工艺制作、文化娱乐、民间习俗等集中保留，或者在城市附近或在城市里面建设民俗博物馆等，完整展示民俗或少数民族风情，使现代人无须走很远的路便可以了解。

（三）农业休闲旅游

农业休闲旅游是把休闲观光旅游与农业结合在一起的一种旅游活动，它的形式和种类很多。根据欧美各国和我国台湾地区的实践，主要有以下 4 种.

1. 观光农园：这是指在大中城市的近郊或风景区的附近开辟各种特色的果园、蔬菜园、茶园、花圃等，让游客进入其中采摘各种水果、蔬菜，以及赏花、采茶等，充分享受田园的乐趣。这种观光农园是目前国内外观光农业最普遍的一种形式。

2. 农业公园：这是指按照公园的经营思路，把农业生产场所、农产品消费场所和休闲旅游场所结合为一体的休闲游乐场所。

3. 教育农园：这是兼顾农业生产与科普教育功能的农业经营形态，代表性的有法国的教育农场、日本的学童农园和中国台湾的自然生态教室等。

4. 民俗观光村：这是把农业与民俗结合起来，既让人们体会到农业的乐趣，又能了解并参与当地民俗活动的一种休闲方式。

（四）养生休闲旅游

养生旅游起源于 20 世纪 30 年代的美国、墨西哥。目前养生旅游开发较为完善的旅游目的地主要是非传统欧美区域的发展中国家，而主要的客源市场则是欧美国家。

2002 年海南省三亚保健康复旅游和南宁中药养生旅游开创了我国旅游的新模式，之后在山东、安徽、四川、黑龙江等省市迅速发展，并于 2007 年发展成为全国旅游热点。

伴随着我国休假制度的改革，养生度假旅游将具有良好的发展前景。因为养生旅游不仅满足人们对健康的追求，同时又适合开发成休闲度假的旅游项目。而且这种旅游活动具有很强的民族特色和文化特色，内涵丰富，旅游市场开发潜力巨大。国外的养生休闲模式主要有韩国的美容养生、法国的庄园养生、美国的社区养生、泰国的美体养生、日本的温泉养生、瑞士的抗老养生、阿尔卑斯的山地养生等。目前我国的养生休闲旅游类型主要有以下 4 种。

1. 中医中药保健型养生旅游：这种类型的养生旅游主要包含按摩、针灸、刮痧、推拿、拔罐等传统的中医理疗项目，同时还包括在中医院、治病中心、中药材种植基地、中医药博物馆等场所的参观、游览等相关的体验活动。

2. 饮食型养生旅游：这种类型的养生旅游主要是根据游客自己的体质偏性选择饮食偏性的所在地，然后获取适合自己的特色饮食或者药膳，从而达到食疗养生的目的。饮食疗法在养生文化中有着非常重要的地位。

3. 导引和武术型养生旅游：这种类型的养生旅游主要项目包括传统导引术、气功、太极拳、少林拳等。主要方式是在传统的导引和武术发源地举办各种培训班以吸引游客，教授游客学习传统导引术、武术，以此达到养生的目的。如我国古代医学家华佗创立的五禽戏，其主要方式是模仿动物的动作来达到强身健体的目的。五禽戏既是古代人们养生的一种方法，也是当今武术健身运动发展演变的雏形。

4. 环境型养生旅游：这种类型的旅游主要是提倡人与自然和谐相处，通过具有不同功能的环境，达到养生的目的。中国有种类繁多的旅游目的地，其环境各不相同，如含氧充足的森林、绵软的沙滩、古朴的古村落、神秘的宗教圣地、数不清的温泉、疗养院等，这些地方的很多旅游资源都具有养生价值。例如，一望无际的海滨可以让人心旷神怡，可以排解忧愁，因此对神经衰弱、贫血、偏头痛等旅游者有一定的疗效；光照丰富的高原地区，气候干燥，因此对患有风湿性关节炎、气喘病的旅游者有一定的治疗作用；负离子含量丰富的高山地区，空气污染小，有利于患有糖尿病、过敏性鼻炎的旅游者恢复健康；而温泉对患有关节炎、皮肤病、支气管炎、胃病、神经衰弱等的旅游者都具有良好的疗效；此外沙疗、泥疗等对于激发与恢复旅游者的神经功能、调节机体平衡非常有益。

（五）艺术休闲旅游

艺术品是人类创造的宝贵的精神财富，它能陶冶人们的情操，净化人的心灵，鼓舞人的精神。艺术的范畴很广，包括绘画、雕塑、建筑、工艺、音乐、戏剧等。通过这样的专项旅游，我们可以欣赏各种各样的艺术品，更深切地体会艺术品的感染力。艺术休闲旅游的主要方式包括博物馆艺术旅游、文学艺术典故旅游、影视艺术旅游、建筑艺术旅游等。

当然还有诸如滨海休闲旅游、山水休闲旅游、浪漫休闲旅游、体育休闲旅游、时尚休闲旅游、户外休闲旅游、公益休闲旅游、网络休闲旅游等，在此不一一详细论述。

第五节　旅游休闲文化的引导和培育

休闲旅游是社会进步、文明和谐的体现，其受益者应是人民大众。因此，休闲旅游的建设不应以奢侈豪华为目的，也不应以特定的群体为对象。休闲旅游事业的发展应符合国家政治、经济的发展水平，符合大众的整体需求，最主要的是应当重视休闲旅游的文化意义和精神享受。因此，对于政府或旅游企业而言，应对旅游休闲文化进行积极的引导和培育。

一、休闲文化观念的转变与普及

休闲是自然界和人类共同的普遍规律，宇宙万物都需要休养生息。万物之母的土地，不能成年累月地生长植物，它需要轮作，否则土地质量要下降。动物需要休息，有的甚至要冬眠。人类更不用说了，要睡觉，要休息，要有劳有逸、劳逸结合，而且还要追求高级的休闲。当今人类休闲活动的水平越来越高，用于休闲的时间也越来越多。休闲文化既是消费文化、生活方式，又是生产力，它将有效地促进科学技术和生产的发展。生产促进消费，消费促进生产，这是经济学的基本理论。生产的直接目的，就是为了人及其需要，说到底，就是为了人的消费。消费是经济增长的原动力。所以休闲文化与人类的生存和发展息息相关。另外，休闲本身还能激发人的活力、灵感和创造力。牛顿躺在苹果树下看到掉落的苹果，发现了万有引力。可见，休闲能创造人生价值，没有休闲就不可能持续地工作、学习和生活。所以要培育整个社会的休闲文化，首先需要进行休闲观念的转变与普及。

二、倡导积极的休闲方式

休闲是一种日常修养行为，反映的是一个人的人生态度和思想境界，因此并不强调特定的时间、地点和方式。然而现代人的休闲认知却存在着一些误区：其一是将休闲看作睡觉喝酒打麻将。然而伤害身体的休闲不能算作真正意义的休闲，休闲是要让自己身心愉悦，促进身体的健康。其二是把休闲看作奢侈品。对很多人来说，休闲意味着能够经常出入咖啡厅、高档酒吧、健身房、美容院、高级餐厅，拥有高档住宅、名牌轿车，或是消费高昂的高尔夫球等贵族运动，或是进行军事体能训练、攀岩、自驾车旅游等，休闲生活就是为了寻找乐趣与刺激。其实，文化性的休闲可以说是最积极的休闲方式，个人可以通过一些文化类休闲活动完善自我，以精神享受的休闲旅游产品为对象，放松心情，增广见闻。

三、回归传统节日休闲

我国实施的传统节日的休假制，让人们重新认识到传统节日休闲文化对人们的重大意义。中国民间的传统节日休闲文化，虽然并不具备儒、道两家休闲文化的丰富思想内涵，但是有它固定的形制，内容具体、丰富而实际。经过几千年的延续、传承，它已经成为中华民族的一种生存形式和情感的寄托。重新回归民间传统节日休闲，将会增强中华民族的民族文化自豪感与归属感，提高全民对民族共同体的认同，从而促进整个社会的和谐发展。在民间传统节日休闲文化中，亲戚朋友之间相互走动的亲情、邻里同仁之间相互拜望的友情，成为人际关系和谐相处的润滑剂。

四、培育社会休闲氛围

休闲是闲暇时间与自由的一种结合，是人们所追求的一种生命形式。随着社会的不断发展，大众休闲需求的种类也就越来越多，要求也就越来越高，休闲也就越成为可能。中国古代是长期的农耕文明，生产力发展相对缓慢。几千年来，中华民族的休闲方式几乎没有什么根本性的变化，民间大众的休闲依然处于注重物质的实用阶段。随着社会的快速发展，人们的工作、生活日趋紧张，出现了许多不同以往的社会问题，人们比任何一个时代都需要休闲，以放松身心。因此，政府应该采用更多鼓励的政策和措施，服务大众休闲需要，实现休闲旅游的最终目的。

从儒家和休闲旅游的传统可知，休闲旅游应首先在人口聚集地开展才有意义。我国的社会经济发展和城市化水平已达到了一定高度，休闲旅游应当以城市为依托，逐步扩展到各城镇。首先，应当完善城市内部各种休闲服务设施；其次，应逐步向城市周边和高端休闲旅游方向趋进。这样才符合休闲旅游发展的规律。目前，国家各级博物馆的免费开放也正是为了适应我国大众休闲的需要。因此，需要进一步培育社会的休闲氛围，通过休闲活动的普遍化，达到像于光远先生说的那样，形成一个普遍休闲的社会，使国民真正拥有美好、健康的生活。

五、形成休闲文化的自觉

休闲文化的自觉就是要把外来的休闲文化和中国的休闲文化结合在一起，培育出新型的休闲文化。以中华民族的聪明才智和创新精神，将来一定会培育出在世界上独树一帜的休闲文化。这样，就可以把文化休闲和休闲文化更好地结合在一起，促进整个休闲产业的发展。

总之，对个人而言，休闲没有好坏，只要结合自己的现有条件，选择最适合自己的休闲方式，就是最好的休闲。不要盲目跟风，应当拥有个性化的休闲方式，体味道家不为形式所拘的、"神游"重于"形游"的休闲境界。

重点概念

休闲；休闲文化；休闲旅游；市井休闲；农业休闲旅游；民俗休闲旅游；养生休闲旅游；艺术休闲旅游

复习思考题

1. 举例说明休闲的内涵主要指的是什么。

2. 简述休闲的功能、特征、种类。

3. 简述休闲旅游与休闲文化二者之间的关系。

4. 简述中国传统的休闲思想与休闲活动。

第十章　中国遗产旅游文化

学习目标

1. 了解世界遗产的由来、概况
2. 了解和世界遗产有关的组织，以及评审程序
3. 掌握世界遗产类型、文化遗产的价值与评定标准
4. 掌握中国世界文化遗产项目及保护和利用

重点与难点

1. 各种世界遗产区别与联系
2. 文化遗产中体现的文化价值

在地球数十亿年的演化过程及数千年人类文明发展历程中，自然和古代人类曾经留下了许多独一无二的遗产，但是随着工业文明的到来，人类活动范围扩大，现代人类的生产和生活对这些遗产造成了一定程度的破坏，如果不进行保护必将造成巨大损失。这些遗产是全人类的宝贵财富，因此，由联合国进行统一认定和保护。本章内容介绍了世界遗产的基本情况，遗产的申报管理及中国的世界遗产的概况与保护和利用情况。

第一节　世界遗产概述

一、世界遗产的由来

（一）世界遗产的产生

在数千年人类发展历史中，地球上曾存在过许多人类文明，很多曾经灿烂瑰丽的人类古文明随时间推移而消失了，现代工业、科技文明及人类活动也对古代文明造成了一定的影响。但是，地球上各种文明曾经存在的地域里，古文明的遗迹仍然遗留着它们特有的印记，向现代人传递着历史的信息，成为全世界人类共享的宝贵财富和遗产。"世界遗产"贯穿古今，保护世界遗产对人类文明的不断传承具有重要意义。

历史上战争、灾害等多种因素经常会对人类文明的成果造成极大的威胁，甚至会对它们造成致命损害。如果再不重视对人类文明成果的保护，未来的人们可能再也看不到人类曾经创造的辉煌成果。两次世界大战重创了人类社会，人们产生了要建立一个平等、和平世界的愿望，联合国的出现宣告了全球化时代的到来，国际合作及各国分享文明成果和技术进步成为可能。分布于世界各地的人类遗产也成为这一国际合作的受益者，全世界人民拥有它们，保护它们，使它们能够尽可能完整地留存下去，直至后代子孙。

早在 1954 年，联合国教科文组织就通过了《武装冲突情况下保护文化财产公约》，该公约认为"对任何民族文化财产的损害即是对全人类文化遗产的损害"，人类需要承担"共同的责任"。真正引起重视的事件发生在 1959 年，为解决尼罗河每年的河水泛滥问题，埃及规划修建阿斯旺大坝，但是建造大坝却需要以淹没阿布辛贝勒神庙等几十座古神庙及大面积的法老时期的古遗址，保护古代文明成果和现代建设之间有了一定矛盾。埃及政府一方面制定抢救这些古迹的计划，另一方面求助于联合国教科文组织，因为埃及难以承担抢救古迹的全部资金，在物资和技术方面也有一定的困难。而且，这些遗迹不仅属于埃及，也属于全人类。后来，在联合国教科文组织、罗马国际文化财产保护与研究中心和埃及政府的共同协调组织下，51 个国家积极回应了这次行动，世界各国的专家合作最终成功搬迁了神庙及其他一些重要遗迹。

这应该是全世界的人们第一次为了保护共同的珍贵遗迹而合作。整个工程自 1962 年开始持续了 18 年时间，克服了许多困难。在随后的 1966 年拯救遭受水灾的意大利水城威尼斯的行动中，再一次通过国际合作把保护属于某个特定国家的文化遗产变成了一项人类共同的事业。

当时许多国家的公众和舆论认为，各个民族或国家的文化财富应该受到充分的尊重，应该被视为人类共同的遗产，需要以国际集体责任的名义来保护。"世界遗产"的理念已经逐渐在全世界范围内形成并得到认可。为了使全世界各个国家真正达成保护世界遗产的共识，需要形成一个世界范围内的管理和合作机制，以及一些大家都能够接受的原则性规定。

（二）《世界遗产公约》产生过程

1964 年，为了针对历史建筑和遗址进行保护出台了《威尼斯宪章》，这标志着当代文化遗产保护理论和技术标准已经形成。在《威尼斯宪章》中，特别强调了保护历史建筑及遗址的历史价值，因为这些历史建筑和遗址记录了人类社会成长的历程，所传递的信息说明了人类的发展历史，它们有助于帮助全人类了解自身的过去。

1965 年，在华盛顿会议上，联合国教科文组织建议成立"世界遗产信托基金"。后来，在 1968 年，世界自然保护联盟（IUCN）提出加入"世界遗产信托基金"，使得人类社会可以将自然遗产和文化遗产结合在一起进行保护。

在这样的背景下，在 1972 年的联合国教科文组织第 17 届大会上正式通过了《世界遗产公约》，该公约主要规定了文化遗产和自然遗产两类遗产的定义及文化和自然遗产的国家保护、国际保护措施；规定了各缔约国可以自行确定本国领土内的文化和自然遗产，并向世界遗产委员会递交其遗产清单，最后由世界遗产大会审核和批准。凡是被列入世界文化和自然遗产的项目，都将由其所在国家依法严格予以保护。根据《世界遗产公约》，还设立了世界遗产委员会（World Heritage Committee）和世界遗产基金（World Heritage Fund）。1976 年成立的世界遗产委员会属于联合国教科文组织，是《世界遗产公约》的管理机构，《世界遗产名录》也在同年编制出来。

世界遗产委员会等相关机构的成立及《世界遗产名录》的编制为全世界合作保护世界遗产提供了重要的前提，之后出台的《实施世界遗产公约的操作指南》保证了保护工作的权威性和可操作性，这些都标志着一个全人类共同保护文化成就和自然财富的新时代的来临。

（三）非物质文化遗产的由来

1972 年通过的《世界遗产公约》中所指的遗产为物质遗产。之后遗产的概念也被不断更新充实，并随着社会的进步和人们认识的不断深入，变得更为丰富和完善。"人类口头和非物质遗产代表作"概念就逐渐产生。

由于《世界遗产公约》不适用于保护非物质文化遗产，1989 年联合国教科文组织在第 25 届大会上通过了《保护民间创作建议案》，向人们指出，有大量口头遗产正面临消失的危险，要求各会员国采取法律手段和一切必要措施，对那些容易受到世界全球化影响的遗产进行必要的鉴别、维护、传播、保护和宣传。1998 年，联合国教科文组织公布了《人类口头和非物质遗产代表作条例》，在该条例中正式提出了非物质遗产概念。1999 年 11 月第 30 届大会通过决议，设立《人类口述和非物质遗产代表作名录》。2003 年 10 月，联合国教科文组织第 32 届大会上通过了《保护非物质文化遗产公约》，并于 2006 年 4 月正式生效。公约中明确指出，非物质文化遗产是指"被各群体、团体或个人视为其文化遗产的各种实践、表演、表现形式、知识和技能及其有关的工具、实物、工艺品和文化场所"。进入非物质遗产名录的作品必须是具有代表性的传统杰出工艺、有杰出艺术价值、以非文字形式表现的传统民间艺术，突出代表民族传统的文化认同，而又因种种原因濒临失传或正在失传的文化表现形式。

二、世界遗产概况与标志

（一）世界遗产概况

1972 年 11 月 16 日，在联合国教科文组织大会上通过的《世界遗产公约》指出，世界遗产除了继承古代人民的宝贵财富，也包括大自然对人类的馈赠，即包括文化遗产和自然遗产。因此，世界遗产特指经过联合国教科文组织和世界遗产委员会确认的、人类罕见的、目前无法替代的财富，具体可分为文化遗产、自然遗产、自然与文化双重遗产。后来，1999 年 11 月，为弥补这个公约中不包含非物质文化遗产的缺陷，决定设立《人类口述与非物质文化遗产代表作名录》，这类遗产又称为无形遗产，它包括各种类型的民间传说和民间知识、口头文学、各种语言、民族民间音乐、风俗习惯、舞蹈、礼仪、手工艺、传统医学及其他文化艺术。

凡被世界遗产委员会列入《世界遗产名录》的项目不仅享誉世界，而且都对其所在区域产生了深远的影响，还能获得世界遗产基金的经济援助。许多世界遗产项目还成为宝贵的旅游资源，助推当地旅游业的发展。因此，世界各国都高度重视和积极参与世界遗产的申报、推广和保护工作。

截至 2021 年 7 月，共有 1122 项世界遗产获得批准，其中自然遗产 213 项，文化遗产 869 项，文化和自然双重遗产 39 项。截止到 2020 年 12 月，共有 584 个项目被列入联合国教科文组织非物质文化遗产名录。

（二）世界遗产标志和非物质文化遗产的标志

世界遗产采用统一的标志，其中物质遗产（文化遗产、自然遗产和双遗产）采用图 10-1 的标志，它是文化遗产与自然遗产之间相互依存的关系的象征。中央的正方形形状代表人类创造，圆圈代表大自然，两者紧密相连。这个标志呈圆形，既象征全世界，也象征着要进行保护。

图 10-1　联合国世界遗产标志

非物质文化遗产委员会大会在 2008 年 6 月第二次会议上采用了克罗地亚设计师科瓦切维奇（Dragutin Dado Kovačević）的作品作为《非物质文化遗产保护国际公约》的标志（见图 10-2）。该标志以三角形、正方形和圆形为基本构图，线条图以一次手的运动开始并结束，中间没有任何停止或断落，三角形变成一个正方形，正方形变成一个圆形，而圆形则采取了泡状保护罩的形式，以突出该公约的宗旨和精神，强调的是传统与现代之间的联结——以手的运动表示传统，以类似于英文 at 的符号"@"象征现代，紧扣"一个现代性时代的遗产"的主题。该标志与联合国教科文组织徽标联合使用。

图 10-2　联合国世界遗产标志

三、世界遗产类型

1972 年联合国教科文组织第 17 届大会通过的《世界遗产公约》，在第 1 条、第 2 条中规定了文化遗产和自然遗产的定义。根据这份最初的《世界遗产公约》，世界遗产主要可以分为自然遗产、文化遗产。后来，对世界遗产内涵理解在不断被加深，有一些新类型被加入，尤其是非物质文化遗产的加入，丰富了世界遗产的类型，对保护全人类的文化具有重要意义。现在世界遗产可以分为：自然遗产、文化遗产、自然遗产与文化双重遗产、文化景观遗产及非物质遗产等五类。另外，世界遗产还根据遗产所面临的状况不同，将受到威胁的物质的和非物质的世界遗产列为濒危世界遗产，以便进行必要和及时地抢救。

（一）自然遗产（Natural Heritage）

《世界遗产公约》规定，以下类型可以被列入自然遗产。

1. 从审美和科学角度看，具备突出的、普遍的价值，由物质和生物结构或这类结构群组成的自然面貌。

2. 从科学或保护角度看，具备突出的、普遍价值的地质和自然地理结构及明确划为受威胁的动物和植物生境区。

3. 从科学、保护或自然美角度看，具有突出的普遍价值的自然景观或明确划分的自然区域。

（二）文化遗产（Culture Heritage）

《世界遗产公约》规定，以下各项可列入文化遗产。

1. 文物，"从历史、艺术和科学观点来看，具有突出的普遍价值的建筑物、碑雕和碑画，具有考古性质成分或结构、铭文、窟洞及联合体"。例如，中国的莫高窟。

2. 建筑群，"从历史、艺术和科学角度看，在建筑式样、分布均匀或环境风景结合方面具有突出的普遍价值的单立或连接的建筑群"。例如，中国的土楼。

3. 遗址，"从历史、审美、人种学或人类学角度看，具有突出的普遍价值的人类工程或人与自然联合工程及考古地址等"。例如，中国的秦始皇陵、长城。

4. 文化遗产保护区，主要指历史名城、历史建筑、重要考古遗址及有永久纪念价值的巨型雕塑和绘画作品。例如，中国的殷墟。

（三）文化与自然双重遗产（Mixed Properties）

文化与自然双重遗产是世界遗产项目的第三种类型，是指自然和文化价值相结合的遗产，但它并非文化遗产和自然遗产的简单相加。这种新类型的出现显示了人类从征服自然、改造自然到与自然和谐相处的巨大观念的转变，因此具有十分深远的意义。例如，我国的黄山、泰山、峨眉山、武夷山等都是同时符合两个遗产的标准，成为具有突出遗产价值的双重世界遗产。尤其是泰山，既符合文化遗产评判的 6 条标准，又符合自然遗产评判的第 3 条标准，而且当时受联合国教科文组织委托前来考察的专家认为泰山把自然和文化独特地结合在一起，并在人与自然的概念上开阔了眼界，是中国对世界人类的巨大贡献。也正是因为泰山的独特性，更新了世界遗产的概念，自此增加了第三类遗产，即自然和文化双重遗产。

（四）文化景观遗产（Culture Landscapes）

文化景观遗产是文化遗产的一种特殊类型。文化景观的概念在 1992 年 12 月在美国圣菲召开的联合国教科文组织第十六届世界遗产大会上首次被提出，一些文化景观被列入《世界遗产名录》。文化景观符合《世界遗产公约》第 1 条，代表了"自然与人类的共同作品"。这些文化景观由于其独特的价值，成为世人瞩目的世界遗产的新类型。

一般来说，文化景观有以下 3 种类型。

1. 由人类有意设计和建造的景观

包括出于美学原因建造的园林和公园景观，它们不一定（但常常）与宗教或其他纪念性建筑物或建筑群有联系。

2. 有机进化的景观

它的产生最初始于一种社会、经济、行政及宗教需要，并通过与周围自然环境的相联系或相适应而发展到目前的形式。它包含了两个次类别：一是残遗物（或化石）景观，代表一种过去某段时间已经完结的进化过程，不管是突发的或是渐进的。它们之所以具有突出普遍价值，是因为存留的实物上还具有显著特点。二是持续性景观，它在展示现代与传统生活方式的联系方面，具有一种积极的社会作用，尤其作为演变过程中的景观，是人们了解、把握其历史演变发展的最好物证。

3. 关联性文化景观

这类景观被列入《世界遗产名录》，以与自然因素、强烈的宗教、艺术或文化相联系为特征，而不是以文化物证为特征。

目前，列入《世界遗产名录》的文化景观还不多，我国的文化景观世界遗产有庐山、五台山、西湖。

（五）人类口头和非物质遗产代表作（Intangible Cultural Heritage，简称非物质文化遗产）

这指的是来自某一文化社区的全部创作，这些创作以传统为依据、由某一群体或一些个体所表达并被认为是符合社区期望的，作为其文化和社会特性的表达形式、准则和价值，通过模仿或其他方式口头相传。它包括各种类型的语言、文学、音乐、舞蹈、游戏、神话、礼仪、习惯、手工艺、建筑术及其他艺术。

非物质文化遗产主要包括以下 5 种类型：

1. 口头传说和表述。包括作为非物质文化遗产媒介的语言，如神话、传说、史诗、游戏和故事。

2. 表演艺术。如民间舞蹈、各类民族民间音乐、各类戏曲及其相关面具、道具、服饰制作工艺。

3. 社会风俗、礼仪、节庆。如民间民族节日舞蹈、祭祀、礼仪。

4. 有关自然界和宇宙的知识和实践。

5. 传统的手工艺技能。如针织、织染、刺绣、雕刻、竹藤编织、面人制作、玩具制作和剪纸等。

（六）濒危世界遗产（World Heritage in Danger）

这类遗产并不是一个独特的遗产类型，而是根据《世界遗产公约》第 11 条第 4 款的规定，世界遗产委员会建立了《濒危世界遗产名录》。当被列入《世界遗产名录》的古迹遗址、自然景观受到某种严重威胁，在经过世界遗产委员会调查和审议后，就会列入《濒危世界遗产名录》，并按需要及时采取紧急抢救措施。世界遗产委员会会根据实际情况，随时公布、更新该名单。

濒危原因主要包括：

（1）蜕变加剧；

（2）大规模公共或私人工程的威胁；

（3）城市或旅游业迅速发展造成的消失危险；

（4）土地的使用变动或易主造成的破坏；

（5）未知原因造成的重大变化；

（6）随意摈弃；

（7）武装冲突的爆发或威胁；

（8）灾害和灾变，如火灾、地震、山崩、火山爆发、水位变动、洪水、海啸等。

曾有不少世界遗产先后被列入《濒危世界遗产名录》。例如：

（1）德国科隆大教堂。位于德国科隆市中心的科隆大教堂是一座哥特式建筑，1248年始建，1880 年完工，1996 年作为文化遗产被列入《世界遗产名录》。后因科隆市在莱茵河沿岸兴建了多座高楼大厦，破坏了该教堂附近城市景观的完整性，因而在 2004 年，它被列入了《濒危世界遗产名录》。

（2）突尼斯伊其克乌尔国家公园。这是迁徙候鸟的主要冬季栖息地之一，1980 年作为自然遗产列入《世界遗产名录》。此后，其上游兴建两座水坝，使流入湖中的淡水量严重减少，湖水和沼泽地含盐量上升，湖边芦苇完全消失，迁徙鸟类减少。与此同时，商业化捕鱼、伐木和农业开发也对该国家公园构成了威胁。1996 年，它被列入了《濒危世界遗产名录》。

（3）印度亨比古迹群。它是印度维查耶那加尔帝国最后的都城遗址，建于 14 世纪至16 世纪期间，1986 年作为文化遗产被列入《世界遗产名录》。但由于连修两座吊桥破坏了自然环境，也威胁了该世界遗产的完整性，1999 年它被列入了《濒危世界遗产名录》。

被列入《濒危世界遗产名录》的世界遗产，如果当地保护工作富有成效，将脱离《濒危世界遗产名录》而再次回到《世界遗产名录》中。上述濒危遗产由于补救工作的出色，已经于 2006 年成功"脱危"。

第二节 世界文化遗产的申报及管理

一、世界文化遗产申报与管理的相关组织

1972 年 11 月 16 日，联合国教科文组织在第 17 次大会上正式通过了《世界遗产公约》，其宗旨是建立一个根据现代科学方法制定的永久性有效制度，从而更好地保护具有突出的普遍价值的文化和自然遗产。1976 年，成立世界遗产委员会，并根据《世界遗产公约》编制《世界遗产名录》。自此，一些符合条件的世界遗产陆续进入名录。世界遗产的选录工作是一项具有司法性、技术性和实用性的国际任务，目的就是动员人类团结一致，积极保护文化和自然遗产。有多个组织和这项工作有关。

（一）联合国教科文组织（United Nations Educational，Scientific and Cultural Organization）

成立于 1946 年 11 月的联合国教科文组织全称是联合国教育、科学及文化组织，为联合国的一个专门机构。联合国教科文组织的总部位于法国巴黎，截至 2011 年 11 月，已有 195 个成员国。它的宗旨是通过教育、科学和文化促进各国合作，以增进对正义、法治及联合国宪章所确认的世界人民不分种族、性别、语言、宗教均享有人权与自由的普遍尊重，对世界和平与安全做出贡献。

中国曾经是联合国教科文组织创始国之一，1971 年恢复在该组织中的合法地位，1972 年恢复在该组织的活动，并立即当选为执行局委员并一直连任。1979 年 2 月，中国联合国教科文组织全国委员会正式成立。

（二）世界遗产委员会（World Heritage Committee）

联合国教科文组织世界遗产委员会是一个政府间组织，1976 年 11 月，在内罗毕举行了第一届《世界遗产公约》成员国大会，会上正式成立了世界遗产委员会，从 178 个缔约国中选出的 21 个成员国组成。委员会成员每届任期为 6 年，每 2 年改选其中的 1/3。该委员会负责每年在不同的国家举行一次世界遗产大会，在会上决定可以列入《世界遗产名录》的世界遗产，并对已经入名录的世界遗产的保护工作进行监督指导。中国在 1985 年加入《世界遗产公约》，成为缔约国。1991 年，中国首次当选为世界遗产委员会成员。

世界遗产委员会主要承担 4 项任务：

1. 在挑选录入《世界遗产名录》的文化和自然遗产地时，负责对世界遗产的定义进行解释。在国际古迹遗址理事会（ICOMOS）和世界自然保护联盟（IUCN）的帮助下，审查各缔约国对世界遗产的提名，并根据委员会制定的标准进行专业评估，对每一项提名写出评估报告。国际文物保护与修复研究中心（ICCROM）也对世界遗产委员会提出文化遗产方面的培训和文物保护技术等方面的建议。

2. 审查世界遗产保护状况报告。当遗产得不到恰当的处理和保护时，该委员会可以要求缔约国采取特别性保护措施。

3. 经过与有关缔约国协商，该委员会有权做出把濒危遗产列入《濒危世界遗产名录》的决定。

4. 管理世界遗产基金。当一些缔约国为保护遗产而申请援助时，遗产委员会有权使用遗产基金给予技术和财力援助。

（三）世界遗产中心（World Heritage Centre）

联合国教科文组织世界遗产中心，即"公约执行秘书处"，由联合国教科文组织设置。世界遗产中心主要负责《世界遗产公约》的日常管理，包括在每年组织世界遗产局和世界遗产委员会的年会；为各国政府在遗产提名的准备工作中提供咨询；根据各国政府的申请提供技术援助，调整遗产状况报告；当遗产受到威胁时采取紧急措施；负责世界遗产基金的管理。

（四）国际古迹遗址理事会（ICOMOS，International Council on Monuments and Sites）

国际古迹遗址理事会是一个全球性的非政府组织，以 1964 年《威尼斯宪章》中所提出的原则为基础，致力于促进保护建筑和考古学遗产的理论、技术等的运用。该理事会为成员国提供了一个平台，促进在建筑、历史、考古、艺术、地理、人类学等多学科的交流。加入该理事会的各成员国的共同目的是保护各国的文化遗产，并努力提高各种技术指标及标准。

（五）非物质文化遗产委员会（Intangible Cultural Heritage Committee）

在《保护非物质文化遗产公约》生效之后，依照其第 34 条的规定，教科文组织内设立政府间保护非物质文化遗产委员会。该委员会由参加大会之缔约国选出的 18 个缔约国的代表组成。在本公约缔约国的数目达到 50 个之后，委员会委员国的数目增至 24 个。秘书处由联合国教科文组织秘书处协助。委员会委员国任期四年，不得连选连任两届。但第一次选举当选的半数委员会委员国的任期为两年，这些国家在第一次选举后抽签指定；大会每两年对半数委员会委员国进行换届；各委员国要选派在非物质文化遗产各领域有造诣的人士为其代表。

非物质文化遗产委员会的主要职能如下：

1. 接受会员国关于非物质文化遗产的提名申报资料并审核，在有关咨询机构的帮助下最终决定将哪些申报项目列入《人类非物质文化遗产代表作名录》；

2. 对各国保护非物质文化遗产的实践提出建议和意见；

3. 管理非物质文化遗产基金，在必要的时候应会员国的申请对其遗产保护工作进行资金和技术等方面的帮助；

4. 在教科文组织秘书处和协助下，起草会员国大会和委员会文件等，并组织大会的召开。

二、世界文化遗产的申报程序

从 1976 年开始，世界遗产委员会成立并且开始编制《世界遗产名录》。各缔约国每年都被允许向世界遗产委员会递交申请，申报的国家和所报的项目也越来越多。世界遗产的申报从提名到被列入名录要经历若干程序，评估十分严格。而且，在 2002 年 6 月召开的世界遗产委员会第 26 次会议上，审批世界遗产的条件更加严格，一个国家一次只能提出一处申请，尚没有世界遗产项目的国家享有优先权。后来在 2004 年苏州第二十八届世界遗产大会上又根据各国的意见进行修改，允许从 2006 年起，每个国家最多可以提交两项预备世界遗产，但其中必须至少一项是自然遗产。

（一）遗产提名

遗产提名是申报程序中的第一步，一个国家要想把本国遗产列入《世界遗产名录》而进行提名，必须签署《世界遗产公约》成为缔约国，需保证不管是现在还是未来，都要坚决保护本土的文化和自然遗产。

缔约国应当尽力向世界遗产委员会递交一份本国领土内的适于列入《世界遗产名录》的遗产清单，并附上相关资料。世界遗产委员会委托国际古迹遗址理事会（ICOMOS）和世界自然保护联盟（IUCN）对提名的遗产进行评估。前者负责文化遗产，后者负责自然遗产，二者对文化遗产中的文化景观进行共同评估，决定其是否符合标准及真实性条件，并提供最终的评估报告。根据世界遗产委员会规定，评估应尽量严格。而且，当遗产委员会对提名遗产是否可列入《世界遗产名录》进行评审时，遗产所属国的政府代表在任何情况下都不能对其投赞成票。

遗产提名统一使用遗产委员会制定的表格。表格要求填写以下多项内容。

1. 确切地点：国家、省、市、遗产名称、标明遗产地点和地理坐标的地图与平面图。

2. 法律资料：遗产所有者、公有或私有、有关本遗产保护和管理的法律与条例、开放程度、管理机构和组织。

3. 说明材料：遗产描述和图表、照片及影片资料、历史状况、文献资料。

4. 保存状况：现状描述、保护管理机构、此前的保管过程、保护措施、当地的开放计划。

5. 提议列入名录的理由：符合哪些标准的规定、在与其他同类地点比较的前提下评估本地点的保护状况、遗产的真实性。

6. 提名建筑群或遗址群所需的特别材料：不同范围内容和比例尺的地图、地形图和平面图、多种照片、幻灯片和光盘、有关本遗产研究成果的论著和相关机构的资料、有关保护的法律资料、各级管理机构的资料。

（二）遗产申报及评定

在加入《世界遗产公约》后，各缔约国应将本国今后 5 年至 10 年拟申报为世界遗产的项目列入《世界遗产预备清单》，在世界遗产中心备案，并且在每年的 7 月 1 日前，按照统一规定的严格格式和内容将各国自认为条件完全成熟的预备项目正式申报文本（包括文字、图纸、照片、幻灯、录像或光盘等）送达世界遗产中心。世界遗产中心将把有关材料转达国际专业咨询机构。相关专业咨询机构从当年年底至下一年的 3 月至 4 月进行考察和论证，并向世界遗产委员会提交对世界遗产的评估报告。世界遗产委员会于每年的 6 月底至 7 月初召开主席团（7 个成员国）会议，初步审议新申报的世界遗产项目并提出建议。每年的 11 月底至 12 月初召开主席团特别会议，补充审议第一次主席团会议未尽事宜，然后将包括审定新的世界遗产申报项目在内的相关大事提交紧随此次主席团会后召开的世界遗产委员会全会通过。至此，一轮申报工作完成。

综上所述，申报世界遗产的程序可分为 9 个步骤：

1. 通过签署《世界遗产公约》，保证保护该国的文化和自然遗产，成为缔约国。

2. 任何缔约国要把本土具有突出普遍价值的文化和自然遗产列入一个预备名单。

3. 从预备名单中筛选要列入《世界遗产名录》的遗产。

4. 把填写好的提名表格寄给联合国教科文组织世界遗产中心。

5. 联合国教科文组织世界遗产中心检查提名资料是否完整，并送交世界自然保护联盟（IUCN）和／或国际古迹遗址理事会（ICOMOS）评审。

6. 专家到现场评估遗产的保护和管理情况，按照文化和自然遗产的标准，世界自然保护联盟和／或国际古迹遗址理事会对上交的提名进行评审。

7. 世界自然保护联盟和／或国际古迹遗址理事会做出评估。

8. 世界遗产委员会主席团的 7 名成员审查提名评估报告，并向委员会做出推荐。

9. 21 名成员组成的世界遗产委员会最终做出入选、推迟入选或淘汰的决定。

（三）世界文化遗产的评审标准

1. 文化遗产项目评选标准

符合下列一项或几项标准才能获得批准列入《世界遗产名录》的文化遗产项目。

（1）代表一种独特的艺术成就，一种创造性的天才杰作；

（2）在一定时期内或世界某一文化区域内，对建筑艺术、纪念物艺术、城镇规划或景观设计方面的发展产生过重要影响；

（3）能为一种已消逝的或现存的文明或文化传统提供一种独特的或至少是特殊的见证；

（4）可作为一种类型建筑或建筑群或景观的杰出范例，展示出人类历史上一个或几个重要阶段；

（5）可作为传统的人类居住地或使用地的杰出范例，代表一种或几种文化，尤其在不可逆转之变化的影响下容易毁损；

（6）与某些具特殊普遍意义的事件或现行传统、思想、信仰、文学艺术作品有直接或实质性的联系。但一般情况下，此款不可单独成立，只有在某些特殊情况下或该项标准与其他标准一起使用时，才能成为列入《世界遗产名录》的理由。

2. 文化景观项目评选标准

文化景观的评定采用文化遗产的标准，同时参考自然遗产的标准。为区分和规范文化景观遗产、文化遗产、文化与自然混合遗产的评选，《实施世界遗产公约的操作指南》对文化景观进行了规定："（文化景观）能够说明为人类社会在其自身制约下、在自然环境提供的条件下，以及在内外社会经济文化力量的推动下发生的进化及时间的变迁。在选择时，必须同时以其突出的普遍价值和明确的地理文化区域内具有代表性为基础，使其能反映该区域本色的、独特的文化内涵。"

三、非物质文化遗产申报与评定

（一）非物质文化遗产的申报材料

申报非物质文化遗产成员国必须签署《保护非物质文化遗产公约》（以下简称《公约》），要求各成员国提交候选项目，目前可申报的有三类非物质文化遗产：亟须保护的非物质文化遗产、人类非物质文化遗产代表作和最能体现该公约原则和目标的计划、项目与活动。需要分别填写三种表格：ICH-01 表用于申报亟须保护的非物质文化遗产；ICH-02 表用于申报人类非物质文化遗产代表作；ICH-03 表用于申报最能体现该公约原则和目标的计划、项目与活动。

每份申报材料必须由以下构件组成：

1. 项目申报书标准范本的各部分为书面材料，包括拯救和振兴行动计划。

2. 用以评估该项目所需的文件，特别是地图、带有底片的照片或幻灯片、录音带或音像带，以及其他有助于阐述候选项目的材料。该文件应伴有一份授权书，同意以推广为目的而对所有这些资料进行传播，以及一份围绕主题的参考著作介绍和一份按学术界惯例列出的完整图书索引。

3. 专业质量的录像带（数码 Betacam 带、Betacam SP 带或 DVD），长度不超过 10 分钟，反映申报项目最有意义的方面。在评委审议项目时，为之放映。

4. 一份书面文件，一盘录像或录音带，或其他任何无可辩驳的证据，证明该群体或拥有人同意申报书所述内容。

5. 一份预备清单，列出其他 5 个文化表现形式或文化空间的名字，该成员国在未来 10 年中可能就其做出申报，以期列入"人类口头和非物质遗产代表作"。

6. 如为多国联合申报项目，还应有文件证明。

（1）证明参与项目申报的各成员国同意申报书所述内容；

（2）证明参与项目申报的诸成员国承诺并实施申报书标准范本第 5 部分中所述行动计划。

（二）申报项目评估程序

1. 准备和提交

当年 3 月 31 日：编制亟须保护的非物质文化遗产申报材料和最能体现该公约目标的计划、项目和活动推荐材料的筹备性援助申请的截止期限。

第一年 3 月 31 日：秘书处接收亟须保护的非物质文化遗产和人类非物质文化遗产代表作申报材料，计划、项目和活动推荐材料及 10 万美元以上国际援助申请的截止期限。此日期之后收到的材料将在下一周期评审。秘书处将收到的材料原文公布在网站上。

第一年 6 月 30 日：秘书处受理申报材料的截止期限，包括登记并确认收讫。如果申报材料不完整，将请缔约国补充完整。

第一年 9 月 30 日：缔约国向秘书处提交缺失信息、将申报材料补充完整的截止期限。如果申报材料仍不完整，将退回缔约国，以在随后的周期补充完整。秘书处收到缔约国根据补充材料要求修订的申报材料后，将其在线公布并替换原先收到的材料。其英文或法文译文在备妥后，也要在线公布。

2. 审查

审查包括审查评估申报、推荐和国际援助申请是否符合所要求的标准。委员会根据《公约》第八条第三款设立名为"审查机构"的咨询机构，负责完成对列入亟须保护的非物质文化遗产名录和人类非物质文化遗产代表作名录的申报、最能体现《公约》原则和目标的计划、项目与活动的推荐，以及 10 万美元以上的国际援助申请的审查工作。审查机构将向委员会提出建议，以便其做出决定。委员会应在考虑公平地域代表性和非物质文化遗产各个领域的情况下指定 12 名成员组成审查机构，即代表非委员会委员缔约国的 6 名非物质文化遗产各领域的合格专家和 6 个经认证的非政府组织成员。

审查机构应向委员会提交审查报告，秘书处将向委员会转交一份综述，包括所有申报项目，计划、项目和活动推荐，国际援助申请，以及摘要和审查报告。申报材料和审查报告也将提供给缔约国供其查阅。

委员会按照可用的资源和评审能力，提前两年确定下两个周期内可处理的申报材料数量。此上限应用范围应包括列入亟须保护的非物质文化遗产名录和人类非物质文化遗产代表作名录的申报材料，最能体现《公约》原则和目标的计划、项目与活动的推荐和 10 万美元以上的国际援助申请。一般来说，在该上限总数范围内，委员会应尽最大可能评审每个申报国的至少一份申报材料，优先考虑多国联合申报材料及无项目或只有少量项目入选的国家。申报国在同一周期提交多份申报材料时，应表明希望其申报材料接受评审的优先顺序，同时也提请申报国优先考虑亟须保护的非物质文化遗产名录。

主要时间节点如下：第一年 12 月至第二年 5 月，审查机构审查申报材料；第二年 4月至 6 月，审查机构召开最后审查会议；委员会届会四周前，秘书处将审查报告转呈委员会委员并在线公布，以供查询。

3. 评审

第二年 11 月，委员会评审申报、推荐和申请材料，并做出决定。委员会在评审之后决定是否列入各项名录，被退回补充信息的可以以后继续申报，任何后续的重新提交，必须充分表明其满足列入、遴选或批准的标准。

（三）评审标准

以人类口头和非物质遗产代表作名录为例，需要符合以下标准：

1. 该遗产项目属于《公约》第二条定义的非物质文化遗产。

2. 将该遗产项目列入名录，有助于确保非物质文化遗产的可见度，提高对其重要意义的认识，促进对话，从而体现世界文化多样性，并有助于见证人类的创造力。

3. 制订的保护措施对该遗产项目可起到保护和推广作用。

4. 该遗产项目的申报得到相关社区、群体或有关个人尽可能广泛的参与，尊重其意愿，且经其事先知情并同意。

5. 根据《公约》第十一条和第十二条，该遗产项目已列入申报缔约国境内非物质文化遗产的某一清单。

第三节　中国遗产文化

我国地域辽阔，地形复杂多样，历史悠久，文化灿烂。在全国各地都遗留了非常丰富的人类珍贵的文化与自然遗产，是中国人民的勤劳和智慧的结晶。这些珍贵的遗产，是祖先留下的一笔巨大的财富，值得中华民族后世子孙保护和传承，它们同样是全人类的财富，对这些遗产的认识、保护与利用既具有时代意义，又承载着对中华民族的历史、现在与未来的责任，也是中国人民对世界其他国家和地区人民的巨大贡献。

一、中国世界遗产文化概况

我国积极参与世界遗产的申报工作，从 1986 年起申报世界遗产项目，1987 年世界遗产委员会第十一届会议批准中国的故宫等 6 处遗产列入《世界遗产名录》，截止到 2021 年 7 月，中国被批准列入《世界遗产名录》的世界遗产已达 56 处，包括文化遗产 33 处，自然遗产 14 处，文化和自然双重遗产 4 处，文化景观 5 处（表 10-1）。就遗产数量而言，中国已成为世界第一大遗产国。除有形遗产外，我国还拥有大量的非物质文化遗产，截止到 2020 年 12 月，我国拥有非物质遗产 42 项（表 10-2），是世界上拥有此类遗产最多的国家。

表 10-1　中国的世界遗产一览表（共 56 项）

序号	名称	批准时间	遗产种类
1	长城：甘肃一河北段	1987	文化遗产
	辽宁九门口段	2002	
2	明清皇宫：北京故宫	1987	文化遗产
	沈阳故宫	2004	
3	秦始皇陵及兵马俑	1987	文化遗产
4	莫高窟	1987	文化遗产
5	周口店北京猿人遗址	1987	文化遗产
6	泰山	1987	文化与自然双重遗产
7	黄山	1990	文化与自然双重遗产
8	武陵源	1992	自然遗产
9	九寨沟	1992	自然遗产
10	黄龙	1992	自然遗产
11	布达拉宫	1994	文化遗产
	大昭寺	2000	
	罗布林卡	2011	
12	承德避暑山庄及周围寺庙	1994	文化遗产
13	曲阜孔庙、孔府、孔林	1994	文化遗产

序号	名称	批准时间	遗产种类
14	武当山古建筑群	1994	文化遗产
15	庐山	1996	文化景观
16	峨眉山：乐山大佛	1996	文化与自然双重遗产
17	丽江古城	1997	文化遗产
18	平遥古城	1997	文化遗产
19	苏州古典园林：留园、环秀山庄、拙政园、网师园 艺圃、耦园、沧浪亭、狮子林、退思园	1997 2000	文化遗产
20	颐和园	1998	文化遗产
21	天坛	1998	文化遗产
22	大足石刻	1999	文化遗产
23	武夷山	1999	文化与自然双重遗产
24	青城山：都江堰	2000	文化遗产
25	龙门石窟	2000	文化遗产
26	明清皇家陵寝：荆门明显陵、保定清西陵、唐山 清东陵 北京明十三陵、南京明孝陵 盛京三陵	2000 2003 2004	文化遗产
27	皖南古村落：西递、宏村	2000	文化遗产
28	云冈石窟	2001	文化遗产
29	三江并流	2003	自然遗产
30	高句丽王城、王陵及贵族墓葬	2004	文化遗产
31	澳门历史城区	2005	文化遗产
32	四川大熊猫栖息地	2006	自然遗产
33	安阳殷墟	2006	文化遗产
34	中国南方喀斯特：重庆武隆、昆明石林、黔南州 荔波 广西桂林、河池	2007 2014	自然遗产
35	开平碉楼与村落	2007	文化遗产
36	福建土楼	2008	文化遗产
37	三清山	2008	自然遗产
38	五台山	2009	文化景观
39	"天地之中"历史建筑群	2010	文化遗产
40	中国丹霞：遵义赤水、邵阳崀山、韶关丹霞山、鹰 潭龙虎山、上饶龟峰、衢州江郎山、三明泰宁	2010	自然遗产
41	杭州西湖文化景观	2011	文化景观
42	元上都遗址	2012	文化遗产
43	澄江化石地	2012	自然遗产
44	红河哈尼梯田文化景观	2013	文化景观
45	新疆天山	2013	自然遗产

续表

序号	名称	批准时间	遗产种类
46	中国大运河	2014	文化遗产
47	丝绸之路：长安—天山廊道的路网	2014	文化遗产
48	土司遗址	2015	文化遗产
49	左江花山岩画文化景观	2016	文化景观
50	神农架	2016	自然遗产
51	可可西里	2017	自然遗产
52	鼓浪屿：国际历史社区	2017	文化遗产
53	梵净山	2018	自然遗产
54	良渚古城遗址	2019	文化遗产
55	中国黄（渤）海候鸟栖息地（第一期）	2019	自然遗产
56	泉州：宋元中国的世界海洋商贸中心	2021	文化遗产

资料来源：根据互联网资料整理。

表 10-2　中国的世界非物质文化遗产一览表（共 42 项）

序号	名称	批准时间
1	昆曲	2001
2	中国古琴艺术	2003
3	新疆维吾尔木卡姆艺术	2005
4	蒙古族长调民歌（与蒙古国联合申报）	2005
5	中国传统蚕桑丝织技艺	2009
6	福建南音	2009
7	南京云锦织造技艺	2009
8	宣纸传统制作记忆	2009
9	侗族大歌	2009
10	粤剧	2009
11	《格萨尔》	2009
12	龙泉青瓷传统烧制技艺	2009
13	热贡艺术	2009
14	藏戏	2009
15	《玛纳斯》	2009
16	蒙古族呼麦歌唱艺术	2009
17	花儿	2009
18	西安鼓乐	2009
19	中国朝鲜族农乐舞	2009
20	书法	2009
21	中国篆刻	2009
22	中国剪纸	2009
23	中国雕版印刷技艺	2009

序号	名称	批准时间
24	中国传统木结构营造技艺	2009
25	端午节	2009
26	妈祖信俗	2009
27	京剧	2010
28	中医针灸	2010
29	中国皮影戏	2011
30	二十四节气——中国人通过观察太阳周年运动而形成的时间知识体系及其实践	2012
31	中国珠算——运用算盘进行数学计算的知识与实践	2013
32	藏医药浴法——中国藏族有关生命健康和疾病防治的知识与实践	2018
33	太极拳	2020
34	送王船——有关人与海洋可持续联系的仪式及相关实践（与马来西亚联合申报）	2020
35	羌年（亟须保护的非物质文化遗产名录）	2009
36	黎族传统纺染织绣技艺（亟须保护的非物质文化遗产名录）	2009
37	中国木拱桥传统营造技艺（亟须保护的非物质文化遗产名录）	2009
38	赫哲族伊玛堪（亟须保护的非物质文化遗产名录）	2011
39	麦西热甫（亟须保护的非物质文化遗产名录）	2012
40	中国水密隔舱福船制造技艺（亟须保护的非物质文化遗产名录）	2012
41	中国活字印刷术（亟须保护的非物质文化遗产名录）	2012
42	福建木偶戏后继人才培养计划（保护非物质文化遗产优秀实践名册）	2012

注：1-34项属于人类非物质文化遗产代表作名录。

资料来源：根据互联网数据整理。

二、中国文化遗产保护概况

（一）世界文化遗产及双遗产的保护

由于世界遗产所蕴含的巨大市场和独特的意义，世界各国越来越重视对遗产的保护，对世界遗产的申报、认定和保护日益受到关注。1985年12月12日，中国加入了联合国教科文组织的《世界遗产公约》，同年12月22日，第六届全国人民代表大会常务委员会第十三次会议审批批准加入该公约，中国是第89个缔约国。1991年10月中国首次当选为世界遗产委员会成员，在随后的两年里，中国两次当选为世界遗产委员会副主席。1999年10月，中国再次当选为世界遗产委员会成员，在世界遗产的保护事业中发挥了重要作用。

为了加强世界文化遗产的申报、管理和保护工作，2002年经国务院授权在国家文物局设立了世界遗产处。2005年12月，国务院专门成立了国家文化遗产保护领导小组，下发了《关于加强文化遗产保护的通知》，决定从2006年起，每年6月的第二个星期六为中国的文化遗产日。而且，中国早在1993年就加入了国际古迹遗址理事会，同时还成立了该理事会的中国委员会(ICOMOS China)。中国专家已多次出任该理事会的副主席或执委，积累了有效的双向交流经验，逐步有了表达自我、服务世界的态度与方法。

在自然遗产与文化双遗产保护方面，早期的申报和保护工作主要由住房和城乡建设部负责。加入《世界遗产公约》以来，中央政府高度重视该工作，建立了由国务院住房和城乡建设部、地方人民政府及其住房和城乡建设主管部门、遗产地管理机构构成的三级管理机构。各遗产地逐步建立了"多部门联动、多要素覆盖、监测预警并行"的监测机制，由遗产地管理机构牵头，联合住房和城乡建设、文物、环保、国土、林业、气象、水利、旅游等部门对遗产地的自然环境、生态系统、文物古迹、地质灾害、城乡发展、旅游活动等影响突出价值的因素开展监测，主动发现问题，及时改进管理。2018年，自然资源部成立以后，自然文化双遗产与世界地质公园、森林公园等一起统称为自然保护地，由自然资源部主管，具体由国家林业和草原局、国家公园管理局（二者为同一机构）负责，双遗产文化部分为该局会同文物局相关部门共同管理。

（二）中国非物质文化遗产保护概况

中国是一个多民族的国家，悠久的历史和灿烂的古代文明为中华民族留下了极其丰富的文化遗产。我国政府历来高度重视文化遗产保护工作，在全社会的共同努力下，文化遗产保护工作取得了显著成效。2004年，经十届全国人大常委会第十一次会议表决通过，全国人大常委会批准，中国加入了联合国教科文组织《保护非物质文化遗产公约》，并申报多项非物质文化遗产项目，是目前拥有此类项目最多的国家。我国还在2006年9月成立了国家级非物质文化遗产管理机构——中国非物质文化遗产保护中心，承担全国非物质文化遗产保护的有关具体工作：履行非物质文化遗产保护工作的政策咨询；组织全国范围普查工作的开展，制定和更新国家级非物质文化遗产名录；指导保护计划的实施；进行非物质文化遗产保护的理论研究；举办学术、展览（演）及公益活动，交流、推介、宣传保护工作的成果和经验；组织实施研究成果发表和人才培训等。

20世纪中期，中国政府组织文化工作者对部分传统文化遗产进行了调查和研究，使许多濒临消亡的非物质文化遗产得到抢救。1979年文化部、国家民委、中国文联共同发起十部"中国民族民间文艺集成志书"编撰工作。1997年国务院发布《传统工艺美术保护条例》，对传统工艺美术做出明确的规定，通过建立国家评定机构，保护了一大批传统工艺美术品种，命名了200余名"工艺美术大师"。从2002年起，文化部、财政部等有关单位启动了中国民族民间文化保护工程，采取一系列保护措施，对具有重要价值且濒危的项目进行抢救性的保护。2005年，国务院办公厅下发《关于加强我国非物质文化遗产保护工作的意见》，国务院下发《关于加强文化遗产保护的通知》，明确了非物质文化遗产保护的方针和政策。近几年来，按照"保护为主、抢救第一、合理利用、传承发展"的方针，已逐步建立起比较完备的有中国特色的非物质文化遗产的保护体系。2011年2月25日第十一届全国人民代表大会常务委员会第十九次会议通过了《中华人民共和国非物质文化遗产法》。2021年，中共中央办公厅、国务院办公厅印发了《关于进一步加强非物质文化遗产保护工作的意见》，还出台了《"十四五"非物质文化遗产保护规划》。

自 2006 年 5 月至今，我国先后公布了 5 批国家级非物质文化遗产项目，共 1557 个国家级非物质文化遗产代表性项目，涵盖民间文学、民间音乐、民间舞蹈、传统戏剧、曲艺、杂技与竞技、民间美术、传统手工技艺、传统医药、民俗十类。各省、市、县也分别设立非物质文化遗产名录，已经形成了国家、省、市、县四级保护体系。

三、中国文化遗产的利用

近年来，联合国教科文组织将世界文化遗产视为推动经济发展、增强社会凝聚力、实现和平共处的关键要素，发展世界文化遗产事业的目标已不再是单纯的文化遗产保护，而是要推动文化对话，保护文化多样性，助力可持续发展。这与推动文明交流互鉴的主张是一致的，也有利于推动构建人类命运共同体。我国是全球排名第一的世界遗产大国和现任世界遗产委员会委员国，又是举世公认的文明古国。党的十九大报告强调："加强文物保护利用和文化遗产保护传承。"在新时代，我们要深刻认识我国世界文化遗产保护面临的形势，形成我国的世界文化遗产发展战略，为坚定文化自信提供有力支撑，为推动文明交流互鉴做出更大贡献。

（一）世界文化遗产的申报与保护，取得了多重社会效益。

首先，向世界生动展示了我国悠久灿烂的历史文化，让世界各国人民更加深刻地认识到中华民族为人类文明发展做出的突出贡献，为坚定文化自信、增强人民自豪感和社会凝聚力提供了精神动力。其次，围绕世界文化遗产开展的本体保护和环境整治工作，带动文化遗产地的生态保护、环境优化，为文化遗产地经济社会发展注入了新的活力。再次，以突出普遍价值、真实性和完整性保护为核心的文化遗产保护理念在我国广泛传播，并逐渐发展出具有中国特点的保护实践，为世界其他国家特别是发展中国家开展文化遗产保护提供了有益经验。最后，通过世界文化遗产保护这个平台，我国文化遗产保护工作者与世界各国各地区同行的交流合作日益加强，大力推动了文明交流互鉴。我国已经 4 次担任世界遗产委员会委员国，相继承办了第二十八届世界遗产大会、国际古迹遗址理事会第十五届大会等重要国际会议，联合国教科文组织及其相关组织在华设立多个二级中心或分支机构。自 1985 年加入《世界遗产公约》以来，我国对世界遗产事业的积极参与，不仅在理论和实践上有效改善了我国文化遗产的保护管理状况，而且显著扩大了世界遗产在全球的影响力，有力推动文明交流互鉴。

（二）新时代文化世界遗产应该成为展示中华古老文明与当代中国的重要窗口。

新时代我国的世界文化遗产发展工作应立足于保护、传承和展示中华古老文明和悠久历史，突出中华民族为世界文明发展做出的巨大贡献，让中国的世界文化遗产成为全人类精神文化宝库中的珍品；要有利于体现中华民族的精神追求，有利于向世界展现真实立体全面的中国，让中国的世界文化遗产成为观察当代中国的一个重要窗口。同时，要借助世界文化遗产保护这个平台，表达我们对当今世界一些问题特别是文明问题的态度和看法，展示当代中国人的世界观、文明观、文化观、价值观，推动文明交流互鉴。

（三）利用数字技术推动遗产活化，达到保护、传承和可持续利用的目的。

随着数字化技术日臻成熟，世界文化遗产展示利用的途径日趋丰富，线上展陈、云游、沉浸式体验等形式成为遗产活化的重要方式,有效扩大了世界文化遗产的传播范围、提升了游客参观体验。借助裸眼 3D 技术,5 分钟穿越运河 17 城,在 5G+VR720 度全景视角下欣赏扬州瘦西湖美景,通过千亿像素高清画面"云游"苏州山塘街……扬州中国大运河博物馆于今年 6 月建成开放,传统文化和现代科技的结合是其中一大亮点。该博物馆馆长郑晶介绍,博物馆通过现代技术手段,将 5G、VR 等引入古老运河,给公众带来全新体验,让人们更好地感受运河文化,深受游客欢迎。

（四）世界文化遗产成为旅游业发展新引擎,助力地方经济社会可持续发展。

借助文旅融合,世界文化遗产在旅游中发挥的作用越来越重要。经合组织早在 1999 年实施的调查就证实了世界遗产往往成为所在国（或地区）旅游业的核心竞争力来源。习近平总书记强调:"发展旅游要以保护为前提,不能过度商业化,让旅游成为人们感悟中华文化、增强文化自信的过程。"这一论述为世界文化遗产的旅游发展指明了方向。党的十八大以来,文化文物和旅游业界积极推动申遗及保护利用工作,同时积极推动文旅融合,取得诸多成效。世界文化遗产已成为旅游业发展新引擎,能够助力地方经济社会可持续发展,提高人民保护文化遗产意识,促使社会共享文化遗产价值。各地在申报世界文化遗产的同时,不断加强本地生态和环境治理及文物保护,加强社会参与,获得感和认同感的同时,也提升了这些地方的旅游吸引力。据统计,2019 年,我国世界文化遗产累计吸引游客 3.88 亿人次,为助力精准扶贫、促进城市转型发展提供了强大动力。近年来,依托世界文化遗产开发文化创意产品,成为充满活力的业态,为丰富群众文化生活、满足多样化消费需求做出积极贡献。

重点概念

世界遗产；自然遗产；文化遗产；文化景观；非物质文化遗产；濒危遗产；世界遗产委员会；世界遗产名录；非物质文化遗产名录；世界遗产公约；非物质文化遗产公约

复习题

1. 简述中国世界遗产的概况与总体特征。

2. 请分析各种类型世界遗产之间的异同。

3. 为什么要加强对非物质文化遗产的保护？

4. 你认为,加强遗产保护对我国目前正在发展的文化产业有什么作用？

5. 除本书列出的世界遗产外,你还了解哪些世界文化遗产？这些遗产体现了哪些文化？

6. 对于物质文化遗产的保护,你认为有哪些好的办法？